BIBLIOTHÈQUE

DES ÉCOLES ET DES FAMILLES

PAUL GAFFAREL

CAMPAGNES DU CONSULAT

ET

DE L'EMPIRE

PÉRIODE DES SUCCÈS (1800-1807)

PARIS

LIBRAIRIE HACHETTE ET Cⁱᵉ

79, BOULEVARD SAINT-GERMAIN, 79

CAMPAGNES

DU

CONSULAT ET DE L'EMPIRE

Bourloton.

———

Imprimeries réunies, B, rue Mignon, 2.

———

BIBLIOTHÈQUE

DES ÉCOLES ET DES FAMILLES

CAMPAGNES

DU CONSULAT

ET

DE L'EMPIRE

PÉRIODE DES SUCCÈS (1800-1807)

PAR

PAUL GAFFAREL

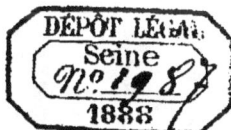

PARIS

LIBRAIRIE HACHETTE ET Cⁱᴱ

79, BOULEVARD SAINT-GERMAIN, 79

1888

CAMPAGNES
DU
CONSULAT ET DE L'EMPIRE

CHAPITRE PREMIER

CAMPAGNES DE MASSÉNA EN LIGURIE ET DE MOREAU EN SOUABE.

I

Au commencement du XIXe siècle, au moment où Bonaparte, grâce au coup d'État du dix-huit Brumaire, devenait le chef légal de la France et concentrait entre ses mains tous les pouvoirs, la situation militaire n'était pas brillante. La seconde coalition, à laquelle prenaient part les Anglais, les Autrichiens, les Russes, les Turcs, les Portugais, les Napolitains et les Sardes, avait débuté par des succès. Sur toutes nos frontières les alliés étaient ou vainqueurs ou menaçants. Au nord et à l'est, Brune et Masséna avaient, il est vrai, arrêté l'invasion; le premier, Brune, en battant à Bergen et à Castricum les Anglo-Russes, et le second, Masséna, en remportant sur les Austro-Russes la série de victoires qui porte le nom général de bataille de Zurich. Mais, pour n'être pas imminent, le péril n'en était pas moins très grave. Sur le Danube, en Italie, sur toutes les mers, nous étions vaincus. Sur le Danube, l'archiduc Charles, un des rares généraux de la coalition dont les plans fussent raisonnés et les idées justes, venait enfin d'arracher au Conseil aulique la permission d'agir par grandes masses et il se disposait à envahir l'Alsace. En Italie, depuis nos quatre défaites de Magnano, Cassano, la Trebbia et Novi, les débris de notre armée se défendaient à grand'peine sur la crête des Alpes Maritimes. Une seule place forte nous restait, Gênes, déjà bloquée du côté de la mer par les Anglais, et bientôt assiégée du côté de la terre par les Autrichiens. Notre frontière du Var et des Alpes était journellement insultée, et tout semblait annoncer une invasion de la Provence ou du Dauphiné. Sur mer, enfin, Malte et Corfou tenaient encore, mais étaient à la veille de succomber, et Bonaparte avait quitté l'Égypte trop récemment pour ne pas savoir à quoi s'en tenir sur les destinées de cette colonie.

Assurément les dangers immédiats étaient écartés, mais nos deux frontières du Rhin et des Alpes étaient menacées, l'Italie perdue, Malte et l'Égypte compromises. Enfin, bien que les Russes, depuis l'insuccès de Souvaroff, semblassent disposés à ne plus se battre contre les Français, tous les autres coalisés étaient encore en armes, fiers de leurs récentes victoires, et tout prêts à envahir la France. La question extérieure était donc le premier des problèmes que le nouveau chef du gouvernement était appelé à résoudre.

Or Bonaparte, qui n'était pas l'homme des demi-mesures, était parfaitement résolu à reprendre l'offensive sur tous les points, et à essayer de rendre à la France, par un vigoureux effort, la position qu'elle occupait au lendemain du traité de Campo-Formio : seulement il était trop habile pour se donner les torts de la reprise des hostilités. Il savait que la France avait en quelque sorte soif de la paix, et que l'homme qui lui assurerait cette paix tant désirée serait l'objet de la reconnaissance nationale. Il se détermina donc à une démarche diplomatique tout à fait inusitée, et écrivit directement aux souverains d'Angleterre et d'Autriche pour leur proposer de terminer la guerre.

Voici sa lettre à George III, d'Angleterre :

« ... La guerre qui depuis huit ans ravage les quatre parties du monde doit-elle être éternelle ? Comment les deux nations les plus éclairées de l'Europe, puissantes et fortes plus que ne l'exigent leur

sûreté et leur indépendance, peuvent-elles sacrifier à des idées de
vaine grandeur le bien du commerce, la prospérité intérieure, le
bonheur des familles? Comment ne sentent-elles pas que la paix est
le premier des besoins, comme la première des gloires?... Votre
Majesté ne verra dans cette ouverture que mon désir sincère de
contribuer efficacement pour la seconde fois à la pacification générale, par une démarche prompte, toute de confiance, et dégagée de
ces formes qui, nécessaires peut-être pour déguiser la dépendance
des États faibles, ne décèlent dans les États forts que le désir mutuel
de se tromper. »

La lettre adressée à l'empereur d'Allemagne était conçue à peu
près dans les mêmes termes; il y était en outre fait allusion aux
relations qui avaient existé antérieurement entre lui et le général
Bonaparte.

L'Angleterre ne croyait pas à la durée du gouvernement consulaire. Le premier ministre, Pitt, à la veille de s'emparer de l'Égypte,
et de mettre la main sur la ville et le port de Brest, se contenta de
répondre poliment, mais avec netteté, non pas à Bonaparte, mais à
Talleyrand, en lui laissant entrevoir que l'unique moyen d'avoir une
paix solide et durable était de restaurer les Bourbons. C'était une
grave imprudence que commettait le ministre dirigeant la politique
anglaise. Non seulement il ne comprit pas que Bonaparte demandait
la paix par un calcul de popularité, mais encore qu'en paraissant
faire du rétablissement d'une dynastie proscrite la condition de
cette future paix, il affermissait et rendait national un gouvernement
naissant.

L'Autriche fut plus modérée, mais tout aussi ferme, dans sa réponse.
Maîtresse de l'Italie, occupant le Piémont et les États de l'Église,
territoires longtemps convoités, et qu'elle ne paraissait nullement
disposée à rendre à leurs anciens souverains, elle ne pouvait se
résigner à la pensée d'une paix qui lui arracherait au moins une
partie de ses conquêtes. Bonaparte ayant insisté, l'Autriche finit par
répondre qu'elle ne voulait pas traiter sans ses alliés, c'est-à-dire
sans l'Angleterre. Tout espoir de paix se trouvait donc également
perdu de ce côté. Au moins le premier consul avait-il pris les devants,
et ce débat diplomatique, auquel il donna à dessein une immense
publicité, fut de la sorte terminé à son avantage, car il avait rejeté

sur l'Angleterre et sur l'Autriche la responsabilité d'une guerre dont il avait besoin, et que personne ne souhaitait plus ardemment que lui.

Quant à la Russie, Bonaparte s'y prit d'une façon plus adroite. Il savait que le czar Paul Ier était fort mécontent de ses alliés et spécialement de l'Autriche. Il attribuait à l'impéritie ou même à la trahison des généraux autrichiens les graves échecs subis en Suisse par Souvoroff. De plus les démonstrations de l'Autriche contre Rome, son refus de réintégrer en Piémont le roi de Sardaigne, protégé direct du czar, les mauvais traitements réservés aux troupes russes devant Ancône par le général autrichien Frœlich, l'intention sans cesse manifestée de dominer en Italie, tous ces motifs indisposaient grièvement le czar. Paul Ier était aussi fort mécontent de l'Angleterre, qui refusait de rendre Malte, alors sur le point de capituler, aux chevaliers de l'ordre, dont il venait d'être élu grand maître, et il ne lui pardonnait pas le grave échec que le duc d'York venait de faire subir à ses soldats à Bergen et à Castricum.

Déjà le czar avait exhalé son mécontentement en termes amers. Il avait en quelque sorte donné raison à Souvoroff, protestant qu'il ne voulait plus se battre à côté des Autrichiens. Déjà les régiments russes s'étaient retirés en arrière de la Suisse et de l'Italie. Il suffisait de quelques ménagements pour avoir raison de Paul Ier : Bonaparte le comprit. Il ordonna de renvoyer au czar tous les prisonniers russes, après les avoir équipés, payés, et habillés de neuf, et d'entamer immédiatement avec lui des négociations. Il n'avait, disait-il, d'autres projets sur l'Italie que la stricte exécution du traité de Campo-Formio; puis il parlait de l'insolence de la domination anglaise sur les mers, exaltait les droits des puissances neutres, et mêlait à ses insinuations des phrases qui laissaient espérer au czar la restauration des Bourbons. Paul Ier se laissa tromper par ces avances et par ces ouvertures. Toujours prompt à se décider, et aveuglé par sa sincérité même sur les projets du premier consul, il reporta subitement sur l'Autriche et l'Angleterre la haine qu'il avait jusqu'alors vouée à la France, déclara qu'il ne faisait plus partie de la coalition et rappela dans ses États les troupes russes encore cantonnées en Allemagne. Il licencia même le corps des émigrés de Condé qu'il avait pris à sa solde, et entra en relations pacifiques avec la France.

Restaient la Turquie, le Portugal, Naples et la Sardaigne; mais la Turquie ne cherchait qu'à reprendre l'Égypte : elle était décidée à borner son intervention militaire à l'Orient, et d'ailleurs il existait entre elle et la France trop d'intérêts communs pour que son hostilité fût sérieuse. Le Portugal pouvait être neutralisé par l'Espagne, notre alliée; la Sardaigne était impuissante; Naples ne comptait que comme appoint. A vrai dire l'Angleterre et l'Autriche étaient seules des ennemies sérieuses, et ce fut contre ces deux puissances que Bonaparte résolut de concentrer ses efforts.

Le premier consul aurait bien voulu entraîner la Prusse dans l'alliance française. Il lui offrit à plusieurs reprises des agrandissements territoriaux, le Hanovre ou Hambourg, si elle voulait joindre ses troupes aux nôtres; mais la Prusse se trouvait trop bien de ce rôle de neutralité qu'elle avait adopté pour en vouloir sortir. D'ailleurs elle était heureuse de voir les puissances européennes se ruiner en hommes et en argent, pendant qu'elle-même se fortifiait. Elle refusa donc, et se contenta d'interposer ses bons offices pour détacher le czar de la coalition. Si donc la Prusse n'était pas notre alliée, du moins ne nous était-elle pas hostile, et Bonaparte pouvait tout préparer pour une campagne décisive; car il avait besoin d'un grand succès militaire, qui le confirmât dans ses nouveaux pouvoirs.

Les coalisés, découragés par les échecs de la précédente campagne, avaient abandonné la Suisse, mais sans renoncer à l'espoir de faire tomber ou de rendre inutile cette position avancée, si précieuse pour notre offensive en Italie et en Allemagne. Ils avaient donc formé deux grandes armées : l'une en Souabe, l'autre en Piémont.

La première, forte de 120 000 hommes, était commandée par Kray, le vainqueur de Magnano, le seul officier que le Conseil aulique avait jugé capable de remplacer l'archiduc Charles, momentanément dégoûté de la carrière militaire. Cette armée, massée à la source du Danube, maîtresse de tous les défilés qui conduisaient dans la vallée du Rhin, pouvait, suivant les circonstances, et avec une égale rapidité, se porter soit en Alsace, soit en Suisse, soit même en Italie. Elle devait garder la défensive jusqu'à nouvel ordre. La seconde armée, au contraire, était chargée de l'offensive. Forte de 120 000 hommes, elle était commandée par Mélas, le véritable vain-

queur de Cassano et de Novi. Disperser les débris de l'armée d'Italie
cantonnés sur l'Apennin, enlever Gênes, envahir la Provence, où
viendraient les rejoindre 20 000 Anglais qu'on réunissait alors à
Minorque, mettre la main sur Toulon et Marseille, s'avancer ensuite
sur nos provinces du centre, en même temps que Kray, sortant de
son immobilité, franchirait le Rhin pour faire une diversion, tel
était le plan du Conseil aulique.

Bonaparte n'avait que trois armées à opposer aux alliés : la première, celle du Rhin, commandée par Moreau, et destinée à opérer
contre Kray; la seconde, celle d'Italie, opposée à Mélas, forte de
25 000 hommes, et commandée d'abord par Championnet, puis par
Masséna; enfin une troisième armée, dite de réserve, alors en formation, mais qui devait être redoutable, puisque Bonaparte s'en
réservait le commandement.

Les coalisés avaient commis une faute capitale en portant leur
principale attaque sur un point non seulement secondaire par sa
situation excentrique, mais encore facile à défendre, car les Apennins,
le Var, Gênes et Toulon étaient autant d'obstacles derrière lesquels
une armée éprouvée, même très inférieure en force, pouvait prolonger la résistance. Il résultait de là que tout l'effort de nos armes
semblait devoir se porter vers le Rhin contre l'armée de Kray. Une
fois cette armée détruite, ou seulement vaincue, on pouvait dicter
la paix à Vienne. Bonaparte le reconnaissait si bien, qu'il déclarait
que la frontière prépondérante était celle du Rhin. On lit dans sa
correspondance qu'il eut un instant la pensée d'aller prendre le
commandement de l'armée du Rhin, calculant, disait-il, qu'il serait
sous les murs de Vienne avant que Mélas eût paru devant Nice.
C'était aussi l'opinion de Moreau, qui insistait pour qu'on lui
envoyât l'armée de réserve; mais Bonaparte ne voulut à aucun prix
laisser à Moreau l'honneur de frapper en Allemagne le coup décisif,
et voici le plan, d'ailleurs excellent, qu'il adopta.

Au lieu de faire des opérations en Allemagne l'objet principal de
la campagne, il ne réserva à Moreau qu'un prologue, pour ainsi dire,
afin de ménager son entrée en scène. Moreau, après avoir concentré
son armée de Strasbourg à Constance, devait franchir le Rhin,
tourner la Forêt-Noire, rejeter Kray en Bavière, et, par conséquent,
intercepter ses communications avec l'Italie. Pendant ce temps, la

masse des Alpes entre le Danube et le Pô se trouvant dégagée et
sans défense, Bonaparte devait, avec l'armée de réserve, fondre tout
à coup par le centre des Alpes au cœur de l'Italie, prendre Mélas entre
lui et Masséna, l'anéantir, et du coup reconquérir l'Italie. C'était
une inspiration de génie des plus brillantes et des plus hardies.
L'événement le prouva.

Pour que ce plan gigantesque fût réalisé, il fallait : 1° que
l'armée d'Italie résistât à Mélas ; 2° que l'armée du Rhin réussît
à rejeter Kray en Bavière ; 3° que l'armée de réserve fût en état de
jouer le rôle brillant qui lui était destiné. De là triple champ de
bataille, ou du moins d'opérations : en Piémont, en Allemagne, en
France. Suivons les armées françaises dans cette triple direction, et
tout d'abord en Italie.

II

En Italie, après la défaite de Joubert à Novi, les débris de notre
armée, commandés par Championnet d'abord, puis par Saint-Cyr,
avaient essayé de se maintenir sur le territoire de la République
Ligurienne, mais ils avaient à lutter contre les masses autrichiennes
de Mélas qui les débordaient de tous côtés, contre les Anglais qui
surveillaient la côte et interceptaient les communications avec la
France, contre ceux des Génois qui regrettaient le gouvernement
aristocratique et voulaient profiter de nos désastres pour renverser
la démocratie. Ils avaient à lutter surtout contre la misère, contre le
découragement, contre les fièvres qui venaient d'enlever Championnet. Ils n'avaient reçu que peu ou point de renforts pour réparer leurs
pertes. Presque abandonnés par le Directoire, réduits à l'état le plus
déplorable, sans solde, sans vêtements, sans vivres, ils venaient de
passer l'hiver dans un pays ruiné, et la rigueur de la saison avait
augmenté et les privations et les maladies. Pâles, languissants,
affamés, couverts de lambeaux, ils erraient sur les routes, plus
semblables à des brigands qu'à des soldats réguliers. Les infortunés
qui parvenaient à se traîner jusque dans un hôpital n'y trouvaient
ni paille pour se coucher, ni aliments, ni secours. Étendus sur des
dalles de marbre à côté des cadavres de leurs camarades, ils y mou-

raient bientôt. Plus de service administratif; tout était vide, magasins et caisses. Les ressources publiques et privées étaient épuisées, les ressources particulières évanouies. L'armée, sans combattre, fondait avec une rapidité effrayante. Des corps entiers partaient sans ordre et sans chef. Des officiers généraux eux-mêmes se rendaient en France sans congé. Tous cherchaient à éviter une mort sans gloire. Ce sont ces soldats démoralisés que Bonaparte pria Masséna de réorganiser, en lui dévoilant son projet, et en lui faisant comprendre l'importance du rôle qu'il allait jouer, quand il attirerait sur lui la grande armée de Mélas, pendant que Bonaparte prendrait le temps de rassembler l'armée de réserve, et interviendrait au moment opportun.

Masséna, le vainqueur de Zurich, l'ancien compagnon de gloire de Bonaparte en Italie, un des rares lieutenants dont le génie militaire égalait l'héroïsme, acceptait un rôle sacrifié en se dévouant à la tâche pénible de réorganiser ces régiments tant de fois vaincus, et de garder la défensive dans un pays difficile et mal intentionné; mais la grandeur du péril excita son patriotisme. Il accepta cette lourde responsabilité, et partit aussitôt pour la rivière de Gênes.

Son premier soin fut d'assurer les services de l'armée en passant divers marchés pour l'habillement et les vivres, puis il fit refluer vers Gênes tous ceux des soldats de l'armée d'Italie qui avaient déserté, et qui couraient les chemins de la Provence, implorant la pitié des citadins et des paysans. Il les rappela au sentiment de l'honneur et du devoir, et ces mêmes soldats lui servirent pour ainsi dire d'escorte dans son voyage de Nice à Gênes. Le succès des mesures prises par Masséna ne répondit d'abord pas à ses espérances. Il ne réussit à donner à ses troupes qu'un soulagement momentané. Bientôt le soldat fut obligé à vivre de nouveau au jour le jour. La négligence, la mauvaise foi, l'insuffisance des moyens, les vents eux-mêmes qui pendant quatre mois s'opposèrent à l'arrivage des convois par mer, tout semblait se réunir pour amener l'anéantissement des troupes et la perte de la Ligurie. La faim de nos soldats était telle, qu'ils dévoraient les herbes et les racines trouvées dans la montagne. Une compagnie entière s'empoisonna en mangeant de la ciguë. Les hommes de corvée n'avaient plus la force de venir aux distributions qui se faisaient à Gênes ou aux environs.

C'est avec de tels soldats, exténués et hors d'état de porter les armes, que Masséna n'hésita cependant pas à entrer en campagne.

Ces soldats, après tout, n'étaient-ils pas les soldats de l'armée d'Italie? N'avaient-ils pas conscience de leur valeur? Ignoraient-ils qu'ils n'avaient jamais lutté que contre un ennemi bien supérieur en force? Malgré leurs défaites, ils se rendaient justice et savaient qu'on la leur rendait. L'arrivée du brillant général qui naguère avait conduit à la victoire bon nombre d'entre eux leur rendit confiance. Masséna réussit à surexciter leur amour-propre, et, comme la plupart de ces soldats étaient des Méridionaux très fiers, pleins d'amour-propre et jaloux de leur vieille réputation, ils promirent à leur général de ne pas rester au-dessous d'eux-mêmes. En quelques jours la discipline était rétablie dans cette armée d'affamés, et ils se déclaraient prêts à entrer en lutte.

Les instructions de Bonaparte prescrivaient à Masséna d'attirer à lui et d'occuper le plus d'ennemis qu'il pourrait, sans se préoccuper de garder ses communications avec la France. Le jeu était dangereux. Toute autre armée moins éprouvée, tout autre général moins solide, se fussent considérés comme perdus; mais Masséna s'était pénétré du plan de Bonaparte. Il avait sans doute compris qu'on lui réservait un rôle sacrifié, puisqu'on ne lui demandait que d'attirer à lui les Autrichiens, afin de fournir à Bonaparte l'occasion de frapper sur eux un coup inattendu ; mais son patriotisme ne recula pas devant ce sacrifice, et il se résigna à une campagne de stricte défensive.

La base d'opérations qu'il avait à garder était considérable. Elle s'étendait d'un côté entre les Alpes Maritimes et les Apennins, de l'autre à la rivière de Gênes. Comme il voulait garder à la fois les débouchés de la Toscane, du duché de Plaisance, de la Lombardie et du Piémont, et défendre en même temps les frontières françaises, comme il lui fallait de plus tenir garnison à Gênes, à Savone et surveiller les mouvements de la flotte anglaise, il fut obligé de disperser ses soldats de Nice à la Spezzia. Par suite de la distribution des troupes sur cette ligne étendue, il ne se trouvait nulle part de masse ni de réserve prête à se porter sur l'endroit le plus spécialement menacé. Il y avait bien du monde sur tous les points, mais nulle part de force réelle. A droite le général Soult gardait Cadibone, la

Boccheta et Gênes avec 18 000 hommes. A gauche, le général Suchet, avec 12 000 hommes, gardait le littoral et tous les défilés de Finale à Tende. A ces 30 000 Français dispersés, Mélas pouvait opposer jusqu'à 120 000 hommes, et la simple inspection des lieux ainsi que son énorme supériorité numérique lui inspirèrent la résolution de rompre la ligne française et d'isoler les deux corps qui la défendaient. Il voulait attaquer à la fois les débouchés principaux de la chaîne des Apennins pour donner le change à Masséna, mais ne faire d'attaque sérieuse qu'au centre, afin de séparer Soult de Suchet. Soult serait refoulé sur Gênes et Suchet sur le Var. Dès lors il presserait le siège de Gênes, déjà bloquée par l'escadre anglaise, puis se rabattrait sur Suchet et envahirait la Provence. Ce plan était bien conçu et ne pouvait que réussir. De ses 120 000 soldats, Mélas en laissa 30 000 en Piémont, afin d'assurer ses derrières et de garder les Alpes contre une attaque à laquelle il croyait peu. Il laissa 40 000 hommes commandés par Ott contre Soult et se porta lui-même avec 50 000 hommes contre Suchet. Cette double attaque réussit.

Le 6 avril les 40 000 Autrichiens d'Ott repoussaient Soult de ses positions avancées de Toriglio et Reco et le poursuivaient jusqu'à Gênes. Ils réussissaient même à s'emparer des hauteurs qui dominent la ville et y installaient leurs batteries. La position devenait critique. La population génoise s'agitait, une flotte anglaise bloquait déjà le port, et les Autrichiens s'apprêtaient à bombarder la place. Mais dès le lendemain 7 Masséna, qui avait repris le commandement du corps de Soult, conduisait ses troupes à l'ennemi, les abordait avec une froide intrépidité, prenait à revers les hauteurs, et rejetait Ott, très en désordre, sur les pentes de l'Apennin. Le soir il rentrait en ville avec 1500 prisonniers, aux acclamations des Génois émerveillés par cette brillante sortie. Le lendemain 8 et les jours suivants, il abordait de nouveau les Autrichiens sur tous les points, et essayait de les rejeter loin de Gênes; mais ses colonnes étaient forcées par la nature du terrain de se disséminer. Elles trouvaient toujours en face d'elles des forces quadruples, et ne réussissaient qu'à faire subir aux Autrichiens des pertes cruelles. Affaiblis par leur succès même, nos soldats durent peu à peu céder le terrain et se renfermer dans Gênes. Au moins Masséna avait-il de la sorte, jusqu'au dernier moment, exécuté les ordres de Bonaparte, c'est-à-dire tenu la campagne, et attiré sur lui les forces de l'Autriche tant que la résistance avait été possible. Contraint de céder à la nécessité, il s'enferma le 21 avril dans Gênes, bien déterminé à s'y défendre jusqu'à la dernière extrémité. Aussitôt les Autrichiens investirent la place, et la flotte anglaise resserra le blocus du port. La première partie du plan de Mélas était donc exécutée : il avait

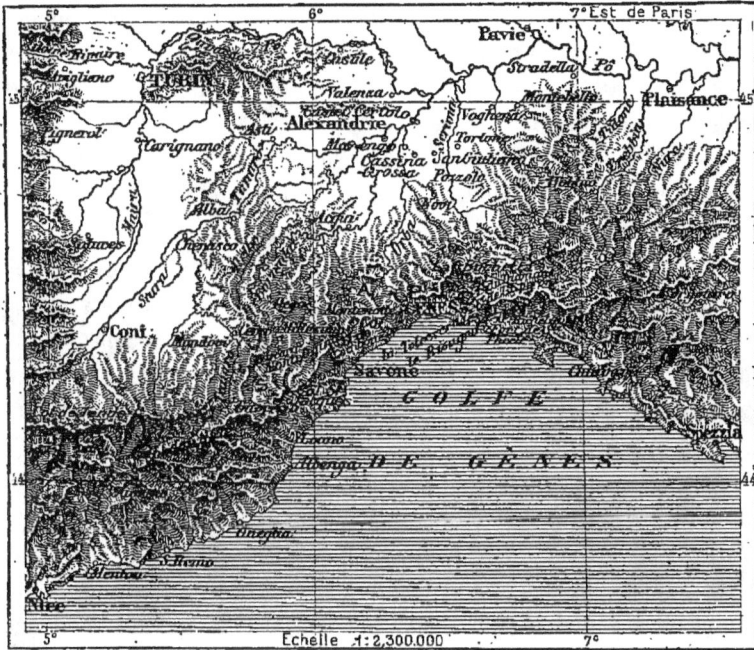

CARTE DE LA RIVIÈRE DE GÊNES.

coupé en deux l'armée française, et forcé Masséna à se résigner à un siège dont l'issue n'était plus qu'une question de temps.

Mélas s'était chargé du corps de Suchet. A la tête de 50 000 soldats, il se rua sur les 12 000 hommes de Suchet, et leur enleva successivement Montenotte, Cadibone, Savone et Borghetto. A ce moment il les avait séparés de Masséna, et avait pu revenir à la tête de toutes ses forces contre ce général; mais, ayant reçu de bonnes nouvelles de son lieutenant Ott, il se décida à poursuivre son offensive contre

Suchet, le débusqua de la Taggia et du col de Tende, et le rejeta en désordre sur le Var. Fier de toucher enfin le territoire de la République française, il se disposa à l'envahir immédiatement; mais là devaient se borner ses succès, et deux mois à peine le séparaient de Marengo. Il essaya bien de forcer le passage du Var, mais ce petit fleuve, adossé aux Alpes, est de facile défense. Les hauteurs qui couvrent sa rive gauche présentent d'excellentes positions défensives. Il n'y a de pont et de passage faciles qu'à son embouchure. Partout ailleurs il coule entre des montagnes escarpées. Suchet couronna ces hauteurs de batteries, dispersa dans les montagnes d'habiles tirailleurs, et organisa la défense, en même temps qu'il appela à son aide les gardes nationales du Midi. Les Autrichiens essayèrent à plusieurs reprises de forcer cet obstacle inattendu : ils furent toutes les fois repoussés avec perte; le 22 et le 26 mai surtout, quand ils essayèrent de s'emparer du pont de Saint-Laurent du Var. Cette résistance opiniâtre est d'autant plus honorable pour Suchet que sa petite armée était comme épuisée par les fatigues et les privations. « La République entière, lui écrivait à ce propos le ministre de la guerre, avait les yeux fixés sur ce nouveau passage des Thermopyles. Vous avez été non moins brave, mais plus heureux que les Spartiates. »

En effet, pendant qu'il arrêtait ainsi avec une poignée de braves la moitié de l'armée autrichienne, il donnait le temps à Bonaparte d'organiser l'armée de réserve, il immobilisait Mélas, et épargnait à son pays la honte d'une invasion. Suchet avait montré dans cette campagne les qualités sérieuses et la ténacité qui bientôt rendront célèbre le maréchal duc d'Albuféra.

Masséna, de son côté, s'immortalisait par l'héroïque défense de Gènes, et retenait sous les murs de cette place l'autre moitié de l'armée autrichienne. Il s'occupa tout d'abord de compléter et d'augmenter les défenses de la ville, ainsi que de tous les postes qu'il avait conservés à l'extérieur. Il s'appliqua aussi à chercher des moyens d'approvisionnement, réorganisa la garde nationale génoise, qu'il chargea de la défense particulière de la ville, afin de pouvoir disposer des troupes françaises à l'extérieur. Il fit encore rassembler en légions les Italiens réfugiés qui se trouvaient à Gènes et quelques centaines de Polonais, faits prisonniers dans les der-

nières affaires et qui se joignaient volontairement à nos troupes.
L'effectif total s'élevait à peine à 12 000 hommes valides, ce qui était
insuffisant pour la défense de la place.

Gênes est bâtie au pied d'un amphithéâtre formé par l'une des
arêtes qui, se détachant de l'Apennin, s'abaissent et se terminent
brusquement à la mer. Elle s'élève sur les gradins arides et brûlés
de cet amphithéâtre, entre les deux petites vallées de la Polcevera et
du Bisagno. Située dans un bassin dominé de toutes parts, elle n'a
pu être fortifiée qu'en comprenant toutes les hauteurs qui s'élèvent
successivement depuis le rivage de la mer jusqu'au mont Diamant.
Elle est enfermée dans une double enceinte : la première ou petite
enceinte forme, à proprement parler, la muraille de la ville; elle
n'occupe guère que le tiers de l'amphithéâtre embrassé par la Polcevera et le Bisagno. La seconde ou grande enceinte, beaucoup plus
développée que la précédente, suit les escarpements des crêtes, et se
plie au terrain. Toutes les deux se flanquent de manière à multiplier
et à croiser les feux sur tous les points accessibles.

La clef de la position est ce qu'on nomme le fort de l'Éperon.
Comme ce fort se trouve à son tour dominé par des hauteurs plus
élevées, on a construit sur ces hauteurs deux autres forts, celui des
Deux-Frères et celui du Diamant. Ces deux positions dominent toutes
les autres fortifications et assurent l'entrée de la ville à qui les possède.
Le côté le plus faible est à l'embouchure du Bisagno. Aussi a-t-on
établi des redoutes sur les collines voisines, les forts Quezzi, Richelieu et Santa Tecla. Du côté de la mer se trouvent le fort de la Lanterne
et les batteries du port. La position est donc formidable. Avec sa
double enceinte et ses sept forts détachés, Gênes pourrait, même de
nos jours, soutenir une honorable résistance. Mais sa force principale, c'était Masséna, qui s'était enfermé dans la place avec la ferme
volonté d'y prolonger la résistance au delà des limites du possible.
Aussi bien ses soldats et ses lieutenants, Soult, Miollis, Gazan, partageaient ces sentiments généreux, car ils comprenaient que chaque
jour, chaque heure de résistance augmentait les probabilités d'une
victoire prochaine. Victimes de l'honneur militaire, ils se dévouaient
à leurs compagnons d'armes, et c'était un véritable dévouement, car
il n'y avait guère à Gênes que pour un mois de vivres, et nul espoir
de ravitaillement. Une escadre anglaise et napolitaine, commandée

2

par l'amiral Keith, observait la rade, et confisquait impitoyablement
tout navire, toute barque qui essayait de franchir la ligne de blocus.
Elle joignait en outre le feu de ses canons à celui des Autrichiens,
surtout vers le Bisagno, où l'attaque était plus facile que vers la
Polcevera. Du côté de la terre, les 40 000 Autrichiens d'Ott, bien
nourris, bien habillés, soutenus par plusieurs milliers de paysans
insurgés, entouraient la ville et poursuivaient lentement les opérations du siège, très lentement même, car ils jugeaient avec raison
que la famine leur livrerait tôt ou tard les défenseurs de la place.
Ils croyaient même que la défense ne se prolongerait pas au delà
d'un mois.

Les ordres du cabinet de Vienne devinrent tout à coup pressants,
car la prise de Gênes était considérée comme le gage de l'entière
conquête de l'Italie, et les Anglais, dont la flotte devait concourir au
succès de cette opération, insistaient pour qu'elle n'éprouvât aucun
retard, dans l'espérance de rester maîtres de la place et de s'emparer
de tous ses moyens maritimes. Ott et Keith se disposèrent donc
à tenter une attaque générale par terre et par mer, dont le but était
d'enfermer entièrement les Français dans le corps de la place, en
leur enlevant les postes extérieurs, ce qui priverait la garnison de
toutes les ressources qu'elle achevait de consommer dans les
villages. Le 30 avril l'attaque résolue eut lieu, et les Autrichiens
réussirent presque partout. Ils emportèrent le fort des Deux-Frères,
le fort Quezzi et le fort Santa Tecla. Ils investissaient déjà les forts
Richelieu et Diamant. Une catastrophe était imminente. Si les
Autrichiens se maintenaient sur les positions conquises, Gênes était
perdue. Masséna entreprit de rétablir sa fortune. Il chargea Soult
de reprendre les Deux-Frères, et Miollis de rentrer dans Santa
Tecla et Quezzi. Ce mouvement réussit, et, dès le soir du 30 avril,
les Français réoccupaient toutes leurs positions du matin. Ce fut
la journée la plus brillante du blocus : 4000 Autrichiens avaient été
mis hors de combat, et 12 à 1500 faits prisonniers. Ott s'attendait
si peu à ce résultat, qu'il avait fait préparer sept à huit cents échelles
pour gravir les murailles. Elles furent brûlées par les Français en
réjouissance de leur victoire.

Animé par le succès, Masséna résolut de reprendre la campagne.
Le 11 mai Soult et Miollis reçurent l'ordre d'enlever le mont des

Fascie, mais on dirigea contre eux des forces accablantes, et ils furent obligés de rentrer dans Gênes. Masséna avait profité de cette diversion pour enlever dans les villages de la banlieue le peu de vivres qu'ils pouvaient encore lui fournir.

Le 13, nouvelle sortie. Il s'agissait cette fois de s'emparer du Monte Creto, clef des positions autrichiennes. Deux fortes colonnes étaient destinées à cette expédition : celle de droite, commandée par Soult ; celle de gauche, par Gazan. Le choc fut violent et la résistance vigoureuse. La mêlée présenta l'image de ces combats antérieurs à l'invention de la poudre, et décrits par les historiens et les poètes de l'antiquité. L'avantage se décidait pour les Français, quand éclata un orage terrible qui interrompit le combat. Quand la pluie eut cessé, le soldat trempé dans ses vêtements, ne pouvant faire usage de ses armes et glissant à chaque pas, se sentit découragé. Il avait perdu l'énergie et l'impulsion nécessaires pour la réussite des combats de vive force. Les Français durent rentrer en ville, laissant sur le champ de bataille Soult, grièvement blessé à la jambe.

L'insuccès du Monte Creto fut le dernier épisode de la défense active de Gênes. Dans ces combats répétés Masséna avait perdu le tiers de son effectif. Il se voyait privé de ses meilleurs lieutenants, blessés ou prisonniers. Lors du dernier combat, plusieurs milliers de femmes avaient parcouru les rues, poussant des cris d'épouvante, et demandant du pain ou la mort. Il était à prévoir que la tâche la plus difficile du général serait désormais de contenir un peuple aigri par ses souffrances et sourdement travaillé par les intrigues des Anglais et des agents de l'Autriche. A défaut de l'ennemi, la faim allait bientôt triompher de Masséna.

L'espoir était pourtant dans tous les cœurs. On venait d'apprendre que Moreau était vainqueur en Allemagne, que Bonaparte et l'armée de réserve s'étaient enfin mis en marche, et étaient parvenus en Suisse. On espérait que Gênes serait débloquée dans les premiers jours de juin. Il fallait donc à tout prix prolonger la résistance jusqu'à cette époque. Un aide de camp de Soult, le colonel Franceschi, parvint à quitter Gênes et à y rentrer, après avoir vu Bonaparte au Saint-Bernard. Les nouvelles qu'il apporta ranimèrent tous les courages. Chacun les commentait à sa guise et en exagérait les détails. Le moindre bruit extraordinaire semblait signaler l'arrivée de l'armée de réserve. Ils les ont connues, ces émotions poignantes, nos valeureux défenseurs de Belfort en 1871, qui attendaient eux aussi une armée libératrice, et couraient au rempart pour interroger anxieusement l'horizon, lorsque grondait le canon de Villersexel et d'Héricourt. Le 29 mai, les défenseurs de Gênes crurent entendre non seulement le canon, mais même la fusillade. Les soldats prirent les armes ; Masséna lui-même se rendit sur un lieu élevé pour observer les mouvements de l'ennemi ; mais personne ne bougeait dans le camp autrichien. La canonnade n'était sans doute que le lointain écho d'un orage répercuté par les rochers de l'Apennin. Cette dernière déception brisa tous les courages, car la famine menaçait, et la famine avec toutes ses horreurs.

Depuis longtemps les soldats et les habitants étaient réduits à la demi-ration. Il fallut bientôt y renoncer et vivre au jour le jour. La viande commença par devenir rare, puis elle disparut. On recourut aux animaux les plus méprisés ou les plus dégoûtants : chiens, chats, rats, chauves-souris et vers. Heureux encore ceux qui pouvaient s'en procurer ! Plus de mouture possible, car les Autrichiens s'étaient emparés de tous les moulins. On y suppléa quelque temps par les moulins à bras, surtout les moulins à café. Moudre était devenu l'occupation favorite des Génois. Les dames s'en faisaient même un amusement. Bientôt le blé manqua. Il fallut recourir à d'autres graines, lin, millet, cacao, amandes. On faisait d'abord griller ces ingrédients, puis on les mêlait avec du miel, et ce mélange, présenté une seconde fois au feu, passait pour un mets délicat. Le son, aliment peu nutritif, mêlé au miel, servait non pas à satisfaire, mais à tromper la faim. Bientôt Masséna fut obligé de réquisitionner toutes les subsistances. Il fit ramasser tout ce qui existait dans la ville en lin, amidon, son et cacao. On en composa une sorte de pâte gluante, noire, amère, carbonisée par la cuisson si on voulait lui donner la consistance du pain, impossible à digérer à cause de l'huile de cacao dont elle était imprégnée, si on la mangeait crue. Du fromage, quelques légumes verts étaient les seuls soulagements qu'on pût accorder aux blessés et aux malades qui encombraient les hôpitaux. Bientôt même le pain de cacao manqua, et on distribua des soupes, dans lesquelles on avait mêlé des herbes médicinales.

Le désespoir était à son comble. Chaque jour éclairait de nouveaux désastres. Des malheureux répandus dans les rues remplissaient l'air de leurs gémissements, des enfants délaissés imploraient vainement la pitié publique. On se disputait les cadavres d'animaux morts d'épuisement. Si même on en croit des traditions de bivouac, quelques soldats allèrent chercher dans les fossés des cadavres d'Autrichiens, et calmèrent leurs souffrances par ces horribles festins. La détresse régnait surtout dans la rade, où les prisonniers autrichiens étaient entassés sur des pontons, à tel point qu'on n'osait plus leur envoyer de gardiens, car ils auraient été mis en pièces et dévorés. Ces infortunés avaient dévoré leurs souliers et le cuir de leurs havresacs. Dans leur désespoir, plusieurs d'entre eux s'étaient suicidés. Masséna avait proposé à Ott de les faire nourrir : il ne reçut même pas de réponse.

La postérité croira-t-elle que 150 000 Génois, voyant périr autour d'eux leurs femmes et leurs enfants, réduits à vivre de racines et d'animaux immondes, se soient résignés à supporter ces calamités, sans tenter un effort général contre une troupe d'étrangers affaiblis par leurs souffrances? Il n'y eut pourtant aucune émeute. Il y avait en effet à Gênes bon nombre de patriotes qui redoutaient la domination autrichienne plus encore que la famine. Le souvenir des rigueurs exercées par les Autrichiens contre leurs pères lors de l'occupation de 1746 entretenait chez eux une incomparable énergie. Nos soldats au contraire commençaient à donner des signes d'indiscipline. Les uns se suicidaient, d'autres brisaient leurs armes, quelques-uns désertaient les postes avancés, et allaient implorer dans le camp ennemi des aliments, dont ils ne pouvaient plus supporter la privation.

Au milieu de cette population obéissante encore, mais enfiévrée par son malheur, au milieu de ces soldats qui perdaient la conscience de leurs actes, Masséna, calme, impassible, ranimait les courages et continuait à parler de la délivrance prochaine; mais les souffrances devinrent intolérables. Depuis le 26 mai aucune nouvelle n'était arrivée, et les bruits les plus sinistres circulaient. Les uns racontaient que Bonaparte était battu; les autres, qui se sentaient sacrifiés, maudissaient l'égoïsme du premier consul. Le 3 juin on se trouvait à toute extrémité. Il ne restait plus que pour deux jours de ces vivres, plus nuisibles que substantiels, qu'on distribuait depuis trois semaines. Les femmes parcouraient les rues en agitant des sonnettes, et poussaient le vieux cri de guerre qui jadis, aux grands jours de l'émeute, jetait la populace en délire dans les rues surchauffées par le soleil : « Viva Maria! Viva Maria! » Peu à peu les esprits se troublaient. On touchait à ce qu'un diplomate fameux, dans ses jours de funèbre gaieté, appelle le moment psychologique, c'est-à-dire à l'heure où la prostration physique devient de l'hallucination, et où l'hallucination se convertit en folie furieuse.

Masséna avait déjà, à plusieurs reprises, reçu des états-majors autrichiens et anglais des propositions favorables. Quand il vit que ses soldats n'avaient plus la force de soulever leurs fusils et que la population allait s'insurger, il se décida à traiter. Le général Ott accueillit avec joie ces ouvertures, car il venait, paraît-il, de recevoir l'ordre de lever le siège : aussi se montra-t-il coulant sur les conditions. Les alliés proposèrent d'abord que la garnison retournât en France et que Masséna restât prisonnier de guerre. Masséna s'indigna de cette proposition, contraire aux usages ordinaires de la guerre. « Vous valez seul 20 000 hommes, » lui dit alors l'amiral Keith. Masséna fit déclarer qu'il se refusait à signer tout acte dans lequel le mot de capitulation serait employé, et que l'armée française évacuerait Gênes avec armes et bagages, ou sinon qu'elle se ferait jour à la baïonnette. Un pareil ultimatum devait rendre la négociation difficile. C'est pourtant ce qui la fit réussir. Les alliés savaient que Masséna était homme à tenir sa promesse, et ils avaient hâte de prendre possession de Gênes pour se réunir à Mélas et courir contre Bonaparte, qui était déjà à Milan. Ils finirent par céder sur tous les points et consentirent à laisser l'armée française sortir librement de Gênes et rejoindre par voie de terre le corps de Suchet. Deux articles stipulaient l'indépendance entière du peuple ligurien, le maintien du gouvernement établi et la neutralité absolue de la ville et du port. Quelque honorables et glorieuses que fussent ces conditions, Masséna croyait encore à la possibilité de recevoir quelque nouvelle qui changerait sa position. Il ne se décida à signer la convention que le 4 au soir, après avoir déclaré aux Génois qu'il déchirerait tout de suite l'acte fatal, s'il avait seulement quelques jours de vivres d'assurés.

Il fallut enfin se résigner. Le 4 juin les Autrichiens prirent possession de la ville. « Au revoir, messieurs, dit gracieusement Masséna aux généraux autrichiens. Je vous donne ma parole d'honneur que dans vingt jours je serai devant Gênes. — Vous y trouverez, lui répondit l'un d'entre eux, des hommes auxquels vous aurez appris à la défendre. » Ce témoignage d'admiration que lui rendaient les ennemis, Masséna le méritait à tous égards. Cette mémorable défense avait paralysé dans l'Apennin une moitié de l'armée autrichienne et permis à Bonaparte d'exécuter sa fameuse marche à travers le Saint-Bernard. La première partie de son plan se trouvait exécutée, puisqu'il avait eu le champ libre pour préparer son armée de réserve et pour surprendre les Autrichiens.

III

Pendant ce temps, et sur un autre théâtre, le général Moreau, résigné d'avance au même rôle que Masséna, paralysait par ses brillantes manœuvres la grande armée autrichienne de Kray, et laissait le champ libre à Bonaparte. Kray occupait une belle position stratégique. Il s'était posté à Donaueschingen à la source du Danube, à l'endroit où ce fleuve est comme entouré par le Rhin, qui de Constance à Strasbourg décrit autour de lui une sorte de vaste demi-cercle. Couvert à Donaueschingen d'un côté, en face du Rhin français, par la Forêt-Noire, de l'autre, en face du Rhin suisse, par les Alpes de Constance, et occupant tous les passages de ces montagnes, Kray pouvait se concentrer facilement et écraser l'armée française qui tenterait de franchir le Rhin et de le débusquer de ce formidable camp retranché formé par le haut Danube.

Il s'y croyait tellement inexpugnable, qu'il avait détaché de son armée une division de 30 000 hommes, dont il avait confié le commandement au prince de Reuss, avec mission de manœuvrer dans le Vorarlberg et d'assurer ses communications avec l'armée autrichienne d'Italie. Tenter le passage du Rhin en face d'un ennemi si bien posté était donc une opération malaisée, d'autant plus que Moreau n'avait ni chevaux, ni équipages de pont, ni vivres; mais Bonaparte le pressait d'entrer en campagne. « Chaque jour de retard est funeste pour nous, lui écrivait-il. Ayez le plus tôt possible un avantage, afin de favoriser par cette diversion les manœuvres en Italie. » Moreau se le tint pour dit, et, le 25 avril, commença les opérations actives.

Afin de détourner l'attention de l'ennemi, et de franchir le Rhin sans obstacle, Moreau avait divisé son armée en quatre corps. La droite, commandée par Lecourbe, passerait le fleuve à Schaffhouse ; le centre sous Moreau le franchirait à Bâle ; la gauche avec Saint-Cyr à Brissach, et l'extrême gauche avec Sainte-Suzanne à Kehl. De la sorte nous profitions de tous nos ponts sur le Rhin, et nous le franchissions sur toute la ligne. Bonaparte aurait préféré qu'on tentât le passage sur un seul point, afin d'obtenir un triomphe plus éclatant. Cette conception était bonne, mais on s'exposait ainsi à un désastre incalculable, tandis qu'en suivant le plan de Moreau on était à peu près sûr du résultat. Cette divergence d'opinion s'explique par le tempérament des deux généraux. Bonaparte, c'est le joueur brillant et audacieux qui n'hésite pas entre l'alternative d'un succès sans limite et d'une ruine complète ; Moreau, c'est le calculateur froid et prudent, qui ne se découvre qu'à coup sûr, et arrive à son but lentement, mais sûrement. Peut-être notre malheur a-t-il été de préférer les joueurs aux calculateurs !

Les prévisions de Moreau se réalisèrent de point en point. Sainte-Suzanne et Saint-Cyr passent le Rhin après avoir balayé les troupes laissées en observation par Kray sur la rive droite du fleuve, et s'établissent en face des défilés de la Renchew, de la Kintzig et du val d'Enfer, comme s'ils avaient l'intention de les forcer pour pénétrer dans la Forêt-Noire. Les Autrichiens se laissèrent prendre à cette démonstration, et, au lieu d'attendre nos troupes au débouché de ces défilés, ils s'y engagèrent en masse. Aussitôt Sainte-Suzanne se dérobe, repasse le Rhin à Strasbourg, le franchit de nouveau à Brissach et remplace Saint-Cyr dans ses positions en face de la Forêt-Noire. Ce dernier opère immédiatement sa jonction avec Moreau, et Lecourbe de son côté passe le Rhin à Schaffhouse, sur le flanc de l'ennemi. L'armée française était donc tout entière sur la rive droite du fleuve, et les calculs de Moreau avaient été si bien conçus, que cette opération compliquée avait réussi, sur une ligne de quarante lieues d'étendue, avec la précision d'un champ de manœuvres.

LE VAL D'ENFER.

Le passage du Rhin, dans la pensée de Moreau, n'était qu'une opération secondaire. Le difficile était de s'emparer de la Forêt-Noire, c'est-à-dire de rejeter l'ennemi en Bavière et de dégager autant que possible les avenues de l'Italie. Comme il tenait par-dessus tout à éloigner les Autrichiens de la Suisse, il lança sur Stokach, à l'extrême gauche de Kray, Lecourbe avec son corps d'armée. Lui-même au centre marcha droit à l'ennemi sur Engen. Saint-Cyr avait reçu l'ordre de se rapprocher de lui par Tengen, tout en communiquant avec Sainte-Suzanne, encore engagé dans le val d'Enfer. C'était donc une attaque générale qu'avait résolue Moreau. La bataille ou plutôt la double bataille s'engagea le 3 mai 1800. Pendant que Lecourbe s'emparait de Stokach après un brillant combat qui coûta aux ennemis 3 à 4000 hommes, neuf pièces de canon et des magasins considérables, Moreau, malgré l'infériorité de ses forces, n'hésitait pas à attaquer Kray, posté à Engen avec le gros de son armée. Il comptait sur la double diversion de Lecourbe et de Saint-Cyr. Mais les Autrichiens luttèrent avec énergie. Ce fut seulement sur le soir que l'apparition de Saint-Cyr sur la droite et la nouvelle du succès remporté par Lecourbe à Stokach forcèrent l'ennemi à battre en retraite. Kray se retira sur le Danube, en nous abandonnant 7000 prisonniers et une vingtaine de canons. Cette première victoire de l'armée du Rhin eut un résultat moral très avantageux. Elle inspira à l'armée française la confiance la plus entière, et une ardeur telle, que les conscrits se persuadèrent qu'ils étaient invincibles.

Le gain de cette bataille permettait à Moreau de manœuvrer sur le flanc gauche de l'ennemi, et de couper ses communications avec le prince de Reuss et le Vorarlberg. Les grands magasins autrichiens à Mœsskirch et à Biberach étaient menacés. Pour les défendre, Kray se porta à Mœsskirch, dans une excellente position, et présenta la bataille à Moreau (5 mai). Cette bataille fut plus acharnée encore que la précédente. Les ennemis étaient postés sur un plateau d'un accès difficile, le plateau de Krumbach, couvert par une batterie de vingt-cinq canons. Quand se présentèrent les têtes de colonnes françaises, elles furent accueillies par un feu si meurtrier, qu'elles durent un instant suspendre leur attaque. Enfin l'infanterie parvint à se déployer et emporta le plateau. Les Autrichiens, qui ne se tenaient pas pour battus, se retirèrent au village de Hendorf, et y prolongèrent la résistance. Ce ne fut que le soir, lorsque le général **Vandamme**, envoyé dès le matin pour les tourner, déboucha sur la gauche, qu'ils se décidèrent à battre en retraite. Cette retraite se serait même convertie en déroute, si, comme le lui avait prescrit Moreau, Saint-Cyr et tout son corps d'armée, qui étaient dans le voisinage, à Liptingen, eussent pris part aux opérations de la journée; mais Saint-Cyr était mécontent. Il prétendit ne pas avoir reçu les aides de camp que lui envoya Moreau. Une première fois déjà, à Engen, Saint-Cyr n'avait paru que bien tard sur le champ de bataille; cette fois son inexplicable inaction privait Moreau des fruits de la victoire; mais Saint-Cyr comprit ses torts et les répara.

Après la bataille de Mœsskirch, Moreau aurait pu poursuivre Kray au delà du Danube; mais, comme il ne voulait que le déborder pour l'éloigner de plus en plus de la Suisse, il poursuivait sa marche en avant dans la direction de l'Iller. Il avait rallié le corps de Sainte-Suzanne, et s'avançait parallèlement au fleuve avec toutes ses forces. Kray commençait à comprendre le plan de Moreau. Il voyait qu'à cette énorme distance où il se trouvait de l'armée de **Mélas**, et à travers les Alpes qui restaient libres, Bonaparte n'avait qu'à s'élancer avec sa fameuse armée de réserve pour marcher **droit sur Vienne**, ou bien pour frapper sur lui ou sur son collègue des coups terribles.

Il chercha donc à se rapprocher de la Suisse, et à renouer ses communications avec le corps du prince de Reuss, qui occupait toujours le Vorarlberg. Il voulait de plus conserver ses magasins de Biberach et de Memmingen, directement menacés par l'armée française. Il s'arrêta donc à Biberach et y attendit les Français. Saint-Cyr avait reçu l'ordre de s'emparer de cette ville. Il n'hésita pas à en ordonner l'attaque. Aussi bien il était comme entraîné par ses soldats, qui voulaient réparer leur inaction d'Engen et de Mœsskirch. « Ce fut, comme l'observe un écrivain militaire, une de ces circonstances rares, mais décisives, dans lesquelles un général habile et entreprenant doit savoir mettre à profit l'aveugle témérité de ses troupes. » Les Autrichiens, déconcertés par la furie de cette attaque, s'imaginèrent que Saint-Cyr était soutenu par l'armée entière. Ils lâchèrent pied, en nous laissant 3000 prisonniers et leurs derniers magasins d'approvisionnement. Cette brillante action, connue sous le nom de bataille de Biberach, fut remportée le 10 mai. Bien que battu, Kray n'en persista pas moins à se rapprocher du Vorarlberg et se dirigea sur Memmingen ; mais Lecourbe s'y trouvait déjà, qui enleva la ville avec autant d'audace et de bonheur que Saint-Cyr à Biberach, fit à l'ennemi 1800 prisonniers et le força à se rejeter sur Ulm (11 mai).

La campagne n'était ouverte que depuis quinze jours, et en quinze jours Moreau ou ses lieutenants avaient remporté cinq victoires. Kray avait perdu 30 000 hommes. Il était débusqué d'une position qui semblait inexpugnable, rejeté à quarante lieues en arrière, séparé de ses lieutenants et réduit à la défensive : c'est-à-dire que si Moreau, désobéissant aux ordres du premier consul, ainsi que Bonaparte l'avait fait si souvent vis-à-vis du Directoire, avait voulu pousser droit sur Vienne, la route était libre. Il suffisait d'une autre bataille pour faire tomber le camp retranché d'Ulm. La monarchie autrichienne lui était livrée sans défense ! Moreau eut pourtant la sagesse de s'arrêter, parce qu'il l'avait promis. Bien plus, en vertu d'une convention qu'il avait signée avec Bonaparte, il affaiblit son armée victorieuse de tout le corps d'armée de Lecourbe, destiné à servir d'aile gauche à l'armée de réserve, et à descendre avec elle en Italie. Il insista seulement pour garder Lecourbe, délicat hommage rendu au mérite de cet excellent officier.

Ainsi se dessine peu à peu le plan de Bonaparte. Il a prescrit à Masséna et à Moreau d'attirer à eux les Autrichiens, afin de dégager les Alpes et de lui permettre de déboucher en Italie avec l'armée de réserve. Masséna par son héroïque résistance de Gênes, Moreau par ses cinq victoires de Souabe, ont en effet réussi à neutraliser et surtout à séparer Mélas de Kray. Pendant que ses lieutenants, avec une abnégation qu'on ne saurait trop admirer, consentent ainsi, le premier à se laisser enfermer dans une place assiégée et le second à s'arrêter dans le cours de ses victoires, le premier consul ne reste pas inactif : il fait sortir de terre, il crée de toutes pièces une armée formidable. 20 000 vieux soldats et 30 000 conscrits sont réunis sans bruit, dispersés et pour ainsi dire cachés dans les gorges du Jura et de la Savoie ; mais ils sont prêts à partir au premier signal. Il accélère la marche de ces bataillons, qui, suivant sa pittoresque expression, arpentaient la France dans tous les sens. Il hâte l'instruction des recrues. Il dirige sur Genève et sur Lausanne une énorme quantité d'approvisionnements et de munitions, il ordonne une étude approfondie de tous les cols et passages des Alpes ; et, ce qu'il y a de vraiment admirable dans cette grande combinaison, avec le plus grand secret. Les bureaux de la guerre eux-mêmes ne croyaient pas à l'existence de l'armée de réserve. On en avait pompeusement annoncé la création. On avait même fixé à Dijon son quartier général ; mais les espions qui s'étaient transportés dans cette ville n'avaient vu que l'état-major, quelques invalides et des recrues. Aussi avaient-ils écrit à leurs gouvernements de se rassurer. Ils avaient tort. Cette armée existait. Elle était même redoutable. Au premier mot de Bonaparte, elle allait de tous les côtés à la fois, et par mille chemins différents, courir au lieu du rendez-vous, s'y concentrer rapidement, franchir les Alpes sous ses ordres, et conquérir l'Italie par une seule bataille.

CHAPITRE II

MARENGO.

Pendant que le général autrichien Mélas tenait Masséna bloqué dans Gênes et se berçait de l'espoir d'envahir la France en écrasant le petit corps de Suchet sur le Var, pendant que son collègue Kray luttait péniblement en Souabe contre Moreau et perdait contre l'armée du Rhin cinq batailles rangées, l'armée de réserve, sous les ordres immédiats de Berthier, et sous la direction suprême de Bonaparte, commençait cette merveilleuse campagne de quatre semaines qui allait rendre à la France sa gloire militaire compromise par de récentes défaites et son influence politique amoindrie par les fautes du Directoire.

L'armée de réserve, dont on s'obstinait à nier l'existence en Europe, avait été préparée et organisée avec soin par le premier consul et par son état-major. Dispersée en nombreux détachements qui échappaient, par leur multiplicité même, aux observations de l'ennemi, mais qui connaissaient tous leur centre de ralliement, et avaient étudié les routes et les étapes qui devaient les y conduire, cette armée devait se composer de sept divisions d'infanterie, dont les quatre premières, commandées par les généraux Loison, Chambarlhac, Boudet et Watrin, étaient immédiatement disponibles, et présentaient un effectif de 30 à 35 000 hommes, massés aux environs de Genève. Les trois autres divisions se rassemblaient à Dijon et devaient suivre le mouvement des quatre premières. L'aile droite de l'armée, 6000 hommes environ, était sous les ordres du général Thureau. Elle s'étendait jusqu'au mont Cenis. L'aile gauche, 15 à 20 000 hommes, était formée par un détachement de l'armée du Rhin, sous les ordres du général Moncey. Elle s'étendait jusqu'au Saint-Gothard. C'était une masse de 60 000 excellents soldats, qui s'apprêtaient à surprendre les Autrichiens dispersés en Italie, et à profiter de la dislocation des ennemis pour tenter une manœuvre audacieuse, qui devait leur assurer la victoire, avant même qu'ils eussent combattu.

Bonaparte avait en effet formé le projet de transporter ces 60 000 soldats au delà des Alpes, en leur faisant franchir directement, avec leurs armes et leurs bagages, cette muraille de dix lieues d'épaisseur. L'opération était difficile ; mais, si elle réussissait, nous tombions sur les derrières de l'armée ennemie, nous coupions ses communications, et nous la réduisions, en cas de défaite, à la nécessité de renoncer à la lutte et de restituer du jour au lendemain des territoires péniblement conquis. Bonaparte connaissait toutes les difficultés de cette manœuvre hardie ; mais il était alors dans tout l'enivrement de sa prodigieuse fortune, dans toute l'ardeur de ses espérances. Tout lui souriait, tout lui réussissait. Il se décida donc à tenter le passage.

Les Alpes décrivent autour de l'Italie, ou plutôt autour de la vallée du Pô, un vaste demi-cercle, qui commence au col de Tende pour se terminer au mont de Kerniczka. Grâce à la campagne de Masséna en Suisse et à la belle résistance de Suchet sur le Var, nous en conservions tous les débouchés depuis ce fleuve jusqu'au Saint-Gothard. Or cette partie des Alpes forme un arc dont la convexité est tournée à l'ouest vers la France et la concavité à l'est vers l'Italie. Il en résulte que les cours d'eau partant de sources éloignées convergent en Italie vers le Pô et le rejoignent à de courts intervalles, tandis qu'en France, bien que partant de sources rapprochées, ils se divergent vers le Rhône et ne l'atteignent que séparés par de longues distances. De plus, le versant italien est rapide et abrupt, le versant français au contraire hérissé de contreforts et sillonné de vallées. C'est une disposition fort heureuse pour notre sécurité militaire, car, une fois arrivés au sommet des Alpes, dont nous occupons les avenues, nous n'avons plus pour ainsi dire qu'à nous laisser descendre en Italie, tandis que les invasions venant de l'est, au contraire, même quand elles arrivent au sommet de la chaîne, ont encore à parcourir une région très montagneuse, difficile, tourmentée, où il est facile de prolonger la défense.

Bonaparte avait soigneusement étudié le terrain. Son attention s'était spécialement portée sur les cols des Alpes : ceux de l'Argentière, d'Agnello et du Genèvre dans les Alpes Cottiennes, du Cenis et du petit Saint-Bernard dans les Alpes Grées, du grand Saint-Bernard et du Simplon dans les Alpes Pennines, du Bernardino et du Splügen dans les Alpes centrales. S'il avait voulu tenter une attaque directe, c'est pour les quatre premiers qu'il se serait décidé pour déboucher ; mais il ne songeait qu'à une surprise. Il devait donc choisir un passage très éloigné de Mélas, de façon à masquer son opération, à l'entreprendre sans danger et à profiter immédiatement de sa combinaison. Restaient les cols du petit et du grand Saint-Bernard, du Simplon, du Bernardin et du Splügen. Il renonça tout de suite aux trois derniers, qui l'auraient entraîné beaucoup trop loin de sa base d'opérations ; celui du petit Saint-Bernard passait pour peu praticable ; celui du grand Saint-Bernard au contraire était parcouru par une route, mauvaise sans doute, mais néanmoins praticable, et qui de plus présentait un double avantage, celui de fournir au point culminant du passage une station toute préparée, le fameux hospice fondé par les Carolingiens pour secourir les voyageurs, et celui de donner accès dans la vallée d'Aoste, c'est-à-dire d'ouvrir les routes de Turin et de Milan. Bonaparte fit exécuter une reconnaissance du grand Saint-Bernard par l'ingénieur Marescot, et, quand ce dernier lui eut rendu compte des difficultés, mais aussi des possibilités de l'opération, il n'hésita plus et donna l'ordre à Berthier de tout préparer pour le passage.

Le premier consul ne pouvait songer à transporter 60 000 hommes par une seule route de montagne, et, d'un autre côté, il voulait, autant que possible, avoir tout son monde sous la main. Il décida donc qu'il passerait lui-même au centre, par le grand Saint-Bernard, avec le gros de l'armée. A gauche, Moncey, avec une division détachée de l'armée du Rhin, entrerait en Italie par le Saint-Gothard, à droite enfin Thureau franchirait le mont Cenis et Chabran le petit Saint-Bernard. Ces quatre corps d'armée opéreraient leur jonction

PASSAGE DU SAINT-BERNARD.

au pied des Alpes, et, suivant les circonstances, marcheraient contre les Autrichiens.

Le passage commença le 15 mai. Lannes commandait l'avant-garde. La grande difficulté était le transport de l'artillerie. Marmont avait imaginé de placer les canons et les obusiers dans des troncs d'arbres creusés en forme d'auges. Les affûts et les caissons, démontés pièce à pièce, avaient été mis sur des traîneaux à roulettes ; les munitions avaient été enlevées des caissons et déposées dans de petites caisses de sapin. Cent hommes, paysans ou soldats, s'attelaient à ces troncs d'arbres et traînaient ainsi, avec une peine et une ardeur incroyables, les pièces avec leurs affûts. Aux passages difficiles, ils s'animaient entre eux par des chants guerriers. Malgré les obstacles qui se multipliaient pour ainsi dire à chaque pas, le transport de l'artillerie s'effectua presque sans accident. On n'eut à déplorer que la perte d'un canon et de trois artilleurs. En deux jours toute l'artillerie était passée de Suisse en Piémont. On avait promis aux soldats, afin de stimuler leur ardeur, une prime de mille francs par canon amené avec son affût sur le sommet de la montagne, mais ils refusèrent, disant qu'il leur suffisait d'avoir rempli leur devoir. Les cavaliers étaient peu nombreux. Tous, ils mirent pied à terre et conduisirent leurs chevaux par la bride. Quant aux fantassins, outre leurs armes, leurs bagages, et des vivres pour cinq jours, ils portaient encore les vivres, les munitions et les armes de ceux de leurs camarades qui traînaient l'artillerie. Malgré le poids qui les accablait, ils ne prirent pas de repos, pour ne pas ralentir un mouvement dont ils sentaient tous l'importance. Quand ils sentaient la fatigue les gagner, on battait la charge, et c'est au bruit du tambour, répété par les échos de la montagne, qu'ils arrivèrent enfin à l'hospice du Saint-Bernard.

Un soulagement imprévu attendait nos soldats sur cet âpre sommet. Bonaparte avait fait remettre aux religieux de l'hospice une assez forte somme pour qu'ils se procurassent des vivres. A mesure qu'ils arrivaient, les Français trouvaient des tables toutes préparées. Quelques verres de vin, quelques assiettes de soupe brûlante réconfortaient les courages. Nos soldats, gaiement attablés, oubliaient leurs fatigues, et jetaient des regards d'espérance sur les plaines lombardes qui se déroulaient à leurs pieds. Après cette halte, qui

eut lieu le 18 mai, la descente commença. Cette marche était moins
fatigante que la première, mais plus dangereuse, à cause de l'extrême
rapidité de la pente. Les neiges commençaient à fondre et le moindre
faux pas pouvait entraîner dans les précipices hommes et chevaux.
Il y eut en effet quelques accidents. Nos soldats prirent enfin le parti
de se laisser glisser sur la neige jusqu'au bas de la pente. Le 20 mai
l'armée se trouvait réunie près du village d'Étroubles, non loin de
la petite cité d'Aoste, où elle rencontra les avant-postes autrichiens.
Les canons avaient été remis sur leurs affûts, les munitions dans
leurs caissons, tout était prêt pour commencer les hostilités.

Au même moment, et avec un égal succès, la gauche, commandée
par Moncey, passait le Saint-Gothard et débouchait sur Bellinzona.
La droite, commandée par Thureau, passait le Cenis et débouchait
sur Suze. Enfin deux petits corps, de 3 à 4000 hommes chacun,
commandés par les généraux Chabran et Béthencourt, passaient à
gauche et à droite du grand Saint-Bernard par le Simplon et le petit
Saint-Bernard, et opéraient leur jonction avec l'armée principale, de
sorte que, du Saint-Gothard au Cenis, 60 000 hommes étaient tout
prêts à envahir l'Italie, entre Milan et Turin. Bonaparte était arrivé
avec l'arrière-garde. Comme la Constitution interdisait au premier
consul de commander en chef une armée, il avait, par une fiction
légale, nommé Berthier général en chef, mais il s'était réservé la
direction suprême. Aussi bien personne ne s'y trompa. Il n'était que
juste que celui qui avait conçu la manœuvre l'exécutât lui-même.

Cette belle opération, préparée avec soin, conduite avec autant de
bonheur que d'audace, devait entraîner d'incalculables conséquences. Nous ne voudrions pas en rabaisser le mérite. Le plan
auquel elle se liait était une conception de génie, et on comprend
que les contemporains ainsi que la postérité aient admiré sans
restriction cette méthode, ces précautions dans les détails, et le
succès final. Ce cadre grandiose des Alpes, ces glaciers et ces
précipices, ce défilé pittoresque de soldats aux uniformes variés, ces
canons traînés à bras aux sons de la musique militaire, ces religieux
prodiguant leurs soins à nos soldats, il y avait là de quoi saisir
l'imagination ; mais l'admiration ne doit pas nous égarer. Thiers,
dans son *Histoire du Consulat*, a écrit, à propos de ce passage des
Alpes, que c'était un prodige plus grand que celui d'Hannibal. Que

si pourtant on compare de sang-froid et sans amour-propre national
notre passage du Saint-Bernard, entrepris à notre frontière, sur une
route connue depuis des siècles, et avec toutes les ressources de la
civilisation, à la marche prodigieuse du Carthaginois, à plusieurs
centaines de lieues de sa patrie, sans base d'opérations, se dirigeant
à travers une région totalement inconnue, ayant à lutter non seulement contre les difficultés du terrain, mais encore contre de féroces
et sauvages tribus, conduisant ses chevaux numides, ses éléphants,
ses Africains et ses Espagnols si peu habitués aux neiges, certes il
nous faudra à tout le moins reconnaître qu'Hannibal n'est pas vaincu
dans ce parallèle avec Bonaparte. Que sert de rabaisser l'un pour
exalter l'autre? Tous deux ont exécuté une belle manœuvre, tous
deux également ont fait preuve de génie dans la conception et
d'habileté dans l'exécution.

Pendant ce temps nos soldats couraient à l'ennemi avec la certitude d'un prochain triomphe. Ils étaient trop intelligents pour ne
pas comprendre toute l'importance de la manœuvre qu'ils venaient
d'exécuter. Ils se savaient sur les derrières d'une armée démoralisée
par leur subite agression, et ils ne cherchaient qu'à prendre le
contact avec elle. Lannes, toujours à l'avant-garde, entra sans
difficulté à Aoste, battit un premier détachement à Châtillon, mais
se trouva tout à coup arrêté par un obstacle inattendu. En travers
de l'unique route qui conduit d'Aoste à Ivrée, se dressent la ville et
le château de Bard. Ce fort, construit sur un rocher de forme pyra-
midale, isolé sur la rive gauche de la Doria Baltea, ferme la vallée
d'Aoste, et présente une barrière formidable. Les batteries de ce
fort non seulement balayent la route, mais encore les hauteurs par
lesquelles on pourrait le tourner. La garnison n'était que de
400 hommes et elle ne disposait que de 22 canons; mais cette
poignée de soldats était en mesure d'arrêter toute l'armée française;
car, si nos fantassins pouvaient à la rigueur passer l'un après l'autre
par des sentiers escarpés, notre artillerie, nos munitions, nos bagages, en un mot tout ce qui ne pouvait se transporter à dos d'homme
resterait en arrière, tant que la route ne serait pas libre. L'armée se
trouva tout à coup dans une position fort critique. Elle ne vivait que
des approvisionnements amassés au delà du Saint-Bernard, et, pour
peu que le commandant du fort prolongeât sa résistance, les

Autrichiens de Mélas, prévenus à temps se masseraient, courraient au secours de Bard, et acculeraient l'armée française entre ce fort et le Saint-Bernard. Aussi l'inquiétude et l'impatience du premier consul étaient extrêmes. Il ordonna de creuser une route sur une montagne voisine, l'Albaredo, et 1500 hommes, employés à cette opération, travaillèrent avec tant d'activité, qu'en moins de deux jours elle fut terminée. L'infanterie et une partie de la cavalerie réussirent à passer, mais les canons et les munitions étaient toujours arrêtés. On somma le commandant de se rendre : il répondit en homme qui connaît l'importance de son poste. A quatre reprises on essaya de surprendre le fort : les quatre assauts furent repoussés. Que faire? Le temps pressait. Chaque heure de retard diminuait nos chances de succès. Un stratagème de Marmont tira l'armée de ce pas difficile. Profitant d'une nuit obscure, il fit déposer sur la route une couche de paille et de fumier. On enveloppa d'étoupe les pièces, les affûts, toutes les parties sonnantes, on y attela des hommes et ils défilèrent silencieusement sous les batteries du fort endormi : quand l'éveil fut donné, les Autrichiens couvrirent la route de boulets. Il y eut quelques victimes, mais les canons passèrent et l'armée se répandit en Italie, « comme un fleuve qui rompt ses digues et inonde les prairies » (22 mai).

Aucune disposition sérieuse n'avait été prise pour nous arrêter. Lannes, toujours à l'avant-garde et désireux de regagner le temps perdu, arrive à Ivrée, qu'il emporte d'assaut (25 mai). Il trouve sur la Chiusella le général Haddick, qui s'était porté avec 10 000 hommes au secours de Turin, et le culbute (26 mai), puis il se dirige sur Chivasso, où il menace de passer le Pô. Bonaparte arrive après lui à Ivrée avec le gros de l'armée. Tout le monde dans l'armée française croyait qu'on allait franchir le fleuve et marcher droit sur Gènes, qui tenait encore. Ne devait-on pas, en effet, à ces braves troupes de leur épargner l'affront d'une capitulation? C'était en quelque sorte la récompense de leurs souffrances, et si, depuis plusieurs semaines, les défenseurs de Gènes subissaient avec tant d'héroïsme les horreurs de la famine, c'est qu'ils espéraient voir l'ennemi fuir bientôt devant leurs drapeaux victorieux. Rien n'eût été plus facile que d'obtenir un pareil résultat, et voici pourquoi.

Mélas n'avait pas cru à l'arrivée en Italie de l'armée de réserve.

Ces rassemblements de troupes qu'on lui signalait aux environs de Genève, il pensait que ce n'était qu'une feinte pour dégager Suchet sur le Var. Pourtant, à la nouvelle du combat de la Chiusella, fort inquiété en apprenant qu'une division française était sur son flanc, il se porta avec 20 000 hommes à Turin. A ce moment l'armée autrichienne était dispersée en quatre ou cinq corps : Mélas à Turin, Ott devant Gênes, Elsnitz sur le Var, Haddick sur le Pô, Vukasso-witch en Lombardie; tant le général en chef s'attendait peu à une irruption française dans ses lignes ! Il eût donc été plus que facile à Bonaparte de battre en détail ces détachements autrichiens et de débloquer Gênes ; mais un plan autrement grandiose s'était offert à sa pensée. Il voulait anéantir Mélas d'un seul coup, en l'entourant d'un cercle de fer et de feu, et en le forçant à accepter une bataille décisive, qu'il se promettait de remporter. Sourd aux appels désespérés de Masséna, abandonnant la pensée qui lui avait fait choisir le Saint-Bernard en vue d'une marche plus prompte sur l'Apennin, à peine eut-il rejoint Lannes à Chivasso, et au moment où l'armée s'attendait à recevoir l'ordre de marcher sur Gênes, il lui fit faire un à gauche en arrière et la dirigea sur Milan : c'est-à-dire qu'il livrait aux Autrichiens Masséna et Gênes, mais aussi s'emparait de la ligne du Pô, isolait Mélas, lui coupait toute retraite, et le réduisait à la dure nécessité de s'ouvrir la route par une victoire ou de poser les armes.

Certes, au point de vue militaire, la conception était admirable : mais, au point de vue moral, Bonaparte montrait que ses deux lieutenants, Moreau et Masséna, n'avaient été jusqu'alors que ses comparses, et n'avaient agi que pour préparer sa victoire par une double diversion en Souabe et en Ligurie. A Moreau le mérite d'une abnégation dont personne ne lui tiendrait compte; à Masséna celui d'une résistance héroïque, mais inutile; à Bonaparte, et à lui seul, tout le mérite, tout l'éclat de la victoire finale. Ainsi commençait à percer l'égoïsme qui entraînera bientôt l'empereur à sa perte et la France à la ruine. On nous pardonnera notre insistance, car il faut nous défier de la séduction et des enivrements du succès. Certes Bonaparte a gagné la bataille de Marengo; mais, sans les succès de Moreau en Souabe, sans la résistance de Masséna à Gênes et de Suchet sur le Var, les deux armées autrichiennes de Mélas et de Kray auraient conservé leurs communications, et dès lors Marengo devenait impossible. Le génie militaire de Bonaparte demeure incontesté, mais il eut l'heureuse chance d'être secondé par des lieutenants dévoués, qui se sacrifièrent à la fortune de leur général.

Suivons la marche de l'armée de réserve. Bonaparte se dirige droit sur Milan, Lannes s'élance sur Pavie, Duhesme et Loison occupent Crémone et Pizzighetone, et Murat court à Plaisance, le point important de la ligne, puisqu'il interceptait les communications de Mélas à la fois par la route et par le fleuve. Partout les Autrichiens sont repoussés. Vukassowitch est rejeté en désordre sur le Mincio; Crémone et Lodi sont prises. Peu à peu se forme autour de Mélas un inextricable réseau, qui va bientôt l'envelopper.

Ce malheureux général commençait à se douter de la vérité. Il apprenait que par tous les défilés des Alpes s'étaient élancés des régiments français. Ses avant-postes avaient été partout obligés de se replier devant des masses écrasantes. Le Pô était gardé par Lannes et par Murat, le Tessin par Moncey. Derrière lui les Alpes et l'armée de Suchet. Il n'avait plus d'autre ressource que de s'embarquer sur la flotte anglaise qui croisait dans la rivière de Gênes ou de livrer une bataille décisive. Ce fut à ce dernier parti qu'il s'arrêta. Il ordonna donc un mouvement général de concentration, et prescrivit à ses deux lieutenants Ott et Elsnitz de le rejoindre. Ott assiégeait alors Masséna à Gênes et Elsnitz observait Suchet sur le Var. Ils avaient 45 000 hommes sous leurs ordres, et Mélas n'en comptait que 20 000. Il aurait voulu les réunir, en former une masse accablante, et rouvrir ses communications avec Vukassowitch, qui l'attendait à Mantoue. C'était assurément la meilleure combinaison stratégique que pouvaient lui inspirer les circonstances.

Par bonheur pour lui, au moment même où son lieutenant Ott recevait l'ordre de rejoindre le quartier général, se signait la capitulation de Gênes. Réduite au désespoir par l'abandon de Bonaparte, poussée à bout par la famine, l'héroïque garnison de cette ville en ouvrit les portes aux Autrichiens (5 juin); mais elle sortit de la ville avec tous les honneurs militaires, et même en conservant le droit de se battre dans la présente campagne. C'était pour Mélas un heureux événement, car les forces de son lieutenant Ott devenaient disponibles, et Gênes, en cas de malheur, lui offrait un port de refuge, où il pouvait toujours s'embarquer sur la flotte anglaise. Son autre lieutenant n'eut pas le même bonheur : à peine Elsnitz avait-il commencé son mouvement de retraite, que Suchet, très au courant des manœuvres de Bonaparte, et comprenant la nécessité d'inquiéter les derrières de l'armée autrichienne, s'acharna à sa poursuite, et avec un plein succès. Il tourna sa droite par le col de Tende, coupa son centre et le mit en déroute. Ce fut une victoire complète. L'ennemi, poursuivi jusqu'à Céva, perdit plus de 10 000 hommes. Elsnitz ne put opérer sa jonction qu'avec des troupes ruinées. Suchet se rabattit aussitôt sur Savone pour arriver au secours de Gênes, mais il était trop tard. Il rencontra en route les troupes de Masséna qui venaient d'évacuer la ville, et opéra sa jonction avec elles.

À la fin de la première semaine de juin voici quelle était la situation. Mélas se trouve à Alexandrie, où l'ont rejoint Ott, revenant de Gênes, et Elsnitz, battu par Suchet. Il s'organise, appelle à lui les garnisons des places fortes, et concentre toutes ses ressources pour s'ouvrir un passage et livrer une bataille décisive. En face de lui, dans la vallée du Pô, l'armée de réserve l'observe. Sur sa gauche, Moncey occupe la vallée du Tessin, sur son flanc droit Suchet et Masséna, dont les soldats sont désormais réunis, le harcellent. Sur ses derrières tous les cols des Alpes sont occupés par des détachements français en retard qui courent rejoindre leurs corps. Sans Gênes qui lui ouvre encore une issue sur la Méditerranée, Mélas serait cerné de tous les côtés. Remarquons néanmoins qu'il est au centre de ce réseau qui l'enlace, et que les divisions françaises, dans cette immense opération d'investissement, bien que toutes les marches soient rigoureusement et méthodiquement calculées, opèrent néanmoins à de grandes distances les unes des autres, et sont exposées à recevoir isolément le choc de toute la masse autrichienne ; car il devient évident que Mélas va s'efforcer de rompre en un point ce cercle menaçant et qu'il agira par grandes masses. En un mot nos troupes entouraient Mélas, mais elles étaient disséminées ; Mélas, au contraire, avait concentré les siennes. Battu, il était perdu. Vainqueur, il s'ouvrait un passage et nos manœuvres devenaient inutiles. Donc tout dépendait de la bataille qui allait s'engager.

Que devenait Bonaparte? Il était entré à Milan le 2 juin, et y avait rétabli la République Cisalpine. Accueilli par les Lombards avec un enthousiasme qui tenait du délire, il les avait appelés aux armes, en les flattant de l'espoir tant de fois trompé de redevenir une nation indépendante. Les fêtes, les banquets, les ovations se succédaient, et, dans les bulletins qu'il adressait tous les jours à Paris, le premier consul enregistrait avec soin le récit de ces triomphes. Mais il ne s'endormait pas dans l'enivrement du plaisir. Jamais, au contraire, il ne déploya tant d'activité. Maintenant les généraux Chabran et Thureau devant le fort de Bard et Turin, Moncey et Duhesme dans la haute Lombardie pour protéger les derrières de l'armée contre toute entreprise que pourraient tenter les Autrichiens par le Tyrol, il se transporte avec le gros de ses soldats à Stradella et s'occupe de consolider sa position, et surtout de resserrer l'immense réseau qu'il a jeté autour de son adversaire. Le cercle allait toujours en se rétrécissant autour de Mélas. Il est vrai qu'on avait peut-être trop embrassé pour mieux étreindre et que Mélas, qui venait d'achever son mouvement de concentration, n'attendait plus qu'une occasion favorable pour rompre le cercle d'investissement et s'ouvrir un passage. L'heure critique approchait, et dans les deux états-majors grandissait l'inquiétude.

Le 10 juin eut lieu le premier engagement. Ce ne devait être qu'une forte reconnaissance, mais elle devint promptement une vraie bataille. Mélas, qui voulait à tout prix conserver ses communications avec Mantoue, avait envoyé son lieutenant Ott avec 20 000 hommes pour s'emparer de Stradella et occuper un des passages du Pô. Un peu en avant de ce point, entre Casteggio et Montebello, Ott se heurta contre la division de Lannes. Ce dernier n'avait que 8 000 hommes à opposer aux 20 000 Autrichiens; mais ses soldats comprirent toute l'importance du poste qui leur était confié, et, plutôt que d'ouvrir le passage aux Autrichiens en battant en retraite, ils acceptèrent le combat dans des conditions défavorables. Lannes fut admirable d'ardeur et de sang-froid. Nos jeunes troupes luttèrent avec héroïsme contre les vieilles bandes autrichiennes, et supportèrent sans faiblir leurs assauts répétés. Sur le soir, l'arrivée d'une division française de renfort détermina Ott à nous céder un

champ de bataille sur lequel il laissait 3000 cadavres, 5000 prisonniers et six pièces de canon. Ce furieux engagement est connu
sous le nom de bataille de Montebello.

Cette sanglante affaire n'était que le prélude d'une bataille autrement meurtrière et bien plus célèbre. Mélas, apprenant la défaite
de son lieutenant, se décida en effet à tenter les chances d'un
engagement général. Il pouvait conduire au feu 45 à 50 000 combattants. Sa cavalerie était beaucoup plus nombreuse et mieux
montée que la cavalerie française; il avait beaucoup plus d'artillerie;
enfin tous ses soldats étaient concentrés. Il est vrai que, vaincu, il
était forcé d'évacuer l'Italie, mais, vainqueur, il poussait devant lui
les débris de l'armée de réserve, lui enlevait ses communications
avec la France, et forçait le premier consul à capituler lui-même.
Aussi se prépara-t-il avec ardeur à une grande bataille : ce devait
être la bataille de Marengo.

Il est difficile d'exposer avec méthode les péripéties de cet engagement, car les relations en sont fort contradictoires. Voici
comment un témoin oculaire, le jeune Maurice Dupin, père de
George Sand, la racontait à un de ses oncles : « Pan! pan! paf!
patatra! En avant! sonnez la charge! En retraite! En batterie! Nous
sommes perdus. Victoire! Sauve qui peut! Courez à droite, à
gauche, au milieu : revenez, restez, partez, dépêchons-nous! Gare
l'obus! au galop! Baisse la tête. Voilà un boulet qui ricoche.
Des morts, des blessés, des jambes de moins, des bras amputés, des
prisonniers, des bagages, des chevaux, des mulets, des cris de rage,
des cris de victoire, des cris de douleur. Une poussière du diable,
une chaleur d'enfer, des ..., un charivari, une confusion, une
bagarre magnifique. Voilà en deux mots l'aperçu clair et net de
la bataille de Marengo, dont votre neveu est revenu très bien portant, après avoir été culbuté, lui et son cheval, par le passage d'un
boulet. »

Bonaparte, au soir du combat, n'avait peut-être pas des idées
plus nettes que son jeune officier d'ordonnance, car on raconte
qu'il fit recommencer trois fois à Berthier son rapport officiel. Lui-
même, dans ses *Mémoires et Dictées de Sainte-Hélène*, varie sur
les diverses circonstances de la bataille. Enfin les relations autrichiennes ne ressemblent pas aux relations françaises. Il n'y a, dans

cette incertitude, qu'à essayer d'exposer sans parti pris ce qu'on croit être la vérité.

Tout d'abord le champ de bataille. Qu'on se figure une immense plaine traversée au nord-est par le Tanaro et du nord au sud par la Bormida qui se jette dans le Tanaro et reçoit un petit ruisseau, le Fontanone. Non loin du confluent du Tanaro et de la Bormida se dressent Alexandrie et sa citadelle. Marengo est sur le Fontanone. De Marengo part, dans la direction de Plaisance, une grande route qui traverse les hameaux de Cassina Grossa et de San-Giuliano. Du même village part une autre route, qui d'abord remonte au nord en suivant le Fontanone, traverse le village de Castel Ceriolo et prend la direction de Salé. A Marengo ces deux voies se réunissent, traversent la Bormida et vont se terminer à Alexandrie. Cette plaine est coupée de murs, d'enclos, parsemée de bouquets d'arbres et de villas. Néanmoins de vastes espaces permettent les évolutions de la cavalerie, et Mélas avait choisi avec intelligence ce champ de bataille, où ses régiments de cavalerie pouvaient manœuvrer à l'aise, et où la citadelle d'Alexandrie renouvellerait ses munitions et lui offrirait un refuge en cas d'attaque. On lit dans quelques histoires de Napoléon une anecdote trop invraisemblable pour être sérieuse. Deux mois avant Marengo, le premier consul aurait été surpris dans son cabinet des Tuileries mesurant avec son compas une immense carte d'Italie déployée sur le parquet, et, montrant du doigt le village de San-Giuliano, il se serait écrié d'un ton prophétique : « C'est là que je les battrai! » Bonaparte n'a jamais dû prononcer ces paroles. Il était trop habile pour commettre une pareille imprudence. Qu'il ait étudié, et avec le plus grand soin, la carte d'Italie, rien de plus certain; mais, quels que soient les talents d'un général, il n'a pas le don de prophétie. Aussi bien la meilleure preuve que Bonaparte n'était pas tellement sûr de battre les Autrichiens à Marengo, c'est qu'il ne s'attendait pas à leur attaque et faillit être battu par eux.

Le 12 juin, Bonaparte n'avait sous ses ordres à Stradella que 30 000 hommes environ : Lannes au centre avec les deux divisions Watrin et Marmont, Victor à droite avec les deux divisions Chambarlhac et Gardanne, Desaix qui revenait d'Égypte et était arrivé depuis deux jours seulement, avec les deux divisions Monnier et

Boudet. Le soir du 12 il y eut un petit engagement sur la route de San-Giuliano. Les Autrichiens firent peu de résistance, et le premier consul, persuadé qu'ils se retiraient dans la direction de Gênes, détacha aussitôt de son armée les deux divisions Desaix, et les posta à Castelnovo pour essayer de les joindre aux soldats de Suchet et de Masséna. Il y a lieu de s'étonner de ce que, même en admettant un mouvement en arrière de l'armée autrichienne, Bonaparte n'ait pas songé à concentrer les forces qu'il avait sous la main, et à s'assurer des manœuvres qui se préparaient sur l'autre rive de la Bormida et au delà du Tanaro, avant d'éparpiller ainsi ses divisions : grave imprudence, dont il allait être bientôt puni !

Dans la journée du 13, de nombreux avis prévinrent Bonaparte que non seulement Mélas n'était pas en retraite, mais encore qu'il avait rappelé à lui tous ses détachements et s'apprêtait à déboucher d'Alexandrie sur Marengo pour nous enlever la plaine et forcer le passage. Bonaparte comprit alors, mais trop tard, la faute qu'il avait commise. Songer à se dérober, il n'y fallait pas penser, car Mélas en ce cas eût obtenu sans effort ce qu'il désirait. Le premier consul se décida donc à accepter la bataille, mais il envoya courriers sur courriers à Desaix pour qu'il rejoignît au plus vite, et, avec 20 000 hommes seulement, attendit le choc de l'armée autrichienne.

Le 14 au matin commença la bataille. On peut la diviser en trois parties. Les deux premières sont des défaites pour nous et la troisième est une victoire.

L'armée autrichienne franchit lentement la Bormida sur trois ponts, et débouche dans la plaine. La première colonne autrichienne, commandée par Elsnitz, se dirige sur Castel Ceriolo ; la seconde et la troisième, commandées par Haddick et par Ott, marchent sur San-Giuliano. Victor et ses deux divisionnaires Gardanne et Chambarlhac, à Marengo même, soutiennent le choc. Lannes à Castel Ceriolo, avec Watrin et Marmont, résiste avec héroïsme. Tous deux se maintiennent longtemps avec une invincible opiniâtreté ; mais, vers les dix heures du matin, l'armée autrichienne ayant achevé sur tous les points le passage de la Bormida, Mélas réunit ses meilleurs régiments, les appuie d'une formidable artillerie, les lance de nouveau sur Marengo, qui est emporté après

un furieux carnage, puis sur Castel Ceriolo. La bataille semblait
perdue. Lannes et Victor abandonnaient leurs positions du matin ;
les réserves autrichiennes n'avaient pas encore donné, et Mélas se
disposait à profiter de ce premier succès pour dessiner de plus en
plus son mouvement offensif.

A dix heures du matin s'engage une seconde bataille. Bonaparte
venait d'arriver avec son état-major, sa garde consulaire et deux
régiments de cavalerie. De plus une des divisions de Desaix, la
division Monnier, était annoncée. Le premier consul ordonna de
reprendre l'offensive. Lannes et Victor s'élancent de nouveau, et
l'action s'engage sur toute la ligne. Bonaparte, qui voulait refuser le
combat sur le point le plus essentiel à l'ennemi, et transporter
l'action sur un terrain qui attirait moins son attention, ordonne à
Victor de reprendre Castel Ceriolo. C'était pour gagner du temps et
pour permettre à Desaix d'arriver ; mais le succès des Autrichiens
avait jeté le désordre dans notre armée. Cette manœuvre s'exécuta
mal. Victor et ses deux lieutenants furent enfoncés, vivement
poursuivis et presque enveloppés : ils ne purent s'arrêter qu'à San-
Giuliano, à deux lieues en arrière. Cette retraite découvrait le flanc
gauche de Lannes. Immédiatement entouré par des forces supérieures, lui aussi bat en retraite, mais avec un ordre admirable et
sans se laisser entamer. Ce fut alors que la garde consulaire,
envoyée par Bonaparte pour soutenir cette retraite, se déploya,
comme sur un champ de manœuvres, au milieu de la plaine, se
forma en carré, et soutint tout l'effort des Autrichiens. Ces braves
n'étaient que neuf cents, mais ils semblaient, suivant la belle
expression de Berthier, une redoute de granit. Leur intrépidité
arrêta le mouvement de l'aile gauche des Autrichiens, et le général
Elsnitz s'obstina à les faire charger par des escadrons, dont plusieurs
furent rompus et éprouvèrent une perte considérable ; mais ce
glorieux épisode ne suffisait pas pour ramener la victoire sous nos
drapeaux et la bataille semblait cette fois définitivement perdue.

« On ne se voyait plus dans la fumée, lisons-nous dans les mémoires
du capitaine Coignet. Les canons mirent le feu dans la grande pièce
de blé, et ça fit une révolution dans les rangs. Des gibernes sau-
tèrent. On fut obligé de rétrograder pour nous reformer le plus vite
possible. Leur nombreuse artillerie nous accablait et nous ne

pouvions plus tenir. Nos rangs se dégarnissaient à vue d'œil; de loin on ne voyait que des blessés et les soldats qui les portaient ne revenaient pas dans leurs rangs. Personne pour nous soutenir. A force de brûler des cartouches, il n'était plus possible de les faire descendre dans le canon de notre fusil. Il fallut pisser dans nos canons pour les décrasser, puis les sécher en y brûlant de la poudre sans la bourrer. » A ce moment Victor était refoulé, Lannes en retraite, et des deux moitiés de notre armée l'une était rejetée sur le Pô et l'autre sous le canon de Tortone. Bonaparte était fort inquiet. « Regardant derrière nous, écrit le capitaine Coignet, nous vîmes le consul assis sur la levée du fossé de la grand'route d'Alexandrie, tenant son cheval par la bride, faisant voltiger de petites pierres avec sa cravache. Les boulets qui roulaient sur la route, il ne les voyait pas. » Notre situation semblait même si désespérée, que Mélas, exténué de fatigue et se croyant sûr de la victoire, rentra à Alexandrie et envoya des courriers dans toutes les directions pour annoncer son triomphe. Son chef d'état-major, Zach, était chargé du soin d'achever notre défaite. Un incident imprévu lui fit cruellement expier cette erreur. Une troisième bataille en effet commençait, et cette fois c'était une victoire pour nous.

Desaix n'avait pas attendu les ordres de Bonaparte pour suspendre sa marche. Au premier bruit du canon, il avait fait volte-face et était accouru. Il reconnut tout de suite que la bataille était perdue, mais qu'on pouvait en gagner une autre. Le général de Zach, avec cette confiance que donne le succès, avait formé une colonne de 5000 grenadiers d'élite, qui suivaient tranquillement la grand'route d'Alexandrie à Plaisance, renversant sur son passage, comme la colonne anglaise de Fontenoy, tous les petits détachements qu'elle rencontrait. Marmont rassemble les pièces que n'a pas démontées l'ennemi et dirige sur cette colonne un feu violent qui la fait hésiter. Desaix profite de ce mouvement pour lancer deux de ses régiments contre les grenadiers. Ce fut à ce moment, au milieu de la mêlée produite par cette attaque, qu'il tomba, foudroyé d'une balle au cœur. Ses régiments, un instant déconcertés, cédaient le terrain, et la terrible colonne s'avançait toujours en faisant tout plier devant elle, quand tout à coup le général Kellermann, le fils du vainqueur de Valmy, lance avec tant d'à-propos et d'impétuosité ses dragons sur

le flanc de la colonne, qu'elle est en un instant anéantie. Surprise
sans avoir eu le temps de se mettre en défense et séparée du reste de
l'armée, elle est obligée de mettre bas les armes. Ce succès inespéré,
foudroyant, changea en un instant la face des choses. Jamais il n'y
eut à la guerre de revirement plus soudain. Nos soldats, en effet,

MORT DE DESAIX.

battant des mains et poussant des cris de joie, reprennent partout
l'offensive, Lannes sur Castel Ceriolo, Victor sur San-Giuliano et
Marengo, les soldats de Desaix sur la Bormida. Les cavaliers de
Kellermann, enflammés par le succès, parcourent la plaine, sabrant
et renversant tout. Cette plaine, que les Autrichiens avaient conquise
en huit heures, ils la perdent en une. Enfoncés de toutes parts, ils
s'enfuient à la débandade, les fantassins jetant leurs armes, les

cavaliers écrasant les fantassins pour arriver plus vite aux **ponts de la Bormida.** C'était une panique sans exemple, un désastre **complet.** La journée de Marengo coûtait en effet aux Autrichiens 4500 morts, 8000 blessés, 7000 prisonniers, 12 drapeaux et presque toute leur artillerie. Nous avions de notre côté perdu 2000 morts, 3000 blessés et 700 prisonniers, mais aussi Desaix, grand capitaine et grand citoyen, qui nous a bien manqué à l'heure de nos revers !

Telles sont, au milieu de récits contradictoires, les principales péripéties de cette célèbre bataille. La confusion des événements y fut extraordinaire. Bonaparte lui-même essaya, sans y réussir, de les exposer avec méthode, et, à trois reprises, il modifia son bulletin. Cette bataille, en effet, avait été livrée à peu près au hasard et dans les conditions les plus défavorables. A quoi avait tenu le succès ? A l'arrivée de Desaix sur le champ de bataille et à une charge de cavalerie faite à propos. Ce fut pourtant la bataille où Bonaparte déploya le moins de génie qui allait lui donner les plus grands résultats ! Mélas, au lendemain de Marengo, s'était renfermé dans Alexandrie, désespéré, honteux d'avoir annoncé un succès qui était un désastre, et profondément démoralisé ! Il n'avait plus que 20 000 hommes et pas d'autre retraite que Gênes. Encore lui fallait-il passer sur le ventre de Suchet. Le vieux général, attristé, entraîné peut-être par l'opinion de son armée, se résigna à traiter. Le 15, au moment où nos troupes engageaient la fusillade sur les rives de la Bormida avec les Autrichiens, et s'apprêtaient à franchir cette rivière, on annonça un parlementaire. Berthier reçut de Bonaparte pleins pouvoirs pour traiter et se rendit à Alexandrie. La conférence ne fut pas longue. Il revint le soir même et soumit à la signature du premier consul les articles de la capitulation connue dans l'histoire sous le nom de convention d'Alexandrie.

Mélas s'engageait à se retirer derrière le Mincio par journées d'étapes ; c'est-à-dire qu'il nous abandonnait sans combat le Piémont et la Lombardie. Il nous livrait toutes les places fortes avec leur matériel de guerre. Gênes même, qui lui avait coûté trois mois de luttes, il la rendait sans compensations. Alexandrie, Tortone, Pizzighetone, Coni, des places qui auraient pu soutenir des mois de siège, tombaient ainsi sans sommation. En un jour les Autrichiens perdaient ce qu'ils avaient acquis en dix-huit mois, et après vingt batailles. Du coup la France se trouvait replacée dans la position où elle se trouvait en 1797. Par l'ascendant de son génie, par la terreur qu'il inspirait, Bonaparte obtenait ainsi, sans tirer un coup de fusil, ce qu'il n'aurait peut-être pas obtenu après une laborieuse campagne.

Rien n'étonna plus l'Europe attentive que cette convention d'Alexandrie. Elle donnait à son auteur la prépondérance en Europe et une puissance écrasante en France. Il trouva dans cette victoire ce qui lui manquait encore pour s'affermir au dedans et pour établir sa considération au dehors. Dès ce jour on commença à le respecter et on se crut obligé de le traiter avec des ménagements infinis.

En résumé, la France avait un maître et l'Europe un vainqueur.

CHAPITRE III

Du champ de bataille de Marengo, Bonaparte avait offert la paix à l'Autriche. Il lui demandait de traiter sur les bases du traité de Campo-Formio, c'est-à-dire de renoncer à la Lombardie et de se contenter d'une partie du territoire de l'ancienne république de Venise. L'Autriche avait été accablée par la rapidité et l'imprévu du coup porté sur elle à Marengo, mais cette puissance a pour elle de ne jamais se laisser abattre par le découragement. Que de fois, dans le cours de son histoire nationale, n'a-t-elle pas été, pour ainsi dire, à deux doigts de sa perte : en 1683, alors que les Turcs assiégeaient Vienne; en 1740, quand l'Europe presque entière se partageait ses dépouilles; en 1797, alors que trente lieues à peine séparaient de la capitale l'armée victorieuse de Bonaparte, et, de nos jours encore, après Austerlitz, après Wagram, en 1848 et après Sadowa ! Pourtant l'Autriche est toujours debout. Comme le géant de la fable antique, on dirait qu'en touchant la terre elle retrouve ses forces. C'est que l'Autriche a confiance en elle, et se sait indispensable au maintien de l'équilibre européen. Vaincue, elle n'a jamais désespéré. Cette confiance a fait sa grandeur et sa fortune.

Bien que douloureusement affecté par le désastre de Marengo, bien que menacé par la marche victorieuse de Moreau en Souabe, l'empereur refusa les propositions de Bonaparte, car il ne croyait pas la partie désespérée. Après tout, à Marengo on n'avait perdu que 20 000 hommes environ, et les débris de l'armée de Mélas s'étaient retirés avec les honneurs de la guerre derrière le **Mincio**, c'est-à-dire derrière la meilleure ligne de défense de la péninsule! Appuyés sur les deux forteresses de Peschiera et de Mantoue, soutenus par les deux camps retranchés de Vérone et de Legnano, adossés à l'inexpugnable citadelle du Tyrol, ils pouvaient d'un moment à l'autre reprendre l'offensive, et ce qu'une bataille avait enlevé, une bataille pouvait le rendre. D'ailleurs les Autrichiens avaient des alliés dans la péninsule même. Le grand-duc de Toscane était un archiduc autrichien qui pouvait inquiéter le flanc des Français. Le pape et le roi de Naples, qui venaient de renverser les deux Républiques Romaine et Parthénopéenne n'avaient pas oublié leur commune injure, et étaient encore en guerre ouverte avec la France. Enfin, dans son île de Sardaigne, sous la protection des escadres anglaises, le roi de Piémont pouvait tenter une diversion dans ses anciens États, et inquiéter les derrières de l'armée française. Loin d'être désespérée, la situation de l'Autriche en Italie était donc encore redoutable, et on comprend que l'empereur, malgré Marengo, ait conservé le secret espoir de reprendre ce qu'il avait été obligé de céder par l'armistice d'Alexandrie, et que, par conséquent, il ait repoussé les propositions de Bonaparte.

Un autre motif l'excitait encore à ne pas poser les armes de sitôt. Les Anglais, ses alliés, remportaient alors succès sur succès. Enivré par ses victoires, le cabinet anglais était déterminé à les pousser jusqu'au bout. Or il avait besoin, afin de diviser les forces de la France, de la guerre continentale, et, dès qu'il crut s'apercevoir que l'Autriche allait peut-être signer la paix, il se détermina à tous les sacrifices pour l'en dissuader. L'Autriche a toujours été besoigneuse. Elle l'est encore de nos jours. C'est un réservoir presque inépuisable d'hommes et de soldats, mais l'argent lui manque pour entretenir ses armées. L'Angleterre au contraire était déjà le plus riche des États de l'Europe, et, comme l'aristocratie qui la gouvernait comprenait très bien qu'en prenant à sa solde les armées européennes, elle ne faisait pour ainsi dire que payer des primes pour le développement de ses propres ressources, elle promit d'abondants subsides à l'empereur d'Allemagne s'il consentait à continuer les hostilités. Il n'en fallait pas tant pour décider l'empereur. Par principe il tenait à ne pas s'avouer vaincu; aussi, quand il reçut la promesse des subsides anglais, il n'hésita plus. Il est vrai qu'en recevant ces secours pécuniaires il s'abaissait au rôle de mercenaire de l'Angleterre; mais un de ses ancêtres, le fameux Maximilien, celui que les Italiens avaient surnommé *Massimiliano pocchi denari*, n'avait pas rougi de se mettre à la solde de ses alliés. Il pouvait donc, sans déroger, accepter les offres du cabinet anglais, et d'ailleurs depuis quand, en politique, les mots pompeux ont-ils manqué pour déguiser les actions basses? L'Autriche devint donc la stipendiée de l'Angleterre, et les hostilités recommencèrent.

Cette nouvelle campagne devait pour elle être désastreuse. En Italie, en Allemagne, partout l'Autriche fut vaincue; et quand, pour la seconde fois, les armées françaises menacèrent Vienne, il fallut bien renoncer à ses prétentions, et implorer la paix qu'on venait de refuser avec tant de hauteur.

Deux armées autrichiennes étaient sur pied : la première en Allemagne, sur le Danube, forte de 150 000 hommes et commandée par l'archiduc Jean; la seconde en Italie, sur le Mincio, forte de 90 000 hommes, et commandée par le général Bellegarde. Les Français leur opposaient des forces à peu près égales. En Allemagne, Moreau avait conservé le commandement de l'ancienne armée du Rhin, que d'importants renforts avaient portée au chiffre de 135 000 hommes. En Italie, le vainqueur de Bergen et de Castricum, Brune, était opposé à Bellegarde avec 60 000 hommes environ. Donc double champ de bataille, en Italie et en Allemagne. Suivons les belligérants dans cette double direction.

Le général autrichien Bellegarde campait sur le Mincio, avec la masse de ses forces, dans ce fameux quadrilatère auquel le Mincio, le Pô, l'Adige et le lac de Garde servent de fossés, et que défendent aux quatre angles, comme autant de bastions, les forteresses de Peschiera, Mantoue, Legnano et Vérone. Sa position était excellente, soit qu'il voulût garder la défensive, soit qu'il eût l'intention de marcher en avant. A sa droite le général Laudon occupait le haut Adige, et devait par le Tonal descendre dans la Valteline, c'est-à-dire tomber en pleine Lombardie sur le flanc gauche des Français. A sa gauche les Toscans, soutenus par 20 000 Napolitains, devaient s'insurger au premier signal et menacer notre flanc droit.

Brune, en face de Bellegarde, sur l'autre rive du Mincio, avait une

excellente armée d'environ 60 000 hommes, composée en grande
partie des vainqueurs de Marengo. Le commandement de cette
armée n'avait pas été laissé à celui qui en paraissait le plus digne,
au vainqueur de Zurich, au défenseur de Gênes, à Masséna. Ce général
en effet avait le tort de confondre trop volontiers sa bourse et celle
des vaincus. Autant il montrait de courage dans la bataille, autant,
après la victoire, il apportait au gain d'âpreté ou plutôt de rapacité.
En outre il était resté républicain. Il avait gardé dans ses allures, dans
son langage, dans son costume même, le laisser-aller des premiers
temps de la République. Il n'avait pas caché son mécontentement au
18 Brumaire, et obéissait à peine au premier consul, dans lequel
il s'obstinait à ne voir encore qu'un parvenu. Aussi Bonaparte,
sous le prétexte de lui enlever l'occasion de piller, mais en réalité
pour l'arracher au théâtre de ses succès et le punir de son opposition,
lui confia un commandement secondaire à l'intérieur, et désigna
Brune pour lui succéder. Ce dernier était aussi un de ces généraux
républicains que le premier consul aurait bien voulu laisser de
côté ; mais, en créant la République Helvétique, et surtout en
épargnant à la France du Nord une invasion par ses succès contre les
Anglais et les Russes, Brune s'était créé des titres sérieux à la
reconnaissance publique. Bonaparte ne crut pas pouvoir se dispenser
de lui confier un poste important, et l'envoya en Italie. Brune allait
justifier cette confiance par de nouveaux services.

Comme le général français se rendait un compte très exact de la
forte position défensive occupée par Bellegarde, et qu'il ne voulait
pas s'exposer, en tentant une attaque prématurée sur le centre
ennemi, à être débordé sur les deux ailes, soit à droite par les
Toscans et les Napolitains, soit à gauche par le corps autrichien de
Laudon, il prit la sage résolution d'attendre, pour entrer en campagne, que ses deux lieutenants, Miollis et Macdonald, eussent le
premier refoulé les Toscans et les Napolitains, et le second tenté
une diversion en Tyrol.

A droite le général Miollis dispersa sans trop de difficulté les
insurgés toscans. Bien qu'il n'eût sous ses ordres que 5000 hommes
environ, il n'hésita pas à attaquer près de Sienne une armée
napolitaine, commandée par un émigré français, le comte
Roger de Damas, la mit en fuite (14 janvier 1801), et la poursuivit

jusque dans les États Romains. C'était un premier succès, qui dégageait l'armée de Brune et lui permettait de ce côté d'entrer en campagne.

A gauche les opérations furent plus compliquées. Macdonald avait 12 000 hommes environ sous ses ordres, mais il était séparé de Brune par toute l'épaisseur des Alpes, car il avait son quartier général à Coire, sur le Rhin, et il lui fallait, pour lier ses opérations à celles du corps d'armée principal, traverser en plein hiver la partie des Alpes la plus élevée et la plus tourmentée. C'était une opération autrement difficile que le passage du Saint-Bernard, car cette fois Macdonald avait à braver non seulement les rigueurs du climat et les dangers extrêmes de la route, mais encore à triompher de la résistance de l'ennemi. Il n'hésita pourtant pas et ordonna le passage par le Splügen. On fut obligé de démonter pièce à pièce les canons et leurs affûts. Les munitions furent portées à dos de mulet, et les soldats, outre leurs armes et cinq jours de vivres, reçurent chacun dix paquets de cartouches. On se mit en marche le 27 novembre; mais le vent d'est se mit à souffler en soulevant des nuages de neige et de glace pulvérisée, qui rendirent à peu près impossible la tâche des guides et des travailleurs occupés à déblayer le chemin. Une énorme avalanche, bientôt suivie de plusieurs autres, coupa la colonne en plusieurs tronçons et entraîna dans sa chute de nombreuses victimes. Comme il n'y avait alors sur le Splügen que des sentiers à peine tracés, la petite armée française n'avança que lentement. Le 4 décembre seulement Macdonald était au pied de la montagne. Une affreuse tourmente avait fait disparaître les sentiers, et il fallait marcher à tout prix, car on n'avait plus de vivres.

Du 5 au 6 décembre on éprouva de longues heures d'angoisse. Les guides affirmaient que les passages étaient obstrués par la glace, et que tous les efforts se briseraient contre cet obstacle. Macdonald, sans se décourager, se met à la tête de ses hommes, leur fait percer des murailles de neige sous lesquelles plusieurs restent ensevelis, et communique à tous la fièvre qui l'anime. On arriva enfin au sommet de la montagne. Un froid intense y accabla nos malheureux soldats, déjà exténués par tant d'efforts. Plusieurs d'entre eux eurent les mains gelées. Par bonheur un hospice est bâti sur cet âpre sommet. Nos soldats y trouvèrent quelques heures de repos et les soins qui leur étaient nécessaires. Puis la descente commença. Elle fut dangereuse. A deux reprises on fut obligé de faire défiler toute l'armée sur quelques planches mises en travers sur des précipices. L'ardeur de nos soldats était si grande et l'exemple de leur général si entraînant, qu'ils réussirent enfin à franchir ce terrible passage. On n'avait perdu qu'une centaine d'hommes et quelques centaines de chevaux et de mulets. Cette traversée du Splügen en plein hiver était un vrai tour de force. Telle est pourtant l'injustice des jugements historiques, que ces exploits n'attirèrent point l'attention. Personne cette fois ne s'avisa de citer Hannibal !

Dégagé sur son flanc gauche par cette hardie manœuvre de Macdonald, libre de ses mouvements sur son flanc droit grâce à l'heureuse attaque de Miollis en Toscane, Brune crut le moment venu d'entrer en campagne, et ordonna de forcer le passage du Mincio. On était alors à la fin de décembre. Il enjoignit à un de ses lieutenants, Dupont, de feindre une attaque sur Volta, se réservant de passer lui-même la rivière à Mozzambano. Bellegarde crut que l'attaque de Dupont était sérieuse, et se porta avec toutes ses forces sur Volta. Dupont s'enferma dans Pozzolo, où il résista avec acharnement. Il allait néanmoins succomber, lorsqu'il fut dégagé par une furieuse attaque de son collègue Suchet, qui avait couru au canon. Cette bataille de Pozzolo coûta à l'ennemi 5000 tués ou blessés, 3000 prisonniers, onze canons et trois drapeaux. Dupont et Suchet passèrent aussitôt le Mincio, et, à la suite des vaincus, ils pénétrèrent dans le quadrilatère. Le lendemain Brune passait à son tour le Mincio à Mozzambano, après un combat très vif dans lequel les Autrichiens perdirent encore plus de 4000 hommes. La conséquence de ces deux brillants succès fut l'abandon par Bellegarde de la ligne du Mincio et le blocus des deux forteresses qui la défendaient, Peschiera et Mantoue.

Rien n'était décidé tant que l'Autriche gardait la ligne de l'Adige : Brune résolut de la leur enlever. Le 2 janvier 1801, un violent engagement eut lieu à Bussolengo. Nos soldats, emportés par leur ardeur, arrivèrent jusqu'aux portes de Vérone, et Bellegarde, jugeant que la position n'était plus tenable, se décida à évacuer cette ville. Brune y entra le lendemain 3 janvier, et commença tout de suite le siège de Legnano. En neuf jours, trois victoires avaient donc été remportées, à Pozzolo, à Mozzambano et à Bussolengo ; les deux lignes militaires de l'Autriche en Italie, le Mincio et l'Adige, étaient forcées ; des quatre forteresses qui la défendaient, une, Vérone, était tombée en notre pouvoir, et les trois autres, Mantoue, Peschiera, Legnano, étaient ou assiégées ou investies ; enfin l'armée de Bellegarde était en pleine retraite. Certes, c'étaient là de beaux et brillants succès !

Si Bellegarde avait ainsi abandonné, presque sans résistance, l'importante position de Vérone, c'est qu'il avait hâte de rallier sa droite, le corps de Laudon, très aventuré dans le Tyrol, car déjà Brune était arrivé à Roveredo et Macdonald à Trente, en sorte que Laudon, enfermé à Calliano, et pris entre deux feux, allait être réduit à capituler. Le général autrichien se dégagea par une perfidie. Il fit croire à Macdonald qu'une suspension d'armes venait d'être signée entre Brune et Bellegarde, et profita de la surprise causée par cette nouvelle pour s'échapper, gagner deux journées d'avance sur les Français, et opérer sa jonction avec Bellegarde, qui s'était avancé à sa rencontre. Brune appelle aussitôt à lui le corps de Macdonald et poursuit sa marche offensive contre Bellegarde et Laudon désormais réunis. Il franchit successivement le Bacchiglione et la Brenta, s'empara de Trévise, et allait livrer à son adversaire une bataille décisive, quand arriva la nouvelle, cette fois officielle, de la suspension des hostilités.

Un armistice fut aussitôt conclu à Trévise (16 janvier 1801). Les Français s'arrêtaient à la Livenza et les Autrichiens au Tagliamento, mais toutes les places restées en arrière et non encore occupées par nos troupes nous étaient ouvertes, Mantoue, Peschiera, Legnano, Ancône même ; c'est-à-dire que nous occupions tout le pays que nous avions conquis, et que, jusqu'à la paix définitive, nous restions au cœur même de nos conquêtes. Dans cette courte et rapide campagne, ni l'armée d'Italie ni son général n'avaient menti à leur vieille réputation.

Restait le roi de Naples. Ce souverain malencontreux ou bien ouvrait trop tôt les hostilités, et alors ses États étaient convertis en république, ou bien entrait trop tard en campagne, et alors restait seul exposé aux vengeances de la France. On sait que le général Miollis avait une première fois battu à Sienne et rejeté jusque sur le territoire pontifical la petite armée napolitaine. Envoyé par Bonaparte afin de profiter de ce succès, le général Murat rejoignit Miollis avec d'importants renforts, et marcha vers le sud de l'Italie. De nouveau s'agitaient les patriotes romains et napolitains. On croyait presque à la résurrection des Républiques Romaine et Parthénopéenne; mais le premier consul ne tenait que médiocrement à cette restauration. Il négociait alors le rétablissement du culte catholique en France, et le nouveau pape Pie VII était son ami particulier. De plus, le czar Paul Ier, dont il aurait voulu l'alliance, l'avait prié d'épargner la cour de Naples. Bonaparte ne voulait donc renverser ni le pape, car il aurait besoin de son intervention religieuse en France, ni le roi de Naples, car il désirait ménager le czar, son protecteur. Il cherchait seulement à effrayer ces deux souverains. Ce fut donc moins une expédition qu'une promenade militaire qu'effectua Murat. Au reste, ce général convenait à ce rôle théâtral. Appelé à Rome par le pape lui-même, puis à Naples par le roi, il fit dans ces deux capitales une entrée solennelle et pacifique, admirablement accueilli par les deux cours et plus encore par la populace, qui admirait sa magnifique prestance et ses costumes éclatants. Un armistice, signé à Foligno, ferma aux Anglais les ports romains et napolitains, et Tarente fut livrée aux Français jusqu'à la paix générale.

La conséquence de ces deux armistices de Trévise et de Foligno fut que l'Italie tout entière, sauf Venise et le Frioul, se trouva de nouveau occupée par les Français, c'est-à-dire que les désastres de 1799 étaient entièrement réparés, et que nous nous trouvions dans la péninsule à peu près dans la même situation qu'après le traité de Campo-Formio. L'Autriche pourtant n'aurait pas encore renoncé à la partie, si, en Allemagne, elle n'eût été brisée et comme réduite à l'impuissance par une terrible défaite, celle de Hohenlinden.

L'armée autrichienne du Danube comptait 150 000 hommes. Au centre, avec 100 000 hommes, l'archiduc Jean était posté sur l'Inn, à droite 20 000 soldats commandés par Klenau et Simbschen s'étendaient de Ratisbonne à Aschaffenbourg; à gauche enfin Hiller et 30 000 soldats gardaient le Tyrol. Le nouveau général autrichien, l'archiduc Jean, frère de l'archiduc Charles, n'avait alors que dix-neuf ans. Il aimait passionnément l'art militaire, mais ce n'était encore qu'un théoricien; aussi, pour guider son inexpérience, lui avait-on donné comme conseiller le vieux général Lauer.

L'armée française était à peu près d'égale force. Avec 100 000 hommes entre l'Isar et l'Inn, Moreau s'apprêtait à manœuvrer contre l'archiduc. Sa droite était couverte par ce même corps de Macdonald que nous venons de voir contribuer au succès de l'armée d'Italie, et sa gauche par une armée de 20 000 hommes, dite armée gallo-batave, et commandée par Augereau. Moreau n'avait donc en réalité, puisque Macdonald servit surtout en Italie, que 120 000 hommes à opposer aux 150 000 Autrichiens; mais c'étaient d'excellents soldats, animés et excités par leurs récentes victoires, et fiers d'obéir à un général illustre. De plus, Moreau était cette fois libre de ses mouvements. Aucune promesse ne subordonnait son action à celle de l'armée d'Italie, et, comme l'Inn est bien plus rapproché que le Mincio ou que l'Adige du cœur de la monarchie autrichienne, c'était à lui qu'était réservé l'honneur de frapper le coup décisif.

Augereau et Moreau s'ébranlèrent à la fois. Augereau prit Aschaffenbourg, Wurtzbourg, Schweinfurth, battit Klenau à Nuremberg et poussa jusqu'à Ingolstadt. Malgré cette brillante offensive, ce n'est pas sur ce terrain que devait se décider la lutte. Attachons-nous à l'armée principale, et suivons la marche en avant de Moreau.

Moreau dessina son mouvement le 28 novembre 1800. Fidèle à ses habitudes prudentes, il avait détaché la division Sainte-Suzanne vers Ingolstadt, afin de donner la main à Augereau et de prévenir l'irruption de Klenau dans nos lignes. Lui-même s'avançait directement sur l'Inn, vers Wasserbourg, avec Lecourbe à sa droite vers Rosenheim et Grenier à sa gauche vers Mülhdorf. On croyait que l'archiduc Jean, retranché derrière un obstacle naturel aussi formidable que l'Inn, se bornerait à la stricte défensive. Tout le lui conseillait, la prudence la plus vulgaire, et le danger de s'attaquer à un adversaire aussi redoutable; mais l'archiduc, que sa jeunesse et son inexpérience rendaient présomptueux, et qui se croyait appelé à jouer le rôle de libérateur de l'Allemagne, voulut imiter les grands mouvements et les marches hardies par lesquelles les Français avaient si souvent déconcerté la routine des tacticiens allemands. Il forma donc le projet d'attaquer Moreau avec le gros de ses forces entre l'Inn et l'Isar, pendant que son lieutenant Kienmayer lui couperait la retraite vers Munich, et que Hiller déboucherait de Tyrol sur ses derrières par la vallée du Lech.

Ce plan était admirable sur le papier, mais dans la réalité il devenait impraticable; car il arrive souvent qu'en cherchant à couper un ennemi plus fort que soi, on est soi-même coupé. Au reste, l'archiduc comprit bientôt que, même si ce mouvement réussissait, il perdrait ses communications avec ses lieutenants. Il eut le bon sens de renoncer à ce projet aventureux. et préféra risquer une grande bataille.

Le 1er décembre les Autrichiens, avec toutes leurs forces, assaillirent notre gauche, commandée par Grenier, qui s'était porté de Mülhdorf à Ampfingen. Grenier, secouru à temps par la division Grandjean, que lui envoya Moreau, ne se laissa pas entamer, mais il battit en retraite dans la direction de la forêt de Hohenlinden, qui était sur nos derrières. Cet engagement d'Ampfingen fut regardé par les Autrichiens comme une victoire. Il les remplit de confiance, car ils croyaient avoir eu affaire à toute l'armée française. Cette erreur s'accrut encore le lendemain, quand les Français continuèrent leur mouvement rétrograde. Certes ni les Autrichiens ni leur général ne se doutaient alors que Moreau manœuvrait ainsi pour les attirer sur un terrain que depuis longtemps il avait étudié avec soin, et qu'il avait reconnu propre à être le théâtre d'une bataille générale et décisive.

En effet, le terrain qui se trouve entre l'Isar et l'Inn, et dont la forêt de Hohenlinden peut être considérée comme le point central, était le plus favorable que Moreau pût choisir pour combattre un ennemi supérieur en cavalerie. Le sol est coupé, accidenté par des vallons, des ruisseaux, des bois épais. L'ennemi ne pouvait arriver sur les Français que par des chemins de traverse pratiqués pour les coupes de bois, et rendus impraticables par les boues d'automne. Une seule chaussée, mais étroite et bordée par des hauteurs, conduisait de Mülhdorf à Munich, en passant par les villages de Mattenpoët et de Hohenlinden. Au centre de la forêt, à Hohenlinden, Moreau s'était posté avec ses divisions, et il attendait que l'ennemi se fût engagé dans la forêt pour exécuter le plan qu'il avait médité. On prétend que le vieux Lauer se douta du piège, et qu'il s'efforça d'empêcher l'archiduc d'engager son armée dans ce pays inextri-

cable ; mais les autres généraux autrichiens partageaient la confiance
du prince. Ils croyaient n'avoir qu'à étendre la main pour s'emparer
de toute l'armée française et s'imaginaient naïvement que Moreau,
découragé par son prétendu insuccès d'Ampfingen, ne cherchait qu'à
prolonger la résistance en se portant dans un pays difficile, mais
qu'il était à l'avance vaincu et pris.

En conséquence l'état-major autrichien adopta les dispositions
suivantes : Au centre, par la grande chaussée de Mattenpoet, l'archiduc, avec le gros de l'armée et toute l'artillerie, aborderait Hohenlinden et rejetterait Moreau sur Munich. A droite, Kienmayer et
Baillet-Latour, par des chemins de traverse qui partent de Hartofen
et de Lendorf pour aboutir à Hohenlinden, menaceraient le flanc
gauche de Moreau ; à gauche, le général Riesch, par d'autres
chemins de traverse, qui partent de Saint-Christophe et d'Ebersberg
pour aboutir également à Hohenlinden, menacerait le flanc droit
de Moreau. L'état-major autrichien espérait de la sorte déborder
Moreau sur tous les points à la fois.

Moreau, à l'attaque projetée de Kienmayer et de Baillet-Latour,
opposa les divisions Legrand et Bastoul ; il se chargea d'arrêter
l'archiduc Jean avec les divisions Grenier, Ney et Grouchy ; enfin, et
c'est là l'inspiration de génie qui devait décider du gain de la
bataille, les deux divisions Decaen et Richepanse avaient reçu
l'ordre, tout en contenant l'attaque de Riesch, de remonter la forêt
à mesure que l'archiduc Jean la descendrait, de déboucher tout à
coup sur ses derrières à Mattenpoet, puis de se rabattre sur Hohenlinden en écrasant tout sur leur passage.

Le 3 décembre au matin, par une véritable tempête de neige qui
aveuglait les soldats, l'archiduc s'engouffra dans le long et sombre
défilé de Mattenpoet. Moreau, pour l'attirer encore plus en avant et
pour augmenter sa confiance, avait donné l'ordre de ne résister
que faiblement. En effet, les avant-postes français se replièrent
successivement, et bientôt, sur cette étroite chaussée, unique débouché d'une masse qui devenait de plus en plus compacte, se
trouva engagée presque toute l'armée autrichienne. Pendant quelque
temps Moreau se borna à contenir les troupes qui essayaient de le
déborder, car il ne cherchait alors qu'à donner à Decaen et Richepanse le temps d'exécuter leur mouvement sur Mattenpoet, et qu'à

engager de plus en plus les Autrichiens dans la forêt. Il avait déjà repoussé deux attaques sur Hohenlinden, lorsque tout à coup se produit comme un flottement dans la ligne ennemie. Bientôt on entend comme une canonnade lointaine, et les Autrichiens semblent épouvantés. Plus de doute! C'est Decaen et Richepanse qui sont arrivés sur les derrières de l'armée autrichienne. Aussitôt Moreau forme en colonnes serrées les divisions Ney et Grouchy, et les lance sur la chaussée. Rien ne résiste à l'élan furieux de ces deux généraux. Ils renversent tout sur leur passage, ils ramassent les prisonniers par milliers, et bientôt des cris de joie se font entendre. Nos soldats ont reconnu leurs frères d'armes qui s'avancent au-devant d'eux de l'autre côté de la chaussée. Ney et Richepanse se jettent dans les bras l'un de l'autre. La bataille est gagnée!

Que s'était-il donc passé? Richepanse et Decaen étaient partis de grand matin d'Ebersberg, au moment même où l'archiduc Jean commençait à s'enfoncer dans la forêt. A mi-chemin, Richepanse, qui était en tête, avait rencontré le corps de Riesch; mais, persuadé que Decaen le dégagerait, et comprenant la nécessité d'exécuter à tout prix la manœuvre qui lui était confiée, il n'avait laissé devant Riesch qu'une demi-brigade et avait continué sa marche sur Mattenpoet. Arrivé à Mattenpoet, il rencontre de nouveaux ennemis, mais, sacrifiant tout au but principal, il laisse devant eux une seconde demi-brigade, et avec le reste de ses troupes s'élance dans le défilé où s'était enfoncée la grande colonne autrichienne. Son attaque imprévue, irrésistible, avait tout de suite jeté le désordre dans les rangs autrichiens. C'est à ce moment même que Ney et Grouchy avaient commencé leur attaque. Les divisions françaises allaient donc au-devant l'une de l'autre, mais en passant sur le ventre de l'armée autrichienne, qui se trouvait prise comme dans un étau. Quelques bataillons hongrois firent pourtant mine de résister. « Soldats, dit alors Richepanse aux grenadiers de la 48°, que pensez-vous de ces hommes? — Général, ils sont morts! » Les Hongrois en effet sont enfoncés, et rien ne peut arrêter la marche foudroyante des Français. Prise en tête par Ney et Grouchy, en queue par Richepanse, à droite et à gauche par des bois impraticables, la grande colonne autrichienne tourbillonne sur elle-même, rompt ses rangs et se jette en désordre dans la forêt. La chaussée n'offre

bientôt plus que des cadavres amoncelés, des chevaux sans conducteurs, des chariots, des caissons renversés, et quatre-vingt-sept
canons qui tombent entre nos mains.

Laissant à Ney le soin de ramasser les prisonniers, Richepanse
revient alors à ses lieutenants, qu'il avait été forcé d'abandonner en
chemin. Decaen les avait déjà secourus, en refoulant le corps de
Riesch. Sur ce nouveau champ de bataille nous étions encore
vainqueurs, et Riesch avait battu en retraite au delà de l'Inn.

Restait la droite de l'armée autrichienne, commandée par Kienmayer et Ballet-Latour. Ces généraux avaient entendu le canon
gronder toute la journée, mais étaient sans nouvelles. Au moment
même où les débris de l'archiduc s'enfuyaient dans la forêt, au
moment où les débris de Riesch traversaient l'Inn, ils débouchèrent,
mais trop tard, sur le champ de bataille. Reçus par les divisions
Legrand et Bastoul qui avaient attendu toute la journée avec impatience le moment d'en venir aux mains, et qui brûlaient du désir
d'entrer en ligne, ils furent bientôt enfoncés, et rejetés sur Hartofen
et Lendorf.

Nous étions vainqueurs sur tous les points ; 20 000 Autrichiens
tués ou pris, cent canons, d'immenses bagages, tels étaient les trophées de cette magnifique victoire. Encore quelques heures de jour,
et les Autrichiens étaient anéantis ; mais la nuit tombait au moment
où tous ces corps désunis et rompus fuyaient au hasard dans les bois,
et la neige arrêta la poursuite. Nous n'avions eu que 2500 hommes
hors de combat. Tout le monde avait fait son devoir. C'est à Moreau
surtout que revenait l'honneur de la journée. Ses combinaisons
avaient été pleines de simplicité et de grandeur. Il avait tout prévu,
tout disposé. Son calme et son sang-froid avaient été admirables ;
mais aussi comme il avait été bien secondé par ses lieutenants !
Hohenlinden est à vrai dire la dernière de nos victoires républicaines.
On remportera plus tard des triomphes plus éclatants, mais cette
entente des chefs et des soldats, ces effusions patriotiques sur le
champ de bataille, cette justice rendue par le général à ses lieutenants, paraîtront bientôt des vertus d'un autre âge. Nous ne les
reverrons plus pendant toute la période impériale.

Un homme s'est pourtant rencontré pour décrier cette victoire, et
cet homme c'est Napoléon. Il a donné de cette journée de singulières

SALZBOURG.

appréciations, qui dénotent de sa part une mesquine jalousie. Un homme de génie, un général que ses victoires semblent mettre au-dessus de ses contemporains, n'a-t-il pas eu le triste courage d'écrire que la victoire de Hohenlinden est un effet du pur hasard, qu'elle est contraire à toutes les règles, que Richepanse n'est arrivé à Mattenpoet que par imprudence et par désespoir! Faut-il que tant de petitesse s'unisse à tant de grandeur! Mieux vaut oublier cette triste page, et suivre dans leur marche victorieuse les vainqueurs de Hohenlinden.

Après le coup qui venait de la frapper, l'armée autrichienne était hors d'état d'arrêter Moreau. L'archiduc Jean réussit à grand peine à réunir quelques corps errants pour essayer un simulacre de résistance et sauver l'honneur des armes; mais rien ne pouvait retarder l'offensive de Moreau. Il n'avait plus qu'à envahir la haute Autriche, et à marcher rapidement sur Vienne pour y dicter la paix. En effet, les vainqueurs se portèrent sur l'Inn. Lecourbe, qui n'avait point pris part à la bataille de Hohenlinden et était impatient de rendre de nouveaux services, surprit le passage de la rivière à Neupern, se porta sur Salzbourg afin de prendre le Tyrol à revers, et s'empara du cours de la Salza. Moreau, de son côté, avec Riche-panse à l'avant-garde, se précipite sur la route de Linz. Autant de journées, autant de combats victorieux. On passe successivement la Salza, la Traun, l'Ens et l'Ips. Les Autrichiens sacrifiaient vainement des arrière-gardes pour retarder les Français. Ils reculaient sans cesse, et dans le plus affreux désordre. En quinze jours, du 4 au 20 décembre, ils avaient perdu quatre-vingts lieues de terrain, 45 000 prisonniers, 147 canons, de nouveaux drapeaux et 6000 voi-tures. Tout semblait perdu, et la monarchie était réduite aux abois.

A Vienne la consternation était générale. Pourtant, comme il arrive toujours dans les capitales menacées d'une invasion, on multipliait les protestations et les offres de dévouement. En réalité on avait peur, et on désirait la paix. Dans cette agitation, l'empereur François fut à peu près le seul qui montra du calme et de l'énergie. Il ordonna avec beaucoup de sang-froid aux troupes de renfort qui étaient prêtes de rejoindre l'armée, il fit proclamer sa résolution de ne point abandonner la capitale et donna pour successeur à l'archi-duc Jean son frère Charles, le seul homme capable, par la confiance qu'il inspirait à l'armée, d'empêcher ou tout au moins d'atténuer une catastrophe désormais inévitable.

Il était trop tard! Bien que le prince sentît qu'il fallait donner à l'armée autrichienne une attitude imposante, afin de traiter avec la dignité qui convient à un gouvernement honorable, dès qu'il se fût rendu compte du profond découragement de ses hommes, il fut le premier à conseiller la paix à l'empereur, et, quand il eut obtenu son assentiment, il entama des négociations d'armistice avec Moreau.

Dans l'entourage de Moreau, on pressait vivement le général d'entrer à Vienne, sous prétexte qu'il y dicterait plus facilement les conditions de la paix; mais Moreau avait la modestie d'un grand citoyen. Plutôt que de compromettre les résultats acquis, il se priva de la stérile satisfaction d'humilier son adversaire. D'ailleurs, sur ses derrières, le Tyrol était fort menaçant et il n'avait pas de nouvelles de l'armée d'Italie; ses soldats étaient fatigués par leurs marches rapides et les combats qu'ils livraient chaque jour dans une saison si rigoureuse. Moreau mettait sa gloire à ne pas verser inutilement le sang d'un seul de ses soldats. Il fit donc taire son orgueil et accepta les ouvertures de l'archiduc Charles.

Le 25 décembre 1800, à Steyer, un armistice fut signé, d'après lequel les places du Tyrol et de la Bavière devaient être remises à la France, et des négociations entamées pour la paix définitive, à condition que l'Autriche traiterait en dehors de l'Angleterre. L'Autriche se reconnaissait donc vaincue. En Italie elle signait l'armistice de Trévise, en Allemagne celui de Steyer. Ses alliés, les Napolitains, avaient signé celui de Foligno. Les négociations pour la paix s'ouvrirent immédiatement. Elles devaient aboutir bientôt au traité de Lunéville.

Joseph Bonaparte, pour la France, et Cobenzl, pour l'Autriche, avaient été désignés comme plénipotentiaires. Le premier consul, se défiant peut-être de l'inexpérience de son frère et de l'habileté reconnue de son ancien antagoniste de Campo-Formio, avait, dès le début des négociations, posé une sorte d'ultimatum qui ne lui permettait aucune concession. Il avait, par son message du 2 janvier 1801 au Corps législatif, déclaré que la paix ne pouvait être et ne serait conclue que si la France avait la limite du Rhin et la République Cisalpine celle de l'Adige. Cobenzl accepta sans

.trop de difficulté la limite du Rhin ; mais, comme il n'ignorait pas
combien son maître tenait à maintenir et à consolider en Italie la
puissance autrichienne, il disputa le terrain pied à pied, en épuisant
les ressources de son habileté et de ses connaissances topogra-
phiques. Ne pouvant triompher de l'invincible obstination de
Joseph, il finit par accepter la limite de l'Adige, mais à condition
que la Toscane serait rendue au grand-duc Ferdinand, ou qu'il
recevrait à titre d'indemnité les Légations. De part et d'autre ces
préliminaires étaient acceptés. Il ne restait plus qu'à régler la
question des indemnités à accorder aux princes allemands déposs-
sédés sur la rive gauche du Rhin, et la paix allait être signée, lorsque de nouvelles exigences de Bonaparte remirent tout en question

La Russie, ou plutôt le czar Paul Ier, venait alors de rompre avec
l'Angleterre qui ne voulait pas lui restituer l'île de Malte, et il avait,
de concert avec la Prusse et les autres puissances du Nord, reformé
l'ancienne ligue des neutres. En outre, il ne cachait pas son irritation contre l'Autriche, qui dès lors se trouvait isolée sur le continent et pour ainsi dire à la merci de la France.

Bonaparte exploita sans pitié cette nouvelle situation. Joseph
reçut l'ordre de proposer à Cobenzl un programme tout nouveau.
Il s'agissait cette fois de renoncer pour toujours à la Toscane, et
d'indemniser les princes dépossédés de la rive gauche du Rhin aux
dépens des souverains ecclésiastiques, le tout au nom de l'empire
germanique ; c'est-à-dire qu'on demandait à l'empereur non
seulement d'abandonner un domaine héréditaire, mais encore de
devenir le spoliateur légal de ceux qu'il aurait dû protéger. Cobenzl
surpris et indigné se récria. On ne prit même pas la peine de lui
cacher que la Russie et la Prusse avaient fait volte-face et s'enten-
draient sans doute avec la France pour imposer leurs volontés à
l'Autriche. « Ces deux puissances, écrivait Talleyrand, manifestent
un intérêt égal à ce que l'empereur ne soit pas trop puissant en
Italie. » Pour lui forcer la main, n'alla-t-on pas jusqu'à menacer
l'Autriche de lui enlever la Vénétie ? « Telle est l'animosité de
l'empereur de Russie, écrivait Talleyrand, qu'il pouvait bien entrer
dans ses vues de rendre à l'État Vénitien son ancienne organisa-
tion. » Cobenzl, redoutant de nouvelles exigences, se décida, mais
en protestant, à signer la paix (9 février 1801).

Le traité de Lunéville était en quelque sorte la reproduction de celui de Campo-Formio, mais avec cette aggravation pour l'Autriche qu'elle perdait la Toscane, dont on formait le royaume d'Étrurie pour un infant d'Espagne, le fils du grand-duc de Parme. La France avait la rive gauche du Rhin, et, comme il n'avait seulement pas été question du roi de Sardaigne, elle restait en possession du Piémont. Elle prenait aussi l'île d'Elbe, enlevée au nouveau royaume d'Étrurie. Les Républiques Cisalpine, Ligurienne, Batave et Helvétique étaient reconnues. On restituait au pape ses États tels qu'ils existaient à la fin de 1797, c'est-à-dire sans la Romagne et les Légations. Enfin il était stipulé que l'ex-grand-duc de Toscane, ainsi que les princes allemands de la rive gauche du Rhin, seraient indemnisés aux dépens des principautés ecclésiastiques allemandes, que l'on séculariserait.

Le traité assurait à la France une situation prépondérante et préparait sa domination en Italie et en Allemagne ; mais le premier consul n'avait-il pas abusé de la victoire? En condamnant l'Autriche à signer cette paix humiliante et dangereuse pour sa sécurité, croyait-il que cette grande puissance, si durement traitée, poserait les armes sans arrière-pensée de revendication prochaine? Mieux aurait valu l'écraser tout à fait, plutôt que de lui laisser l'amer ressentiment de la défaite et les moyens de la réparer.

Le roi de Naples fit sa paix particulière avec la France par le traité de Florence (18 mars), qui confirma purement et simplement les stipulations de l'armistice de Foligno.

Le continent tout entier a donc renoncé à la guerre. L'Angleterre seule reste en armes, et c'est dorénavant contre elle que Bonaparte va diriger tous ses efforts.

CHAPITRE IV

PERTE DE MALTE. — ÉVACUATION DE L'ÉGYPTE. — PAIX D'AMIENS.

Pendant que le premier consul et ses lieutenants remportaient en Italie ou en Allemagne la série des victoires qui aboutirent au traité de Lunéville, l'Angleterre acquérait sur mer, à nos dépens et aux dépens de nos alliés, une incontestable supériorité. Elle nous avait enlevé la Martinique, Sainte-Lucie et nos possessions des Indes ; elle avait pris aux Hollandais Ceylan, le Cap de Bonne-Espérance et la Guyane ; aux Espagnols la Trinité et Minorque. Malte et l'Égypte, nos éphémères conquêtes, allaient tomber entre ses mains. Toutes nos côtes étaient bloquées, et d'Amsterdam à Gibraltar, de Gibraltar au fond de la Méditerranée, ses escadres victorieuses couvraient les mers. Enfin dans l'Hindoustan se fondait le colossal édifice de la grandeur britannique ; mais ce n'était pas sans s'imposer de durs sacrifices que le peuple anglais avait obtenu de pareils résultats, et il était arrivé à ce point de fatigue, et même d'épuisement, où l'on se prête volontiers aux transactions. Bonaparte de son côté venait de signer le traité de Lunéville, mais il ne se dissimulait pas que cette paix n'était qu'une trêve, et que la guerre avec l'Autriche pourrait recommencer d'un moment à l'autre, tant qu'il ne se serait pas entendu avec l'Angleterre. Or ses succès avaient été assez éclatants pour qu'il pût consentir sans honte à quelque transaction. De part et d'autre on était donc décidé à terminer une lutte sans issue,

puisque les deux puissances rivales se sentaient également invulnérables, l'une sur le continent et l'autre sur mer.

Nous avions alors à Londres, en qualité de commissaire chargé
de l'échange des prisonniers, un diplomate plein de tact et de
ressources, Otto. Le ministre des affaires étrangères de la Grande-
Bretagne, lord Hawkesbury, lui fit savoir que le cabinet était disposé
à entrer en pourparlers pour une paix prochaine. Bonaparte l'autorisa aussitôt à ouvrir à Londres des conférences pour déterminer
les bases de cette paix ; mais les prétentions réciproques des deux
gouvernements étaient telles, qu'il y eut comme un accord tacite
pour attendre que la fortune des armes eût tranché les questions
en litige. On en comptait quatre principales : la ligue des neutres,
l'occupation du Portugal par les Franco-Espagnols, la possession de
Malte et celle de l'Égypte. Toutes les quatre devaient être résolues
en faveur des Anglais.

Le czar Paul Ier, irrité des prétentions anglaises à l'empire des
mers, venait de contracter avec la Prusse, la Suède et le Danemark
une quadruple alliance pour soutenir les droits des puissances
neutres. Le cabinet anglais paya d'audace. Il captura près de quatre
cents navires qui se croyaient couverts par leurs pavillons, et
s'empara des colonies danoises et suédoises. Aussitôt un corps danois
occupe Hambourg, le principal entrepôt des négociants anglais, et
ferme l'Elbe, les Prussiens envahissent le Hanovre et ferment le
Weser et l'Ems, les Suédois se préparent à intervenir, et le czar
propose à ses trois alliés de s'unir à la France, et de diriger une
expédition contre l'Hindoustan par le Caucase et la Perse. Jamais
pareil danger n'avait menacé l'Angleterre. Tout le continent se
trouvait désarmé ou ennemi. Il lui fallait ou rompre cette ligue ou
céder à la France. Addington, qui venait de succéder à Pitt, mêla
habilement la force brutale à la diplomatie. Il corrompit la cour de
Suède, excita sous main les nobles russes contre le czar, et envoya
dans la Baltique, contre le Danemark, cinquante-deux vaisseaux
commandés par Parker et Nelson. Les Suédois ne défendirent pas le
Sund, et la flotte anglaise parut devant Copenhague, et engagea
contre les Danois une terrible bataille (2 avril 1801). Écrasés par le
nombre, et malgré leur héroïque résistance, les Danois furent
obligés de se retirer de la ligue des neutres. La Russie s'en détacha

également à la suite d'une mystérieuse catastrophe. Le czar fut
assassiné par ses courtisans (25 mars), et son fils Alexandre abandonna aussitôt ses alliés. La Suède et la Prusse rétablirent de
leur côté leurs relations avec l'Angleterre sans régler aucun des
points contestés, et la quadruple alliance du Nord se trouva détruite.
C'était un grand succès pour l'Angleterre, qui pouvait dorénavant
concentrer contre la France son énergie et ses ressources.

A ce premier mécompte, Bonaparte aurait voulu prendre une
compensation aux dépens du Portugal, qui était resté fidèle à
l'alliance anglaise, et dont les vaisseaux, de concert avec ceux de la
Grande-Bretagne, bloquaient alors l'île de Malte. Il avait signé avec
le roi d'Espagne Charles IV un traité de partage du Portugal. Le
premier ministre espagnol, Godoï, avait occupé Olivença et la
province d'Alemtejo à la suite de quelques légères escarmouches, et
deux divisions françaises, commandées par Leclerc et par Saint-Cyr,
s'apprêtaient à franchir la frontière, lorsqu'on apprit tout à coup
que le roi d'Espagne renonçait à la lutte. Par le traité de Badajoz,
le Portugal lui cédait Olivença, s'engageait à fermer ses ports aux
Anglais et promettait vingt millions d'indemnité à la France.
Bonaparte fut très mécontent de ce résultat, car il espérait occuper
le Portugal, afin d'en trafiquer avec l'Angleterre lors des prochaines
négociations. C'était une grave déception qu'il éprouvait. Cette
fois encore, et sans avoir combattu directement, le cabinet anglais
l'emportait.

Au moins le premier consul essaya-t-il de se maintenir dans les
derniers pays dont la possession lui fût contestée par ses adversaires, à Malte et en Égypte. De l'issue de la lutte engagée, surtout
en Égypte, dépendait à vrai dire la fin de la guerre, car, de part et
d'autre, on était résolu aux derniers sacrifices pour se maintenir sur
les possessions acquises. Là encore la fortune devait nous être
contraire. Ce fut Malte qui succomba la première.

Bonaparte, après avoir pris Malte en passant, y avait laissé une
garnison, fort insuffisante comme nombre, de 4000 hommes, sous le
commandement du général Vaubois. Cette garnison ne reçut jamais
de renforts, et ce ne fut que par une continuité d'actes de valeur,
de constance et de dévouement que les Français parvinrent à se
maintenir si longtemps sur ce rocher stérile. Les Maltais n'avaient

accepté qu'à contre-cœur la domination française. Tant que Bonaparte avait été présent, terrifiés par sa redoutable activité ou séduits
par son génie, ils n'avaient pas bougé; mais un mois à peine s'était
écoulé depuis son départ, qu'ils étaient en pleine insurrection. Ce
qui les avait surtout froissés, c'était la spoliation des églises de
l'ordre, mesure impolitique, qui donna un aliment aux rancunes
populaires, car dès lors les Français furent détestés comme bandits
et sacrilèges.

Vaubois, assisté par Regnault de Saint-Jean-d'Angely, et par un
ancien trésorier de l'ordre, Bosredon de Ransijat, affectait de fermer
les yeux sur la révolte imminente et prenait une série de mesures,
d'ailleurs imposées par le bon sens et la nécessité; mais il n'y eut
pas une réforme, même excellente, que les Maltais n'aient regardée
comme une atteinte à leurs privilèges, et une insulte à leur natio-
nalité. Toute la population se trouva bientôt d'accord dans une
pensée de haine contre les Français, et l'anarchie régna à Malte.

Lorsqu'on apprit la formation de la seconde coalition, la protestation du grand maître Hompesch, et surtout la destruction de la
flotte française à Aboukir, l'explosion eut lieu. En quelques heures,
les insurgés furent les maîtres de l'île entière, et Vaubois dut se
renfermer à Lavalette, où vinrent aussitôt l'assiéger par terre les
Maltais commandés par le chanoine Carmana, le notaire Vital et un
riche propriétaire, Borg, et le bloquer par mer les flottes combinées
de l'Angleterre, du Portugal et de Naples.

Le vrai danger pour Vaubois n'était ni sur mer ni dans l'île, car la
place était forte et la garnison vaillante, mais nos soldats allaient
être bientôt exposés au plus affreux dénument. Munitions, vivres,
vêtements, médicaments même, n'étaient pas en quantité suffisante.
Le bois manquait. On avait été obligé de dépecer plusieurs vieux
bâtiments afin de suffire au service de la boulangerie. Le scorbut
commençait à exercer ses ravages, et chaque jour le blocus se
resserrait. Vaubois s'efforça de soutenir le moral de ses hommes. Il
autorisa la formation d'une troupe de comédiens, dont fut nommé
directeur le compositeur Nicolo. Il établit des écoles d'écriture, de
dessin, d'escrime et de danse. Il recourut même parfois à quelque
innocente supercherie. Tantôt on portait à l'ordre du jour une
prétendue victoire, dont les Anglais n'avaient pas intercepté la nou-

velle; tantôt c'était une lettre furtivement parvenue, et qui annonçait de prompts renforts. Tous alors de s'écrier : « Vive la République! Pas de capitulation! »

Pendant toute l'année 1799, Vaubois réussit à se maintenir à
Lavalette. Les travaux des assiégeants devenaient pourtant de plus en
plus considérables et plusieurs batteries avaient été dirigées contre
le grand port, afin d'en rendre l'accès plus difficile. Les vivres se
faisaient rares. La plupart des habitants étaient déjà réduits à se
nourrir avec du pain et de l'huile. On ne distribuait plus de vin et
d'eau-de-vie que tous les cinq jours. Le riz et les haricots étaient
réservés pour les hôpitaux et le bois pour le service de la boulangerie. A la fin de 1799, environ cinq cent cinquante soldats
étaient morts dans les hôpitaux, et la population civile avait perdu
deux mille quatre cent soixante-huit âmes. Il était grand temps
d'en finir.

Le Directoire avait à diverses reprises essayé de faire parvenir à
Malte des renforts et des secours, mais ils avaient été presque tous
interceptés. Le chef du blocus, le commodore Ball, avait même
envoyé des lettres de famille interceptées et annonçait ironiquement
qu'il ferait parvenir la réponse. L'amiral portugais Nizza crut le
moment venu d'adresser une sommation, mais elle fut repoussée.
La famine et l'épuisement pourraient seuls triompher de cette
indomptable garnison. Les alliés, afin de précipiter le dénouement,
refoulèrent dans la place 12 000 bouches inutiles, que Vaubois, par
humanité, continua de nourrir. Les Français, qui venaient d'apprendre la rentrée de Bonaparte en France, espérant que l'ancien
général de l'armée d'Italie songerait à ses compagnons d'armes
et leur enverrait de prompts secours, s'obstinèrent à conserver à la
France ce poste stratégique, unique dans la Méditerranée ; mais aucun
secours n'arrivait, le blocus devenait de plus en plus rigoureux.
Au commencement de septembre 1800, il ne restait plus de vivres
que pour huit jours. Le conseil de guerre s'assembla, et, à
l'unanimité, la capitulation fut jugée indispensable.

Les Anglais avaient hâte de mettre la main sur un gage aussi
précieux : ils accordèrent à la garnison les honneurs de la guerre
et lui promirent de la débarquer à Marseille. Tous ceux des Maltais
qui s'étaient compromis au service de la France eurent le droit de

suivre la garnison. L'île devait rester entre les mains des Anglais jusqu'à la paix générale ; mais il était convenu, ou bien qu'elle serait rendue aux chevaliers de Saint-Jean, ou bien qu'elle serait mise sous la protection, soit du czar, soit du roi de Naples.

La possession de Malte était pour l'Angleterre d'une importance capitale, car elle lui permettait de tenir notre marine en échec dans la Méditerranée, et lui offrait à la fois un port de refuge et un centre de ralliement pour les opérations qu'elle projetait contre l'Égypte. En effet, grâce au point d'appui qu'ils trouvèrent à Malte, les Anglais purent à leur aise débarquer sur la côte égyptienne, et bientôt les Français furent obligés d'évacuer la vallée du Nil.

Lorsque Bonaparte abandonna l'armée d'Égypte pour chercher en France des aventures, sinon plus glorieuses, du moins plus utiles à son ambition, il eut du moins la générosité de désigner pour le remplacer celui de ses lieutenants qui était le plus capable de s'acquitter à son honneur de cette dangereuse mission. Kléber ne lui en sut aucun gré. Il eut même tort de ne pas assez dissimuler son mécontentement, car sa colère pouvait provoquer le découragement dans l'armée. Mal conseillé par le général Dugua et l'intendant Poussielgue, qui lui persuadèrent que Bonaparte, tout en dégageant sa responsabilité, n'avait voulu qu'imposer à un général qu'il jalousait un fardeau accablant, Kléber ne songea alors qu'à se dégager à son tour, c'est-à-dire à obtenir des Anglais et des Turcs des conditions honorables et à ramener en France l'armée d'Orient.

Il est vrai que la situation paraissait dangereuse. Les Anglais nous tenaient comme assiégés dans notre propre conquête. En Syrie nous les avions partout rencontrés. C'était un Anglais, Sidney Smith, qui avait dirigé la défense de Saint-Jean d'Acre, lui encore qui avait protégé le débarquement des Turcs dans la province d'Aboukir, et qui bloquait étroitement les rivages égyptiens. L'Angleterre venait même de se décider à une intervention directe. Elle avait ordonné à plusieurs milliers de cipayes hindous de débarquer sur les côtes de la mer Rouge et de prendre l'Égypte à revers. Elle espérait par cette diversion diviser nos forces, et permettre aux Turcs de frapper un coup décisif. Les Turcs, en effet, ne s'étaient pas découragés, malgré leurs défaites de Nazareth, du Mont-Thabor et d'Aboukir. Le grand vizir Youssuf avait reformé une armée de 40 000 hommes, qui s'avançait de Damas sur Gazah, et s'apprêtait à franchir le grand désert pour entrer en Égypte. L'infatigable émir des Mamelucks, Mourad-bey, battu et poursuivi à outrance, tenait toujours la campagne. Les fellahs, naguère opprimés par lui, oubliaient le tyran pour ne plus songer qu'au héros. Au premier signal, ils se joindraient à lui pour chasser du pays les infidèles.

A ce triple danger, menaces anglaises, attaques directes des Turcs, révolte probable des Égyptiens, que pouvait opposer Kléber? Des soldats fatigués et découragés, qui se croyaient abandonnés par le Directoire parce qu'ils étaient républicains, et dont aucun renfort ne grossissait les rangs, tandis qu'autour d'eux les contingents ennemis augmentaient à vue d'œil; des officiers qui, au lieu de réagir, donnaient le signal des récriminations; des généraux qui, gagnés par la contagion, ne cachaient plus leur mécontentement. Cette unanimité en imposa à Kléber. Emporté par la fougue de son caractère, il crut l'armée démoralisée comme il l'était lui-même et envoya Desaix et Poussielgue à Sidney Smith pour entamer des négociations. En même temps il assemblait un conseil de guerre, et, pour la forme, lui demandait son avis. Davout ayant osé soutenir que l'évacuation pourrait être retardée, Kléber s'oublia au point d'attaquer son courage. Cette scène outrageante termina la discussion, et l'évacuation fut décidée.

Les Anglais, heureux de ce départ précipité, accordaient à Kléber tous les honneurs de la guerre. Ils lui fournissaient même des vaisseaux pour transporter l'armée en France. Les places et les forts ne seraient remis que graduellement, et jusqu'au dernier jour l'impôt serait perçu par les Français. L'Égypte n'en était pas moins évacuée sans combat, et cette énorme concession valait bien toutes les satisfactions d'amour-propre qu'on nous accordait (24 janvier 1800). Kléber exécuta aussitôt les clauses de ce malencontreux traité d'El-Arish et remit aux Turcs les places principales. Tout à coup il reçut une note de l'amiral anglais Keith, l'avertissant que la convention n'était pas ratifiée et que l'armée française n'avait plus qu'à se rendre sans conditions. Le cabinet anglais avait en effet intercepté des lettres et des dépêches où les Français peignaient la situation sous les plus sombres couleurs. Pensant que, si l'armée d'Orient était hors d'état de faire respecter la convention d'El-Arish, cette convention était nulle et non avenue, et d'ailleurs habitué à sacrifier l'équité à l'intérêt, il déclara que Sidney Smith n'avait pas de pouvoirs suffisants, et que les Français devaient se considérer comme prisonniers de guerre, sans conditions.

Le danger rendit à Kléber son énergie. Il se contenta de mettre à l'ordre du jour la note de l'amiral Keith, avec ce simple commentaire : « Soldats, à de pareilles insolences on ne répond que par des victoires : préparez-vous à combattre ! » Redevenu le héros de Mayence et du Mont-Thabor, il prit aussitôt ses dispositions pour concentrer son armée, et frapper un coup décisif, soit sur les Turcs, qui, en vertu de la convention, avaient déjà pénétré dans le Delta, soit sur les Anglais, qui débarqueraient d'un instant à l'autre.

Ce furent les Turcs qui payèrent les frais de la déloyauté anglaise. Le grand vizir Youssuf avait excité les fellahs à la révolte, et dans tous les villages établi des chefs de sédition. En peu de jours 70 000 à 80 000 combattants se trouvèrent prêts ; mais c'étaient des hordes confuses, non pas sans courage, mais sans discipline. La pensée d'un prochain triomphe augmentait leur témérité. Ils croyaient marcher non pas à un combat, mais à un massacre. Aussi ne gardaient-ils aucun ordre. Kléber résolut de profiter de cette dispersion des Turcs pour les accabler. D'ailleurs ses soldats, malgré leur petit nombre, étaient pleins d'ardeur. L'outrage avait été vivement ressenti et chacun brûlait de le venger. Laissant quelques troupes à la garde du Caire, où fermentait déjà la révolte, le général s'avança avec le gros de son armée, 10 à 12 000 hommes, commandés sous ses ordres par les généraux Friant et Regnier, contre les Turcs, qui dessinaient alors une marche contre le Caire et étaient déjà parvenus à Héliopolis. Les Turcs s'attendaient si peu à voir les Français prendre l'offensive, qu'ils furent au premier choc chassés du village de Matarieh et repoussés dans une inexprimable confusion vers Héliopolis. Le grand vizir essaya de s'y maintenir. Nos artilleurs eurent bientôt démonté les canons turcs, et, quand l'ennemi voulut tenter une attaque suprême, nos soldats les laissèrent s'approcher, et les accueillirent à bout portant par des feux habilement dirigés.

Sans se laisser rebuter par ce double échec, le grand vizir essaye de
tirer parti de sa supériorité numérique en nous entourant de cavalerie pour nous déborder. Mais pas une de nos balles n'est perdue, et
bientôt le champ de bataille est couvert de morts. Désespérant de
nous vaincre, Youssuf s'éloigne et bat en retraite vers le village
d'El-Hamka. Kléber s'acharne à sa poursuite, le déloge le jour
même du camp d'El-Hamka, et le rejette en désordre vers Belbéïs
(19 mars 1800).

Le lendemain matin nos soldats entraient à Belbéïs. La route était
couverte de pièces de canon, de litières sculptées, de voitures, de
bagages abandonnés. A chaque pas, des débris et les traces d'une
déroute unique dans l'histoire. La division Friant s'empara de la
ville, non sans résistance, et acheva de disperser les Turcs. Pendant
ce temps Regnier marchait sur Koraïm, où il enlevait toute une
division ennemie. Les deux généraux opéraient aussitôt leur jonction, et s'avançaient dans la direction de Salehieh, où l'on signalait
encore quelques rassemblements ennemis. Le soleil était ardent, le
siroco impétueux, on ne respirait plus. Beaucoup de bêtes de somme
tombaient de fatigue, mais nos soldats, animés par cette série de
combats victorieux, voulaient à tout prix rejoindre les Turcs, pour
leur infliger un nouveau désastre. Ils croyaient que le grand vizir ne
se laisserait pas rejeter dans le désert sans rallier ses forces et tenter
un effort suprême. Leurs désirs ne furent pas réalisés. Quand nos
troupes arrivèrent à Salehieh, Youssuf venait de s'enfuir en abandonnant son camp. Les Français y pénétrèrent. C'était une enceinte
d'environ trois kilomètres, que couvraient des tentes placées sans
ordre ou renversées. Ici des coffres brisés, là des caisses pleines
encore de parfums ou de vêtements; plus loin des munitions, des
selles, des harnais, des ameublements de prix. Tout était entassé
pêle-mêle. L'armée s'empara de ces dépouilles de la victoire, et nos
cavaliers s'enfoncèrent dans le désert à la recherche des fuyards.

Nous n'avions plus rien à craindre de ce côté. L'armée turque
était exterminée. Mais le Delta était encore couvert de soldats turcs,
et, au bruit du canon d'Héliopolis, le Caire s'était soulevé. Suez
enfin venait d'appeler les Anglais. Kléber divise alors ses forces.
Rampon et Belliard soumettent les unes après les autres toutes les
villes du Delta; Regnier se charge de contenir une nouvelle irruption

de l'armée turque du côté de la Syrie; Lambert et Mac Sheedy
chassent les Anglais de Suez, non pas sans que ces derniers aient
laissé à cette ville infortunée un souvenir de leur passage en incen-
diant tous les vaisseaux renfermés dans le port. Enfin Kléber,
courant au plus pressé, se rend au Caire pour y comprimer l'insurrection. Ce fut là seulement que nous éprouvâmes une résistance
sérieuse. Les habitants du Caire avaient cru Kléber battu à Héliopolis. L'arrivée inopinée de quelques escadrons turcs les avait con-
firmés dans cette erreur. Ils s'étaient aussitôt portés sur le quartier
des Francs, qu'ils avaient massacrés, et avaient couru à la citadelle
pour en égorger la petite garnison; mais les Français s'étaient
bravement défendus, et donnèrent à Kléber le temps d'arriver à
leur aide. Alors commença non pas un siège en règle, car le Caire
n'était pas fortifié, mais une guerre de rues acharnée. Les Orientaux, qui ne tiennent pas facilement en rase campagne, sont
d'ordinaire très braves quand ils sont abrités derrière un mur.
D'ailleurs ils ne croyaient pas à la clémence de Kléber, et voulaient vendre chèrement leur vie. Il fallut emporter d'assaut
certains quartiers, et en brûler d'autres avant que les Égyptiens se décidassent à poser les armes. Le sang versé dans cette
bataille de dix jours, et surtout la douceur inespérée du vainqueur,
qui se contenta, pour toute punition, d'imposer une contribution
de guerre, lui ramenèrent les esprits. Les Orientaux s'inclinent
volontiers devant le fait accompli. Cette série de triomphes rem-
portés par une armée qu'ils croyaient réduite au désespoir, l'expulsion définitive des Turcs, la reprise du Caire, le courage et la
magnanimité de Kléber avaient frappé les Égyptiens d'étonnement
et d'admiration. Bon nombre d'entre eux se décidèrent à obéir.

Un des ennemis les plus acharnés de la France donna l'exemple.
C'était le fameux bey des mamelucks, Mourad-Bey, qui depuis deux
ans luttait contre nous. Convaincu de l'inutilité de ses efforts, il
demanda à entrer en arrangement. L'intermédiaire de la négociation fut une ancienne sultane favorite, la belle Setty-Fatmé.
Mourad demanda à s'établir comme tributaire de la France dans un
canton de l'Égypte. Il s'engageait à comprimer toute tentative de
révolte, et combattre à nos côtés. De part et d'autre la convention
fut scrupuleusement exécutée. Mourad s'établit dans les provinces

qui s'étendent des Cataractes à Keneh, et tout aussitôt nous expédia des convois de subsistances, désarma les bandes qui étaient encore en armes, et, jusqu'au dernier jour de l'occupation française, resta le plus fidèle et le plus dévoué de nos alliés.

L'exemple de Mourad-Bey fut contagieux. Les derniers révoltés posèrent les armes et bientôt tout rentra dans l'ordre accoutumé. Jamais même nous ne fûmes si bien obéis. Les impôts étaient perçus avec régularité, le moindre de nos soldats était respecté, et peu à peu d'excellentes relations s'établissaient entre vainqueurs et vaincus. La conquête paraissait solide : aussi reprit-on avec ardeur les anciens projets de colonisation. Kléber, rappelé par la victoire au sentiment du devoir, déployait une activité inouïe, qui démentait son premier découragement. Les officiers et les soldats, honteux de leur faiblesse et fiers de leur succès, s'habituaient à considérer l'Égypte comme une seconde patrie, et plusieurs d'entre eux nourrissaient déjà la pensée de s'y établir à titre définitif.

Ce fut la période brillante de notre occupation. Les chances de l'agression extérieure étaient diminuées, celles de la révolution intérieure n'existaient plus. Nous avions formé avec le seul parti qui pût la tenter, celui des mameluks, une alliance d'autant plus durable qu'elle nous était utile et qu'elle était nécessaire aux mameluks pour assurer leur tranquillité. Le peuple enfin jugeait irrévocable notre prise de possession et s'accoutumait à regarder l'Égypte comme nous étant bien acquise.

Ces sentiments nouveaux permirent à Kléber de réparer nos pertes, en faisant des recrues parmi les indigènes. Une légion grecque avait été formée, qui comptait déjà deux mille hommes dans ses rangs. Des Syriens et des Coptes avaient été enrégimentés. Un corps auxiliaire de mameluks augmentait l'effectif de notre cavalerie. Six cents esclaves noirs du Kordofan avaient été achetés, rendus à la liberté, incorporés dans la vingt et unième demi-brigade. Tous ces corps s'organisaient, se disciplinaient, et, par leur contact quotidien avec nos soldats, se prenaient d'émulation pour leur belle tenue et leur courage. L'armée, la colonie, tout donc prenait une face nouvelle, lorsque Kléber tomba sous les coups d'un assassin.

Le 14 juin 1800, le jour même où le premier consul remportait sur les Autrichiens la victoire de Marengo, et à peu près à la même heure où mourait l'héroïque Desaix, Kléber visitait les travaux de réparation de son palais du Caire, et se promenait sur la terrasse du jardin en compagnie de l'architecte Protais, lorsqu'il fut frappé de plusieurs coups de poignard. L'assassin se nommait Soliman. C'était un fanatique, animé par la haine religieuse. Il n'avait pas de complice. Tout seul il avait médité et exécuté son détestable dessein. Il mourut avec une admirable fermeté. Condamné à avoir le poing brûlé et à être empalé vif, il étendit résolument son bras sur le foyer préparé et regarda brûler son poignet sans que la douleur lui arrachât une plainte. Tout d'un coup il poussa un cri : un brandon détaché du feu lui brûlait le coude. Comme le bourreau s'étonnait qu'un homme aussi brave ne pût supporter une aussi légère douleur : « Chien d'infidèle, lui répondit-il, fais ton devoir en silence. La douleur dont je me plains n'était pas ordonnée par mes juges. » Quand le poing fut brûlé, le bourreau empala la victime, lia ses bras et ses jambes et fixa le pal dans un trou préparé. Soliman n'avait pas dit un mot. Il promena ses regards sur la foule et demanda de l'eau. Les soldats de garde coururent en chercher. Le bourreau, pour prolonger son supplice, le leur défendit. Le patient vécut en effet quatre heures, et le supplice aurait peut-être duré davantage, si les soldats, touchés de compassion, ne lui eussent donné à boire après le départ du bourreau. A l'instant même il expira. Quant à Kléber, il ne survécut pas à ses blessures. Sa mort était une véritable catastrophe, car elle remettait tout en question.

La première question qui s'agita dans le conseil des généraux fut de pourvoir au remplacement de Kléber. Plusieurs candidats étaient en présence. Deux surtout se disputaient les suffrages, Regnier et Menou. Regnier s'était distingué aux armées du Rhin. A vingt-quatre ans général de brigade, un an plus tard général de division, il étonnait les officiers prussiens par la solidité de ses connaissances. Écarté du service à la suite d'une intrigue, l'expédition d'Égypte le remit en activité. Aux Pyramides, en Syrie, à Saint-Jean d'Acre, à Héliopolis, au Caire, il s'était couvert de gloire. Les soldats avaient confiance en lui. Regnier était leur candidat; mais Menou avait pour lui l'ancienneté du grade. Bien qu'il n'eût jamais servi que dans les fonctions administratives et ne se fût encore

signalé que par ses plates adulations vis-à-vis de Bonaparte et la
confiance exagérée qu'il témoignait dans l'avenir de la colonie,
Menou passait pour avoir de la capacité, de l'intelligence et de la
constance. Comme on n'avait pas de communications régulières avec
la France, le commandement provisoire lui fut donc décerné. Ce
fut un malheur. Menou n'était pas à la hauteur de ses nouvelles
fonctions. Il allait commettre fautes sur fautes et détruire en quelques mois tout l'effet des victoires et des sages mesures de son
prédécesseur.

Le nouveau commandant en chef était parvenu à cacher sa nul-
lité militaire sous les grands mots de discipline et d'administration.
Attaché d'abord à la cour, ancien député à nos assemblées nationales, sa conversation pétillait de souvenirs, d'anecdotes et l'avait
investi d'une sorte de suprématie morale, à laquelle nul n'échappait. Les soldats eux-mêmes croyaient à sa capacité ; mais c'est à
l'œuvre qu'on connaît l'artisan, et bientôt il fallut s'avouer la triste
réalité : Menou n'était qu'un brouillon, entre les mains duquel
l'avenir de la colonie était à tout le moins fort compromis.

Jamais cependant ne furent promulgués tant de règlements. On
eût dit que Menou voulait introduire en Orient la paperasserie
administrative qui caractérise les peuples de l'Europe occidentale,
et particulièrement les Français. Certes, si pour acquérir le renom
de bon administrateur il suffit d'entasser des volumes d'arrêtés,
Menou serait l'administrateur modèle, car il ne resta en Égypte
que quatorze mois, et il eut le temps de publier trois énormes
volumes in-folio, fatras plein de déclamation et d'incohérence. Il
aurait voulu tout réformer en Égypte. Lui qui pourtant avait adopté
la religion mahométane, qui s'était affublé du surnom d'Abdallah
et avait épousé une femme qui n'était ni jeune, ni belle, ni riche,
mais qui descendait de Mahomet, il aurait dû ne pas ignorer que les
Orientaux tiennent à leurs usages : or il avait imposé à ces populations stationnaires et volontairement engourdies dans une apathie
séculaire la minutieuse réglementation des bureaux européens. Il
semblait même avoir pris à tâche de choisir dans notre système
administratif toutes les mesures les plus vexatoires, octrois, douanes,
régime forestier, et les appliquait avec une rigueur intempestive. Il
s'était même attaqué aux costumes nationaux. Nos soldats ne furent

ASSASSINAT DE KLÉBER.

pas à l'abri de ses caprices. Comme il haïssait Kléber, il s'attaqua ouvertement à sa mémoire, et s'opposa à une souscription pour un monument en son honneur. Il obligea le général Damas à donner sa démission, il enleva au général Lanusse le commandement d'Alexandrie; il abreuva Regnier de dégoûts et d'humiliations. Il s'aliéna même par d'injustes défiances Mourad-Bey. En même temps il inventait des partis de colonistes et d'anticolonistes, se mettait à la tête des premiers, et rangeait ses adversaires parmi les seconds; sans égard pour la hiérarchie, il entretenait des correspondances avec des officiers subalternes, encourageait la délation, excitait la jalousie, et créait des divisions dans l'armée. Cet esprit désordonné prenait l'agitation pour l'activité, et remplaçait par le fracas des mots l'absence des idées. Reconnaissons pourtant qu'il noua des relations commerciales avec les peuples de l'Afrique centrale jusqu'au Niger, et qu'il créa des hôpitaux, des écoles et des canaux. Il aimait aussi à s'occuper des travaux de l'Institut d'Égypte, qui n'avait pas interrompu ses séances, et ordonnait de nombreuses fouilles.

Il est vrai que l'armée riait du général, qui n'était plus Français et n'était pas devenu Turc. Avec leur bon sens inné et leur esprit gouailleur, nos soldats ne s'abusaient pas sur la valeur des réformes tentées par Abdallah Menou. Ses collègues enfin, forcés de s'incliner devant les droits de l'ancienneté, n'avaient aucune considération pour leur supérieur hiérarchique et ne dissimulaient pas assez leur mépris. Regnier surtout, esprit fier et ardent, était en discussions continuelles avec le général en chef. Peu à peu se détendaient les liens de la discipline militaire.

L'impulsion donnée par Bonaparte et par Kléber était pourtant si forte, que les bizarreries de cet excentrique général n'eurent d'autre effet que de créer des mécontents, du moins tant que la tranquillité extérieure ne fut pas troublée : mais, peu à peu, les nouvelles devinrent inquiétantes. Les Anglais et les Turcs s'apprêtaient à tenter une nouvelle attaque. On racontait que 20 000 Anglais rassemblés à Minorque pour tenter une descente en Provence avaient reçu contre-ordre et que leur nouvelle destination était Alexandrie. Ils devaient être soutenus par plusieurs milliers de cipayes embarqués déjà en Indoustan, et qui tenteraient une diversion sur les côtes de la mer Rouge. Enfin une quatrième armée turque se rassemblait en Syrie, et s'apprêtait à envahir de nouveau l'Égypte pour en chasser les Français et venger ainsi ses défaites répétées. Peu à peu ces bruits se confirmèrent. On sut officiellement que les 20 000 Anglais étaient arrivés à Macri, non loin de Smyrne, sous le commandement d'Abercromby, que 10 000 cipayes étaient entrés dans la mer Rouge, et que 30 à 40 000 Turcs suivaient les côtes de Syrie, et n'attendaient qu'un signal pour entrer en Égypte.

Bonaparte n'avait pas oublié ses compagnons d'armes. A diverses reprises il leur avait expédié des secours, mais les escadres anglaises couvraient la Méditerranée et rendaient toute descente en Égypte impossible. A la nouvelle de la triple attaque projetée par les Anglais et par les Turcs, il fit partir Ganteaume de Brest avec sept vaisseaux portant cinq mille hommes de débarquement. L'amiral, menacé par des forces supérieures, fut obligé de rentrer à Toulon. Pressé par les ordres impérieux du premier consul, il en sortit à deux reprises, il réussit même à maintenir sa flotte intacte, mais il ne voulut pas accepter le combat avec des vaisseaux avariés, encombrés de soldats et de matériel, et rentra définitivement à Toulon. Les renforts que Ganteaume avait reçu l'ordre de conduire en Égypte devaient être suivis par de nouvelles troupes. Bruix, Dumanoir et Linois, partant de Rochefort et de Cadix, combineraient leurs mouvements pour rallier la flotte espagnole et faire voile tous ensemble pour l'Égypte. Cette combinaison échoua. Seul Linois, avec quatre vaisseaux, rencontra dans la baie d'Algésiras une escadre anglaise de huit vaisseaux commandée par l'amiral Saumarez et soutint contre elle l'honneur du drapeau ; mais il ne put ramener à Cadix qu'une flotte désemparée et hors d'état de tenir la mer, et l'Égypte fut définitivement abandonnée à ses propres ressources.

Or le danger qui menaçait nos soldats d'Orient était grave, et la triple attaque des Anglo-Turcs pouvait devenir dangereuse, si elle était bien combinée, car elle diviserait nos forces. Menou, par conséquent, n'avait qu'à réunir ses forces au centre, aux environs du Caire par exemple, et, à la première nouvelle du débarquement ou des Anglais, ou des Cipayes, ou des Turcs, se porter sur les assaillants, c'est-à-dire qu'il pouvait compenser son infériorité numérique par la rapidité de ses mouvements ; mais il ne sut prendre aucune mesure efficace. Il se contenta d'envoyer le général Friant à Alexandrie pour s'opposer au débarquement des Anglais, et dirigea des troupes, trop disséminées pour être redoutables, à Belbéis contre l'armée turque et à Kosseïr sur la mer Rouge contre les Cipayes.

Les Anglais d'Abercromby débarquèrent les premiers. Les Turcs étaient cette fois décidés à ne pas engager les hostilités avant qu'ils se fussent assurés du concours direct de leurs alliés. Ce devait être une raison pour Menou de ne laisser contre les Turcs qu'un simple corps d'observation et de se porter avec toutes ses forces contre les Anglais. Le général Regnier lui écrivit dans ce sens, et le supplia de lui donner la permission de courir à Alexandrie avec sa division et d'y porter secours à Friant, au lieu de rester inutile à Belbéis pour attendre une armée turque qui ne paraîtrait pas. Menou lui répondit par un refus absolu, et resta au Caire pour y attendre les nouvelles. Elles furent déplorables. Les Anglais débarquèrent à Aboukir et Friant, qui n'avait pas 6000 hommes à opposer à 20 000 soldats européens, pleins de solidité et commandés par d'excellents officiers, ne put que leur tuer beaucoup de monde, mais non pas les empêcher de prendre pied en Égypte (5 mars 1801). Rejoint par le général Lanusse, il essaya de les jeter à la mer, mais il fut de nouveau repoussé et obligé de se replier sous Alexandrie (13 mars). On apprenait au même moment que les Cipayes débarquaient à Kosseïr, et que le grand vizir se décidait à traverser le grand désert de Syrie.

Menou comprit alors la faute qu'il avait commise, mais il était trop tard pour en prévenir les funestes conséquences. Il essaya pourtant de le faire. Comme la ville du Caire, sous l'impression des dernières nouvelles, faisait mine de se soulever, Menou laissa au général Belliard environ 8000 hommes, et se porta avec toutes ses forces disponibles au secours de Friant et de Lanusse. Il réussit à les rejoindre et présenta la bataille aux Anglais. Ce fut l'affaire décisive. Elle se livra non loin de Canope, le 21 mars. Menou avait pris des dispositions absurdes; aussi l'armée française, malgré sa bravoure, fut-elle battue, avec une perte de 3000 hommes. Les Anglais avaient fait des pertes plus cruelles encore. Leur général en chef, Abercromby, avait été tué. Découragés par la mort d'un chef qui possédait leur confiance, affaiblis par leurs pertes, dégoûtés du pays par les chaleurs et la disette d'eau douce, enfin comprenant que le grand vizir était peu disposé à les seconder, les Anglais étaient hésitants et inquiets. Si Menou, sans se laisser abattre par son échec de Canope, était rentré en campagne et avait opéré sa jonction avec la garnison du Caire commandée par Belliard, rien encore n'était perdu; mais il avait perdu la tête et était comme écrasé par le sentiment de sa responsabilité. Il ne sut que se renfermer à Alexandrie et se contenta d'ordonner à Belliard de venir le rejoindre à Ramanich. La prudence la plus vulgaire lui inspirait pourtant l'obligation d'aller au-devant de Belliard, et d'empêcher les Anglais d'occuper cette position centrale. Malgré les prières de Regnier, il ne bougea pas d'Alexandrie, et répéta que Belliard avait bien assez de temps pour le rejoindre à Alexandrie sans qu'il fût obligé de dégarnir cette importante position.

Les Anglais, qui se doutaient de la jonction projetée, se portèrent en toute hâte à Ramanich, occupèrent la ville, et repoussèrent sans peine Belliard, prévenu trop tard de l'imprudence de Menou. Belliard fut obligé de rentrer au Caire, et les Anglais, se portant aussitôt sur Alexandrie, rompent les digues qui séparent la mer du lac Maréotis, isolent par conséquent cette ville du reste de l'Égypte, et en commencent le siège. L'armée française, désarmée, séparée en deux tronçons isolés et sans communication possible, était obligée de borner les opérations militaires à la défense des deux places qui tenaient encore, Alexandrie et le Caire.

Le Caire se rendit le premier. Il est vrai que le général Belliard pouvait à grand'peine y prolonger la résistance. Il n'avait qu'une garnison de 6 à 8000 hommes, fatigués par trois ans de luttes continuelles, et découragés par les défaites des derniers mois. Il leur fallait à la fois résister aux attaques extérieures de 45 000 Anglais ou Turcs, et contenir à l'intérieur une population nombreuse, qui prévoyait la prochaine évacuation de la ville, et cherchait les moyens de se concilier le grand vizir pour éviter sa vengeance, c'est-à-dire était toute disposée à l'aider par une insurrection. L'armée ne pouvait ni tenter une sortie, puisque la révolte éclaterait sur ses derrières, ni battre en retraite sur Damiette, puisque Ramanieh, la clef des digues, était au pouvoir de l'ennemi, ni même s'enfoncer dans la haute Égypte et y opérer sa jonction avec les mamelucks de Mourad-Bey, car elle n'avait aucun moyen de transport. De plus, les vivres

commençaient à manquer, la peste faisait des progrès effrayants, cent
cinquante Français entraient chaque jour au lazaret. Belliard noua
des négociations qui aboutirent à un traité fort avantageux sur les
bases de la convention d'El-Arish. La garnison sortait avec ses
armes, ses bagages et tous les honneurs de la guerre. Tous les indigènes compromis par leur attachement à la France avaient le droit
de nous suivre et d'emporter leurs richesses sans être inquiétés.
Enfin la flotte anglaise se chargeait de conduire en France jusqu'au
dernier de nos hommes. Ces conditions étaient honorables, mais
l'armée d'Orient les avait méritées par la constance de son héroïsme,
et d'ailleurs les Anglais et les Turcs redoutaient une seconde édition
d'Héliopolis. De part et d'autre le traité fut scrupuleusement exécuté. Belliard sortit du Caire le 27 juin avec 14 000 individus, combattants ou non combattants, et s'embarqua sur les vaisseaux
anglais. Il ramenait avec lui le corps de Kléber, qui fut salué par les
salves réitérées des trois armées française, anglaise et turque.

Restait Alexandrie. Cette ville était plus facile à défendre que le
Caire. Elle était entourée de solides ouvrages et on pouvait la ravi-
tailler : aussi les Anglais se contentèrent-ils longtemps de la bloquer.
Mais, quand la capitulation du Caire eut rendu disponible l'armée
considérable qui l'assiégeait, les travaux furent poussés avec plus
d'activité. De son côté, Menou, qui avait appris que des négociations
pour la paix définitive étaient engagées, et qui comprenait que la
conservation ou la prise d'Alexandrie était un des principaux objets
de la discussion, était résolu à tenir jusqu'à la dernière extrémité ;
mais il prit de si mauvaises dispositions, que les Anglais s'empa-
rèrent du Marabout, le seul endroit par lequel nous pouvions espérer d'être ravitaillés, et nous rejetèrent sous les murs de la place.
On pouvait encore prolonger la défense en considérant Alexandrie
comme un grand camp retranché et en conservant au centre une
réserve qu'on aurait opposée à l'ennemi sur les points où il aurait
attaqué l'enceinte; mais les vivres et l'eau allaient manquer. On n'en
avait plus que jusqu'aux premiers jours d'octobre. Les soldats ne
recevaient depuis longtemps que du pain moitié blé et moitié riz, et
de la viande de cheval. Ils ne buvaient que de l'eau saumâtre. Aussi
la garnison était-elle attaquée par le scorbut. Il y avait deux cents
malades dans les hôpitaux, les hommes valides suffisaient à peine

au service des forts; 3000 hommes ne pouvaient que difficilement prolonger la résistance contre 60 à 70 000 assiégeants.

Comme il était temps encore d'obtenir des conditions favorables, on entama des négociations. Elles aboutirent à la capitulation du 30 août. Menou obtenait les mêmes conditions que Belliard, sauf qu'il livrait à l'Angleterre les derniers débris de notre flotte renfermée dans le port d'Alexandrie, trois frégates et quelques autres petits bâtiments. Il s'embarqua avec 11 000 soldats, ouvriers et employés.

Ainsi se termina l'expédition d'Égypte, par les maladresses d'un général qui détruisait par sa seule influence les combinaisons les mieux fondées et les espérances les plus légitimes; mais l'armée d'Orient n'en mérite pas moins notre admiration. Tous, officiers et soldats, appréciant par l'opiniâtreté que les ennemis mettaient dans leurs attaques réitérées combien la possession de l'Égypte serait utile à leur patrie, tous avaient lutté d'héroïsme et de constance. Aussi les revers de la dernière campagne n'atteignaient pas sa gloire, car elle avait longtemps résisté à un ennemi supérieur en nombre, et obtenu de lui des conditions qui prouvaient combien cet ennemi l'avait en estime.

La ligue des neutres dissoute, le Portugal arraché aux étreintes de la France, Malte conquise, l'Égypte évacuée, c'étaient là de véritables succès pour le cabinet anglais, et il semblait que ses prétentions devaient grandir avec la fortune. Mais Bonaparte venait de signer la paix de Lunéville. L'Autriche était résolue, pour rentrer en lutte, à attendre des temps meilleurs. La Prusse et la Russie observaient une stricte neutralité. L'Espagne, la Hollande, la Suisse, les républiques italiennes étaient nos alliées. Le premier consul n'avait plus à redouter que l'hostilité de l'Angleterre, et il était certain qu'il allait concentrer ses efforts contre ce dernier adversaire. Peu à peu s'était formée dans son esprit une conception gigantesque. Il voulait combattre l'Angleterre en Angleterre même, la prendre pour ainsi dire corps à corps, en débarquant dans l'île une armée française. Batteries et redoutes s'élevaient comme par enchantement sur nos côtes. Chaloupes canonnières et bateaux plats se rassemblaient dans les ports de la Manche, surtout à Boulogne, et toute une armée se disposait à tenter le passage. Peut-être était-ce un

épouvantail plutôt qu'un armement sérieux : mais l'Angleterre prit
l'alarme. Après tant de victoires sur toutes les mers, n'était-elle pas
réduite à défendre ses rivages, et les corsaires français ne pous-
saient-ils pas l'audace jusqu'à venir capturer des navires anglais en
vue de l'Angleterre? Il ne fallut rien moins pour la rassurer que le
vainqueur d'Aboukir, Nelson, qui promit de détruire ces « coquilles
de noix » que Latouche-Tréville rassemblait à grand bruit à Boulogne; mais il échoua dans une première tentative faute de pouvoir aborder la flotille, et, dans la seconde, contrarié par la marée,
il ne put triompher de la résistance de nos chaloupes.

Cet échec inattendu détermina un mouvement d'opinion en
faveur de la paix. De part et d'autre, en France comme en Angleterre, l'amour-propre national se trouvait hors de toute atteinte.
Ne valait-il pas mieux s'entendre, moyennant quelques concessions réciproques, plutôt que de s'exposer à quelque revirement
soudain qui compromettrait les résultats acquis? D'ailleurs assez
de sang avait coulé, assez de trésors avaient été dissipés. Si on
ne pouvait arriver à une entente parfaite sur tous les points en
litige, d'un commun accord on les passerait sous silence, et, puisqu'on était également fatigué de la guerre, on s'accommoderait
d'une transaction qui ménagerait les principaux intérêts engagés. Ce
fut dans cet esprit de ménagements réciproques que furent signés le
1er octobre 1801 les préliminaires de Londres. Ils stipulaient la restitution à la France et à ses alliés de toutes les colonies perdues, sauf
Ceylan et la Trinité ; ils stipulaient en outre la restitution de l'Égypte
à la Turquie, de Malte aux chevaliers de Saint-Jean, de Minorque à
l'Espagne et l'intégrité du Portugal, de Naples et des États Romains. Il
n'était parlé ni de Gênes, ni de l'Hindoustan, ni de la Toscane, ni du
Piémont, ni de la Suisse, ni des difficultés commerciales à régler
entre les deux pays : c'étaient autant de questions réservées, qu'il
était impossible de résoudre sans continuer la guerre, et on était
las de la guerre.

Les négociations pour la paix définitive s'ouvrirent à Amiens.
Nous n'avons pas à en raconter ici les diverses alternatives. Après
cinq mois de pourparlers et parfois de discussions très vives, le traité
fut signé le 25 mars 1802. Il confirmait presque tous les articles
des préliminaires de Londres. Il n'y avait d'exception que pour

Malte, rendu aux chevaliers sur la triple garantie de la Russie, de la Prusse et de l'Autriche, avec invitation au roi de Naples d'y tenir garnison jusqu'au moment où l'ordre serait reconstitué. Les îles Ioniennes étaient reconnues indépendantes, sous le protectorat de la Russie.

Ce traité fut mal accueilli par l'aristocratie anglaise, car l'Angleterre paraissait ne recueillir comme prix unique de dix ans de guerre et de tant de sacrifices que les deux îles de Ceylan et de la Trinité : aussi le cabinet déclara-t-il que « la nécessité l'avait forcé à choisir la paix comme le moindre des maux ». Lord Hawkesbury eut même l'imprudence d'ajouter « que c'était un traité accordé à regret et par forme d'épreuve ». Le peuple anglais en jugea autrement. Sa joie fut extrême, et lorsque Lauriston arriva à Londres pour l'échange des ratifications, les rives de la Tamise retentirent des cris de « Vive Bonaparte ! »

En France le traité fut bien reçu par tout le monde ; car il assurait, avec celui de Lunéville, notre grandeur extérieure, et permettait à toutes les classes de la société de se livrer en toute sécurité aux travaux trop longtemps interrompus du commerce et de l'industrie. Seul peut-être dans toute la nation, le premier consul savait que cette prétendue paix n'était qu'une trêve passagère, car trop de questions avaient été laissées sans solution. Au moins résolut-il de profiter de ce répit pour consolider son pouvoir, et avant tout, pour essayer de reconstituer l'empire colonial français, si singulièrement compromis par les guerres de la fin du XVIIIe siècle.

CHAPITRE V

Saint-Domingue fut longtemps la plus belle et la plus florissante de nos colonies. Les Français ne s'y étaient établis que dans les dernières années du règne de Louis XIII. Quelques flibustiers de la Jamaïque, quelques boucaniers de l'île de la Tortue s'étaient alors fixés à demeure autour du Cap et de Port-au-Prince, et, avec le concours de leurs esclaves nègres, avaient commencé des plantations qui devinrent bientôt fort importantes. Peu à peu les nouveaux arrivants refoulèrent les Espagnols dans la partie orientale de l'île, et en 1697, par la paix de Ryswick, l'Espagne fut obligée de faire à la France l'abandon définitif de tous les cantons occupés ou plutôt usurpés. Dès lors s'ouvre pour Saint-Domingue une période de prospérité extraordinaire. La population augmente, car de nombreux cadets de famille noble ne croient pas déroger en cherchant dans cette nouvelle terre promise la fortune qu'ils ne trouvaient pas en France, et les bourgeois du Sud-Ouest, surtout dans les pays de basse Dordogne, de Gironde et d'Adour, émigrent en foule. Pendant un siècle, ce sont les planteurs de Saint-Domingue qui fournirent presque toute l'Europe de coton et de sucre. Il est vrai que les nègres faisaient tous les frais de cette prospérité. Les traitants étaient directement encouragés par les ordonnances royales. On leur accordait une prime de dix livres par tête de nègre débarqué aux colonies et un Code noir d'une ingénieuse férocité perpétuait ce régime inique. En

1789 on comptait près de cinq cent mille esclaves dans la partie française de l'île. Au-dessus de cette population servile vivaient dans une situation indécise, méprisés par les blancs et détestés par les nègres, environ trente mille mulâtres et hommes de couleur. Ils étaient dominés par un nombre égal de blancs, les uns dits petits blancs, commerçants, boutiquiers, gens d'affaires, les autres dits grands blancs, planteurs ou propriétaires : en sorte que cet édifice de grandeur et de prospérité reposait sur l'exploitation, au profit d'une aristocratie peu nombreuse, de classes serviles ou misérables et qu'au fond des cœurs germait le levain de convoitises inassouvies et de rancunes séculaires.

Sur ce terrain brûlant les nouveaux principes de liberté et d'égalité, proclamés en 1789 par la métropole, provoquèrent une formidable explosion. Haines de race, rivalités de caste, préjugés et traditions, tout se heurta, tout se confondit dans un déchaînement d'horreurs, et Saint-Domingue devint le théâtre d'une guerre civile, qui peut-être n'est pas encore achevée à l'heure actuelle, et qui semble avoir fait expier à cette île infortunée sa prospérité d'autrefois.

Ce sont les mulâtres qui les premiers se soulevèrent contre l'ancien ordre de choses ; mais, bien que revendiquant à leur profit les droits politiques que venait de leur accorder la Constituante, ils répudièrent toute solidarité avec les nègres, et attestèrent par la voix de leur chef, Ogé, qu'ils entendaient maintenir l'esclavage. Les blancs consternés avaient d'abord cédé à leurs demandes ; mais, la Constituante ayant rapporté son décret, les mulâtres coururent aux armes. Les nègres, de leur côté, se soulèvent contre leurs oppresseurs communs, blancs ou mulâtres ; ils se jettent dans les solitudes de l'intérieur, les mornes, et commencent une lutte inexpiable, où ils rivalisent de cruauté avec leurs ennemis. Les blancs à leur tour se divisent entre eux. Royalistes ou républicains, au lieu de s'unir contre les révoltés, ne savent que se proscrire et s'entre-déchirer. Les Anglais et les Espagnols profitent de ces luttes fratricides, et pendant que sont incendiées les plantations, pendant que s'écroulent les châteaux somptueux et les villas élégantes dont la fantaisie des planteurs avait semé l'île entière, pendant que se tarissent pour de longues années les sources de la prospérité nationale, les ennemis s'emparent les uns après les

autres des principaux points stratégiques, et menacent de nous enlever cette perle de notre couronne coloniale.

La Convention nationale, mieux inspirée, proclama la liberté de
tous, et par conséquent l'affranchissement des nègres. Ceux-ci renoncèrent aussitôt à la lutte et se joignirent même à nos derniers soldats
pour chasser les Anglais et refouler les Espagnols. C'est alors que
parut en scène un homme extraordinaire, un ancien esclave, Toussaint Louverture, qui réussit à rendre pour quelques années la paix
à Saint-Domingue, et qui l'aurait conservée, soit sous la domination
directe, soit sous le protectorat de la France, si, au lieu de le combattre, nous nous étions franchement et résolument associés à sa
politique réparatrice.

Toussaint était né dans l'esclavage, sur la plantation Bréda, près
du Cap, en 1743. D'abord pâtre, puis cocher de l'habitation à laquelle
il appartenait, il avait appris à lire et à écrire, et s'était fait remarquer par son intelligence ou plutôt par sa prodigieuse faculté
d'assimilation. Lorsque commencèrent les troubles, il ne tarda pas
à jouer un rôle prépondérant. Choisi en 1791 par les nobles pour
soulever les nègres et les opposer à la fois aux mulâtres et aux petits
blancs, il organisa les premières bandes noires qui tinrent la campagne, et ne tarda pas à exciter les craintes de ses alliés par l'ascendant incroyable qu'il prit bientôt sur ses fanatiques auxiliaires et
les talents administratifs dont il donna la preuve. Traité en suspect,
il s'enfuit dans les mornes et ne tarda pas à devenir le principal con-
ducteur des nègres révoltés. En 1794 il passa au service de la République française, qui reconnut le titre de général dont il s'était affublé et lui donna pleins pouvoirs. Toussaint en profita pour expulser
les Espagnols et les Anglais, et surtout pour préparer sa domination
sur l'île entière. Il avait en effet formé le projet de créer à Saint-
Domingue, en courbant toutes les races sous le niveau d'une obéissance commune, une république indépendante, sous la protection
nominale de la France, et dont il deviendrait le chef incontesté. Ses
projets furent longtemps cachés, car il était passé maître dans l'art
de la dissimulation; mais il ne se détourna pas un instant de la voie
qu'il s'était tracée, et travailla, avec une incroyable persévérance, à
atteindre le but de son ambition. Espagnols, Anglais, anciens colons,
mulâtres ou nègres, il brisa, il massacra tout ce qui lui résistait ou

refusait de se rallier à lui. Secondé par d'impitoyables lieutenants, Moïse, Christophe, et surtout par le féroce Dessalines, il fit exécuter ses ordres en toute rigueur. Dessalines parcourait les quartiers insoumis, suivi de nègres armés de fouets. Nègres ou mulâtres, dont

TOUSSAINT LOUVERTURE.

l'attitude paraissait hostile, étaient aussitôt flagellés, et c'était en tournant sa tabatière d'une certaine façon qu'il prescrivait le nombre de coups à infliger. D'autres signes devenaient des arrêts de mort irrévocables qu'on exécutait pendant la nuit, et, s'il baissait la tête, tout de suite. Près de dix mille insulaires périrent ainsi, victimes des défiances du dictateur.

. . Toussaint, il est vrai, racheta ces crimes par ses services. C'est lui
seul qui, par une sévérité devenue nécessaire, rétablit les éléments
d'une société civilisée parmi ces esclaves d'hier, affranchis de la veille,
qui, n'étant plus retenus par la crainte de leurs maîtres, revenaient
peu à peu à l'état sauvage ; lui qui termina la guerre civile en imposant à tous les partis le joug d'une obéissance uniforme ; lui qui
réorganisa la justice et l'administration ; lui encore qui fit renaître
le travail et le commerce : cette prompte restauration fut un véritable
coup de génie. Il imagina, tout en respectant les bienfaits de la
liberté dont jouissaient depuis si peu de temps ses frères d'origine,
de les astreindre au travail, mais à un travail rémunérateur. Ils
eourent droit dorénavant au quart du produit brut, mais furent obligés de travailler cinq ans de suite sur les terres qu'on leur confiait.
De ces terres, Toussaint abandonna la plus grande partie à ceux de
leurs anciens possesseurs qui, pleins de confiance dans le nouveau
système, étaient revenus à Saint-Domingue. Quant aux biens des
émigrés, ils furent séquestrés comme les domaines nationaux en
France, et affermés à des officiers noirs, qui se procurèrent ainsi à
peu de frais d'énormes revenus. Aussi le travail avait-il vite repris
dans l'île entière. En 1801, grâce à cette salutaire tyrannie, les
plantations étaient aussi florissantes qu'en 1789. Comme les nouveaux propriétaires n'étaient pas, ainsi que les colons de jadis,
chargés de dettes et obligés de déduire de leurs bénéfices l'intérêt
des capitaux empruntés, ils se contentaient de profits moindres : aussi
le commerce avait-il pris une grande extension. Les étrangers, surtout les Américains des États-Unis, étaient accueillis avec plaisir
dans les ports de l'île et y échangeaient à bon compte les produits
européens contre les denrées dominicaines. Grâce à ces échanges
incessants, quelques villes, le Cap, Port-au-Prince, les Cayes,
avaient retrouvé leur ancienne splendeur. Déjà se bâtissaient dans
les campagnes, à l'usage des officiers noirs, de splendides villas, qui
rivalisaient de luxe et d'élégance avec les habitations si renommées
des anciens planteurs.

Afin d'assurer la tranquillité, et en même temps pour consolider
son pouvoir, Toussaint avait organisé une armée coloniale. Près de
20 000 soldats avaient été répartis en demi-brigades, sur le modèle
des régiments français. Bien payés, bien nourris, commandés par des

LE CAP HAÏTIEN AU TEMPS DE LA POSSESSION FRANÇAISE.

officiers braves et dévoués, Maurepas, Laplume, Clervaux, ces soldats habitués au climat de l'île et à la seule tactique possible sur ce sol tourmenté, à la guerre d'embuscades, étaient assez redoutables. Ils avaient déjà défendu Saint-Domingue contre les tentatives répétées des Anglais pour s'en emparer. Ils s'attachaient à leur nouvelle patrie, et étaient tout dévoués à leurs chefs. En dehors de l'armée régulière, et prévoyant la nécessité d'une résistance nationale, Toussaint avait encore distribué des armes et des munitions à tous les cultivateurs. Il ne cessait de leur répéter que la liberté des noirs reposait sur la conservation de ces instruments de défense, et il s'assurait de leur bon état par des revues fréquentes. C'est dans ces revues que parfois il se donnait des airs inspirés et excitait jusqu'au fanatisme le dévouement des noirs à sa personne. Afin d'être mieux compris, il leur parlait en paraboles. Dans un verre plein de grains de maïs noir il mêlait quelques grains de maïs blanc, et disait à ceux qui l'entouraient : « Vous êtes le maïs noir; les blancs qui voudraient vous asservir sont le maïs blanc. » Puis, remuant le vase, il le présentait à leurs yeux fascinés en s'écriant : « Guetté blanc, ci là là ! » c'est-à-dire, voyez ce que sont les blancs par rapport à vous.

Toussaint, par un coup d'audace, mit le comble à la prospérité de Saint-Domingue en s'emparant de la partie espagnole de l'île, qui avait été cédée à la France par l'Espagne, lors du traité de Bâle du 22 juillet 1795. Les autorités espagnoles n'auraient pas mieux demandé que de s'opposer à cette annexion, mais Toussaint avait mis en mouvement toutes les divisions de son armée, et était entré sans coup férir à Saint-Domingue. La réunion sous une seule domination des deux parties de l'île avait produit d'excellents résultats. La partie espagnole nourrissait en abondance les bestiaux et les bêtes de somme qui manquaient à la partie française, mais elle était dépourvue de sucre, de café, de coton : l'équilibre s'établit aussitôt. En outre, la surveillance devint plus facile, car les nègres qui voulaient se soustraire au travail et avaient jusqu'alors trouvé dans les montagnes de la partie espagnole un asile à peu près inviolable, ne purent désormais échapper aux recherches de la police noire.

Ce grand succès augmenta la confiance et l'ambition de Toussaint. Il se crut appelé à devenir le fondateur d'un État nouveau, et dès lors affecta les airs et le train d'un monarque. Des trois races répandues dans l'île, il détestait l'une, celle des mulâtres, et la traitait avec une sorte de mépris. Il comblait au contraire de soins et de prévenances les blancs, à condition qu'il obtînt d'eux quelques témoignages de respect et d'estime. Quant aux noirs, il les menait avec sévérité, mais avec justice. Il avait surtout grand soin de se poser à leurs yeux comme le protecteur de la liberté et leur promettait de défendre jusqu'à la mort ce bien si chèrement acquis. Aussi les mulâtres par peur, les blancs par intérêt, les nègres par reconnaissance étaient-ils pleins de déférence pour ce glorieux parvenu. Ils admiraient son esprit d'ordre et d'économie, sa vigilance et surtout son incroyable activité. Toussaint avait en effet disposé des relais dans l'île entière. Il se transportait d'un point sur un autre, faisant parfois trente ou quarante lieues dans le même jour, toujours prêt à punir le délit qui lui avait été signalé. Défiant comme les tyrans d'autrefois, il aimait à changer de résidence, et laissait à dessein planer la plus grande incertitude sur ses séjours. Il aimait surtout une habitation retirée dans les montagnes nommées les mornes du Chaos. C'est là qu'il enterrait ses amas d'argent et ses dépôts d'armes.

Tel était le personnage singulier qui avait réussi à rétablir à Saint-Domingue l'ordre et la prospérité ; tel était le dictateur qui, en si peu de temps, par le seul ascendant de ses hautes facultés, avait créé un État, et appelé à l'exercice de ses droits politiques une race jusqu'alors jugée incapable même de s'élever jusqu'à la conception de ces droits.

L'Angleterre par égoïsme et la France par sympathie avaient assisté avec intérêt à cette prompte restauration. Le cabinet anglais, qui poursuivait sans trêve ni relâche sa grande idée de la ruine du commerce et des colonies françaises, aurait bien voulu pouvoir mettre la main sur Saint-Domingue, sur cette reine des Antilles, si riche, si féconde, si magnifiquement située pour assurer à son possesseur la domination dans ces parages : aussi n'avait-il épargné à Toussaint ni les flatteries intéressées, ni les prévenances, car il croyait que le dictateur nègre, se défiant de la France et ayant besoin de la protection d'une grande puissance, préparerait les voies à la domination anglaise. Les Anglais étaient même allés jusqu'à lui offrir la royauté de Saint-Domingue et la reconnaissance immédiate de cette

7

royauté, à la seule condition de leur assurer le commerce de la colonie. A leur grande surprise, Toussaint avait refusé, et refusé pour deux motifs. D'abord il n'aimait pas les Anglais : il redoutait en eux de futurs oppresseurs, car il n'ignorait pas que seuls ils avaient une marine capable de rendre effective leur autorité sur l'île. En outre il avait conservé pour la nation dont il avait été l'esclave, une sympathie qu'il ne cherchait même pas à s'expliquer. La France était alors la première puissance militaire du monde. L'éclat de ses récentes victoires était prodigieux. Appartenir même de loin à cette brillante nation, être le collègue de ces généraux dont les noms retentissaient dans les bulletins, être l'objet des prévenances et des attentions de ce Bonaparte, dont la jeune renommée éclipsait déjà celle de tous les contemporains, telle était la secrète ambition de Toussaint. Il voulait rester le maître à Saint-Domingue, mais avec le consentement ou, si l'on préfère, sous le protectorat de la France. Aussi était-il disposé à reconnaître l'autorité nominale de la France, à bien accueillir ses négociants et ses marins, à leur accorder tous les privilèges compatibles avec la sécurité de l'île. Telle devait être cette République Dominicaine, qu'il eût été si facile de rattacher pour toujours à la France par le double lien de la reconnaissance et de l'intérêt.

La France, en effet, n'avait pour ainsi dire qu'à laisser faire Toussaint, qui se serait volontiers considéré comme l'exécuteur de ses volontés. La Convention et le Directoire avaient presque reconnu cette nécessité. Sans doute des commissaires français avaient toujours résidé à Saint-Domingue, Polverel, Sonthonax, Hédouville, mais ils n'avaient jamais été investis de pouvoirs extraordinaires, et d'ailleurs Toussaint, tout en les comblant d'honneurs, les avait amenés à renoncer d'eux-mêmes à leur mandat. N'est-ce pas l'un d'entre eux, Polverel, qui, étonné des succès croissants de Toussaint, s'écria un jour : « Mais cet homme fait ouverture partout ! » Le mot fut répété et bientôt les nègres donnèrent à leur chef aimé le surnom qu'il a gardé dans l'histoire, Louverture. Un autre commissaire, Sonthonax, envoyé à Saint-Domingue en 1796, essaya de lutter d'habileté. C'est lui qui, espérant réduire Toussaint à des attributions purement militaires, lui conféra le titre de général en chef de l'armée coloniale. Il ne réussit qu'à augmenter la puissance du dicta-

teur, et se vit bientôt forcé de rentrer en France, sous prétexte d'y
remplir son mandat de député. Le général Hédouville ne fut pas
plus heureux. Toussaint ne tarda pas à le renvoyer, « parce qu'il
méconnaissait les intérêts de la mère patrie et lui demandait des
choses funestes ». C'est ainsi que, sans jamais cesser de reconnaître
les droits de la métropole, et tout en affectant pour elle les sentiments d'un fils dévoué, Toussaint avait réussi à se maintenir, et
même à se rendre indispensable.

Sur ces entrefaites Bonaparte devint premier consul. Très occupé
à consolider son pouvoir et à lui donner comme la consécration de
la victoire, il ne songea d'abord aux colonies, et spécialement à
Saint-Domingue, que pour y maintenir le *statu quo*. Le 25 décembre
1799 il rédigea une proclamation fort élogieuse adressée aux nègres ·
et chargea l'ingénieur Vincent, le général Michel et les agents Rai-
mond et Roume de la porter à Toussaint. « Les consuls de la République, y était-il dit, en vous annonçant le nouveau pacte social,
vous déclarent que les principes sacrés de la liberté et de l'égalité des
noirs n'éprouveront jamais parmi vous d'atteinte ni de modifica-
tion. S'il est dans la colonie de Saint-Domingue des hommes mal
intentionnés, s'il en est qui conservent des relations avec des puissances ennemies, braves noirs, souvenez-vous que le peuple français
seul reconnaît votre liberté et l'égalité de vos droits. » Quelques
mois plus tard, le 2 mai 1800, une seconde proclamation confirma
toutes ces promesses : « Quelle que soit votre couleur, vous êtes
égaux et également chers au gouvernement. Un des premiers regards
des consuls s'est tourné vers vous; ils ont pris des mesures pour
mettre fin à la guerre civile. Secondez les vues et les efforts du gouvernement, et bientôt Saint-Domingue, cultivé par des mains libres,
ne présentera plus qu'un peuple de frères, et redeviendra un objet
d'orgueil pour la France et de jalousie pour le reste de l'univers. »
Les agents de Bonaparte avaient reçu l'ordre de traiter Toussaint avec
grande considération : « Ne lui donner aucun ombrage, le guider et
diriger ses efforts et son esprit pour le maintien de l'ordre, de la
tranquillité, de l'agriculture, voilà toutes les instructions à donner. »
Le premier consul était si bien persuadé de la nécessité de ménager
le dictateur, qu'il poussait la précaution jusqu'à chercher à se concilier son entourage. «Vous me présenterez, écrivait-il au ministre de

la marine (25 octobre 1800) un projet de ce qu'il y.aurait à faire
pour se concilier Toussaint sans lui donner un trop grand accroissement de pouvoir. Il est nécessaire que vous me proposiez les dis-
tinctions à accorder à quatre ou cinq de ses lieutenants qui ont le
plus d'influence. » Quant à Toussaint, il lui adressait directement
deux lettres, et dans l'une d'entre elles, à la date du 5 novembre, il
l'assurait de son estime particulière. Il semblait donc que le *statu
quo* était de part et d'autre adopté en principe, et que, moyennant
certaines concessions réciproques, Saint-Domingue continuerait,
sous la protection de la France, à jouir d'une autonomie si péniblement acquise.

Ce calme était trompeur. En réalité Bonaparte n'attendait qu'une
occasion pour faire rentrer la colonie sous l'autorité directe de la
métropole, et cette occasion, les paix de Lunéville et d'Amiens
allaient la lui offrir, en rendant disponibles flottes et armées.

Toussaint Louverture s'abusa sur ces témoignages de sympathie
et crut sa cause gagnée. Pas plus à lui qu'à tout autre détenteur de
l'autorité ne manquaient les flatteurs. On lui persuada qu'il était
aux Antilles l'égal de Bonaparte en Europe, et qu'il devait y jouir de
la même situation. Le Bonaparte des noirs, ainsi qu'il aimait à être
appelé, songea dès lors non pas seulement à consolider, mais à per-
pétuer son pouvoir. Il convoqua le conseil de l'île pour rédiger une
constitution. C'était une œuvre informe, d'après laquelle le conseil
votait les lois, et le gouverneur général les sanctionnait et les faisait
exécuter. Toussaint, comme de juste, fut nommé gouverneur général
et de plus gouverneur à vie, avec faculté de désigner son successeur.
Il n'était question de la France et de ses droits que pour une question de forme. La nouvelle constitution devait lui être soumise pour
être approuvée; mais, cette approbation une fois donnée, le conseil
de l'île redevenait souverain, et le gouverneur général exerçait la
plénitude du pouvoir.

Il y avait là une usurpation évidente. Toussaint, mal conseillé par
ses flatteurs, ou peut-être égaré par un amour-propre qui grandissait avec l'âge, ne comprit pas tout ce que cette déclaration de quasi
indépendance cachait de dangers. Le premier des noirs, ainsi qu'il
s'intitulait peu modestement, voulait être à Saint-Domingue, en droit
et en fait, ce qu'était en France le premier des blancs, et prétendait

ne traiter avec le consul que de pair à compagnon. Quelques-uns de ses amis, entre autres le colonel Vincent, essayèrent de lui faire comprendre que la situation n'était pas la même et ne lui cachèrent pas que, s'il provoquait par ses prétentions et ses imprudences une expédition française, il périrait dans cette lutte inégale. Toussaint repoussa ces sages avis, et expédia Vincent en France, avec mission de faire agréer la nouvelle constitution et de demander en outre la confirmation de tous les grades militaires accordés aux officiers noirs.

Tant que le dictateur avait reconnu les droits supérieurs de la France et affirmé sa résolution de resserrer les liens qui unissaient la colonie à la métropole, Bonaparte s'était contenté de sourire de l'outrecuidance de son pseudo-collègue. Il consentait également à confirmer dans leurs grades tous les officiers improvisés par Toussaint; mais il repoussa énergiquement la constitution qu'on soumettait à son approbation, et déclara que Saint-Domingue continuerait à faire partie intégrante de la France. Toussaint deviendrait lieutenant-général commandant à Saint-Domingue, mais sous les ordres directs d'un capitaine-général français, investi de pouvoirs extraordinaires, et soutenu, pour faire respecter ses volontés, par toute une armée. C'était un conflit en perspective.

Libre de toute préoccupation extérieure grâce aux paix de Lunéville et d'Amiens, Bonaparte avait formé le dessein de rétablir la grandeur coloniale de la France, et c'est par Saint-Domingue qu'il voulait commencer cette œuvre de réparation nationale. On a prétendu que de tout autres motifs le poussèrent à cette expédition. L'armée du Rhin, les soldats que Moreau venait de conduire à la victoire, était imbue de sentiments républicains. Généraux et officiers ne cachaient pas leur peu de sympathie pour le nouveau régime. Disperser en les expédiant aux Antilles ces opposants qui pouvaient devenir dangereux, ou même les envoyer à une mort certaine sous un climat meurtrier et dans de déplorables conditions, telles auraient été les machiavéliques intentions du premier consul, lorsqu'il organisa l'armée destinée à réoccuper Saint-Domingue. Il aurait même dévoilé ses secrets désirs dans la proclamation célèbre où il annonçait la future expédition : « S'il reste encore des hommes que tourmente le désir de haïr leurs concitoyens ou qu'aiguise le souve-

nir de leurs pertes, d'immenses contrées les attendent. Qu'ils osent
aller y chercher des richesses et l'oubli de leur infortune et de leurs
peines. Les regards de la patrie les y suivront. Elle secondera leur
courage. » L'expédition projetée n'aurait donc été qu'un dérivatif à
des ambitions ou à des rancunes. Pourtant nous avons peine à croire
que le premier consul se soit froidement déterminé à envoyer à la
mort tant de milliers de ses compagnons d'armes. Sans doute il
jugeait l'entreprise difficile et dangereuse, mais pourtant praticable,
et ce n'est pas avec l'unique pensée de se débarrasser de quelques
mécontents, mais dans la louable intention de reconstituer notre
empire colonial, qu'il prépara l'expédition.

Ce qui est beaucoup plus grave, c'est que le premier consul avait
l'intention bien arrêtée de rétablir à Saint-Domingue, en même
temps que la domination française, tous les abus de l'ancien régime.
Il était en un mot déterminé, malgré les engagements et les promesses, à rétablir l'esclavage. A la Martinique, à Tabago, à Sainte-
Lucie, à la Guyane, aux îles de France et de la Réunion, il avait déjà
rendu à l'esclavage son existence légale. A la Guadeloupe il venait
d'envoyer le général Richepanse, avec ces terribles instructions : « La
première de toutes les mesures à prendre paraît être d'établir
l'esclavage à la Guadeloupe comme il l'était à la Martinique, en
ayant soin de garder le plus grand secret sur cette mesure, et en
ayant le choix du moment pour la publier. » Saint-Domingue ne
pouvait échapper à la loi commune. Il ne s'agissait que de ménager
la transition. C'était si bien la pensée secrète du premier consul,
que Talleyrand, chargé de notifier aux Anglais l'expédition projetée,
reçut l'ordre de rédiger une note où il s'évertuait à prouver que
l'empire des noirs se serait tôt ou tard établi dans l'île, et que dans
ce cas « le sceptre du nouveau monde serait tôt ou tard tombé entre
les mains des noirs, et que la secousse qui en résulterait pour
l'Angleterre serait incalculable ». Il annonçait en outre son intention
d'anéantir le gouvernement des noirs et de leur enlever la liberté
qu'ils avaient usurpée, car « l'intérêt de la civilisation est de
détruire la nouvelle Alger qui s'organise au milieu de l'Amérique ».

Il eût été dangereux de dévoiler trop tôt la pensée intime du
cabinet français; dangereux même d'annoncer trop tôt le départ de
l'expédition. Toussaint reçut donc de nouvelles assurances d'amitié.

Le premier consul, en même temps qu'il lui expédiait son brevet de lieutenant-général, lui adressa une lettre flatteuse : « Le gouvernement ne pouvait pas vous donner une marque plus grande de confiance. Employez tout entière votre influence à maintenir la paix, à encourager l'agriculture. Disciplinez et organisez les gardes nationales et le corps des troupes soldées, etc... » Quant aux insulaires, une proclamation emphatique les confirma dans la possession de leurs droits politiques : « Quelle que soit votre origine et votre couleur, vous êtes tous Français ; vous êtes libres et tous égaux devant Dieu et la République. » Mais, en même temps, on leur annonçait la prochaine arrivée du capitaine-général nommé par la métropole, et on les engageait à lui obéir : « Ralliez-vous autour du capitaine-général. Il vous apporte l'abondance et la paix. Qui osera se séparer de lui sera un traître à la patrie, et la colère de la République le dévorera, comme le feu dévore vos cannes desséchées. »

Quelques semaines plus tard, le 18 novembre 1801, Bonaparte adressait à Toussaint une nouvelle lettre beaucoup plus explicite, pour lui annoncer la prochaine arrivée du nouveau capitaine-général et le mettre en demeure de se soumettre ou de se déclarer nettement contre la France. Il commençait par énumérer tous les services rendus par Toussaint. « Si le pavillon de la France flotte sur Saint-Domingue, c'est à vous et aux braves noirs que nous le devons. Appelé par vos talents et la force des circonstances au premier commandement, vous avez détruit la guerre civile, mis un frein à la persécution de quelques hommes féroces, etc. » Le premier consul n'hésitait pas à déclarer qu'il ne pouvait néanmoins accepter la constitution improvisée par Toussaint. « Elle renferme beaucoup de bonnes choses, mais en contient qui sont contraires à la dignité et à la souveraineté du peuple français, dont Saint-Domingue ne forme qu'une portion. » Aussi le premier consul espère-t-il que Toussaint acceptera les changements introduits. « Une contraire conduite serait inconciliable avec l'idée que nous avons conçue de vous. Elle vous ferait perdre vos droits nombreux à la reconnaissance et aux bienfaits de la République et creuserait sous vos pas un précipice qui, en vous engloutissant, pourrait contribuer au malheur de ces braves noirs dont nous aimons le courage, et dont nous nous verrions avec peine obligés de punir la rébellion. » Il terminait par

cette importante déclaration : « Songez que, si vous êtes le premier
de votre couleur qui soit arrivé à une si grande puissance, et qui se
soit distingué par sa bravoure et ses talents militaires, vous êtes
aussi, devant Dieu et nous, le principal responsable de leur conduite. »

Est-il vrai, comme l'ont affirmé divers historiens, que cette lettre
n'était destinée qu'à endormir les défiances du dictateur, et que le
nouveau capitaine-général, Leclerc, seul confident des projets
consulaires, était chargé de briser toutes les résistances et de ne pas
même permettre la manifestation des sentiments hostiles ? On lit en
effet dans la *Correspondance*, à la date du 16 mai 1802 : « Suivez
exactement mes instructions, et, dès l'instant que vous vous serez
défait de Toussaint, Christophe, Dessalines et des principaux brigands, et que les masses des noirs seront désarmées, renvoyez sur le
continent tous les noirs et hommes de couleur qui auraient joué un
rôle dans les troubles civils. » Cette lettre semble faire allusion à
des instructions très rigoureuses; mais Bonaparte pourtant n'a
jamais varié dans l'expression de sa volonté. Même quand il accablait
de compliments Toussaint, il le prévenait en même temps de toutes
les conséquences de son insoumission. Il n'est donc pas besoin
d'accuser le premier consul de fausseté. Il avait très nettement fait
entendre à Toussaint qu'il ne demandait pas mieux que de continuer
avec lui de bonnes relations d'estime et d'amitié, mais à la condition
expresse que le dictateur nègre renoncerait à ses pouvoirs extraordinaires, et se résignerait à ne plus être que le lieutenant du
capitaine-général envoyé par la métropole. Quant à ce dernier, il est
plus que probable qu'il était porteur d'instructions doubles, et que,
suivant les circonstances, il se présenterait à Saint-Domingue en
pacificateur ou en conquérant. Ainsi s'expliquent les contradictions
apparentes qui existent dans les dépêches officielles.

Le capitaine-général désigné par Bonaparte pour conduire l'expédition de Saint-Domingue était son propre beau-frère, Leclerc.
Bernadotte avait d'abord été choisi, mais l'avisé Gascon avait reculé
devant la responsabilité, et décliné le périlleux honneur de l'aventure.
Leclerc, au contraire, avait accepté avec empressement cette occasion
de se distinguer. Sa femme, la belle et légère Pauline, s'accommodait des honneurs de cette vice-royauté américaine, et se disposait

CARTE
de
L'ILE DE HAITI

Echelle de 5.100.000

OCÉAN ATLANTIQUE

MER DES ANTILLES

Ile de la Tortue

S.DOMINGO

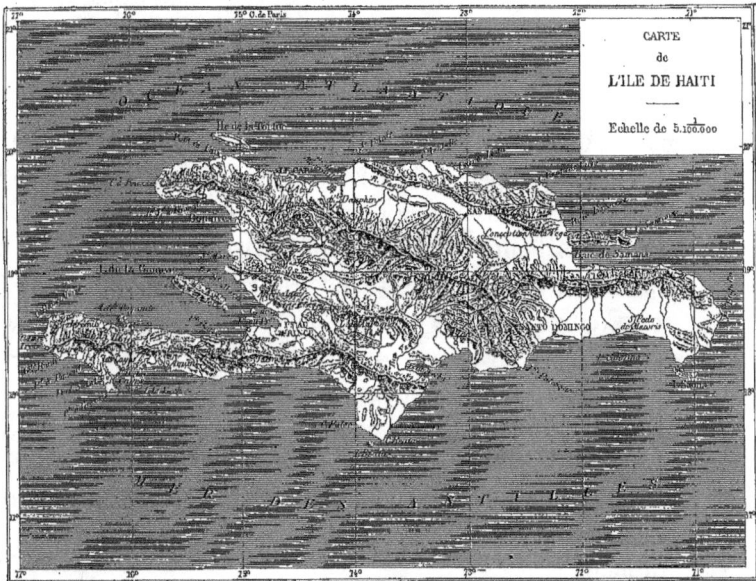

Gravé par Erhard.

à le suivre aux Antilles. Sous les ordres de Leclerc étaient les généraux de division Dugua, Debelle, Hardy, Watrin, qui devaient tous les quatre mourir de la fièvre jaune, Rochambeau, Boudet, Clauzel et Brunet, et plusieurs généraux de brigade, dont quinze ne devaient jamais revoir la France, frappés par la maladie ou tombés sous le feu de l'ennemi. Des 35 000 soldats qui furent expédiés à Saint-Domingue par divers convois, 10 000 seulement échappèrent aux balles des nègres ou aux étreintes meurtrières du climat. Il est vrai de dire que personne alors ne prévoyait une pareille catastrophe, et que tous, officiers ou soldats, pleins d'ardeur et d'enthousiasme, couraient comme à une fête à cette dangereuse expédition.

Plusieurs escadres, partant de Brest, de Rochefort, de Cadix et de Toulon, sous les ordres des amiraux Villaret-Joyeuse, Latouche-Tréville, Linois et Ganteaume, emportèrent à la baie de Samana le corps expéditionnaire. Pensant avec raison qu'il fallait se présenter devant tous les ports à la fois, afin de diviser la résistance et de ne pas laisser à Toussaint le temps de se reconnaître, Leclerc ordonna à un de ses lieutenants, le général Kerversan, de se rendre à Santo-Domingo, capitale de la partie espagnole. Latouche-Tréville avec son escadre portant la division Boudet aborderait à Port-au-Prince, et Leclerc avec Villaret-Joyeuse ferait voile pour le Cap. Quant aux escadres de Linois et de Ganteaume, qui n'avaient pas encore paru à la baie de Samana, elles devaient se porter sur tous les points où leur présence serait jugée nécessaire. En occupant ainsi les principaux débouchés de l'île, on espérait n'avoir plus à soumettre que les montagnes de l'intérieur, et cette conquête serait surtout l'œuvre du temps.

Toussaint était accouru à la baie de Samana dès qu'on lui avait signalé les premiers navires français. Jusqu'au dernier moment il avait espéré que Bonaparte consentirait à le laisser jouir du rang et des honneurs qu'il croyait avoir légitimement gagnés; aussi sa déception fut-elle très vive quand il comprit que son rôle politique était fini, et qu'il ne lui restait plus qu'à se courber devant l'autorité du nouveau capitaine-général, ou qu'à jouer le tout pour le tout en appelant à la révolte nègres et hommes de couleur. Toussaint n'hésita pas. Il répand le bruit que la liberté est en péril, et qu'il faut de nouveau courir aux armes pour la défendre. On détruira les ports;

on brûlera plantations et habitations ; tous les blancs seront massacrés
et les hommes de couleur se retireront dans les mornes, pour y
attendre dans ces retraites inviolables les effets meurtriers du
climat, ou pour y soutenir contre les envahisseurs une guerre d'extermination. A ses trois principaux lieutenants, Christophe au nord,
Dessalines à l'ouest, et Laplume au sud, il enjoint de répondre aux
premières sommations de l'escadre qu'ils n'ont pas d'ordre pour la
recevoir, et, si le débarquement s'opère, de tout détruire, de tout

CASERNES DU CAP AU TEMPS DE LA POSSESSION FRANÇAISE.

massacrer, et de se retirer à l'intérieur. Ces ordres impitoyables
n'allaient être que trop rigoureusement exécutés.

Le 3 février 1802 Villaret-Joyeuse et Leclerc se présentaient devant
le Cap. Toutes les balises étaient enlevées et les batteries armées.
Christophe répondit aux sommations qu'il s'opposerait par l'incendie
et le massacre à toute tentative de débarquement, et en effet, quand
il apprit que Leclerc venait de débarquer au Limbé, dans les environs
de la ville, quelques centaines d'hommes, il réalisa ses sinistres menaces. Pendant que les blancs, poursuivis dans les rues par des ordres
féroces, s'efforçaient de chercher un refuge sur nos navires, leurs
maisons étaient pillées et incendiées. A la vue des flammes, en en-
tendant les cris des malheureux qu'on égorgeait, Leclerc et Villaret-
Joyeuse coururent au secours de la ville. Ils réussirent à soustraire

aux assassins bon nombre de blancs, et à éteindre le feu qui n'avait encore brûlé que le faîte des maisons. C'était un premier succès, de bon augure pour l'avenir, car bon nombre de nègres, fatigués de la vie de meurtres et de représailles à laquelle on voulait les entraîner, ne suivirent pas Christophe dans sa fuite. En peu de jours, la ville reprit un certain aspect de prospérité, et dans les environs les travaux de culture reprirent aussitôt.

Au même moment Latouche-Tréville et Boudet se présentaient devant Port-au-Prince et l'enlevaient à la suite d'un brillant combat. Les noirs s'enfuyaient en désordre, laissant les magasins remplis de denrées coloniales, mais ils emmenaient avec eux comme otages de nombreux blancs, et marquaient leur retraite par le ravage et l'incendie des habitations. Boudet se lançait à leur poursuite, chassait Dessalines de Léogane, et obtenait la soumission de Laplume et de tout le Sud.

La partie espagnole de l'île tombait sans résistance entre nos mains malgré Paul Louverture, le frère de Toussaint, et enfin l'amiral Magon, avec la division Rochambeau, occupait l'importante position de Fort-Dauphin. En moins de dix jours, le littoral, les ports, les villes principales et la plus grande partie des terrains cultivés étaient occupés par nos soldats. Il ne restait plus à Toussaint, campé avec ses lieutenants dans le centre de l'île, aux mornes du Chaos, que ses trésors, ses armes, et une certaine quantité de blancs comme otages. Aborder de tous les côtés à la fois ce pâté de montagnes, où on ne pouvait indéfiniment prolonger la résistance, et profiter de la saison pour achever cette occupation, telle était la tactique qui s'imposait. Bien qu'on eût à se frayer un chemin dans des gorges étroites, rendues presque impénétrables par l'épaisse végétation des tropiques, bien qu'on eût à triompher de la résistance des nègres déterminés à vendre chèrement leur vie, Leclerc donna ses ordres pour une attaque générale, qui devait avoir lieu le 17 février.

Les quatre divisions Rochambeau, Hardy, Desfourneaux et Humbert, partant de Fort-Dauphin, du Cap, du Limbé et de Port-de-Paix, devaient, en s'avançant du nord au sud, pénétrer dans la région des mornes, et s'emparer du cours supérieur de l'Artibonite et de la gorge des Trois-Rivières. Pendant ce temps la division Boudet, remontant du sud au nord, compléterait l'investissement et ne laisserait aux noirs d'autre débouché que les Gonaïves, où on espérait les enfermer. Sans doute il y avait à escalader bien des hauteurs escarpées, à franchir bien des ravines et même à se heurter à des positions formidables; mais ne valait-il pas mieux combiner une opération d'ensemble que s'exposer à des combats sans cesse renouvelés et toujours meurtriers?

Rochambeau, Hardy et Desfourneaux occupèrent sans trop de résistance les positions qu'on leur avait assignées de Plaisance, la Marmelade et Saint-Michel. Leclerc profita de ce premier succès pour diriger Desfourneaux sur les Gonaïves, Hardy sur Ennery et Rochambeau sur la Ravine-aux-Couleuvres. Toussaint s'était porté sur cette dernière position avec l'élite de ses troupes et toute son artillerie. Il fallut pour le déloger une attaque vigoureuse à la baïonnette des vieux soldats du Rhin. Huit cents nègres restèrent sur le champ de bataille. C'était un vrai succès, qui jeta le découragement parmi les révoltés.

Deux des lieutenants de Toussaint, Maurepas et Dessalines, résistèrent avec énergie. Maurepas, dans la gorge des Trois-Rivières, ne céda le terrain que pas à pas au général Humbert. Leclerc fut obligé pour le réduire de diriger contre lui deux autres généraux, Debelle et Desfourneaux. Assailli de tous côtés, Maurepas fit sa soumission. Pendant ce temps la division Boudet se portait sur Saint-Marc. Dessalines, après avoir mis le feu aux riches plantations qui lui appartenaient, et égorgé une partie des blancs, échappa au général Boudet, et fit une pointe hardie sur Port-au-Prince, défendu par une garnison insuffisante. Le général Pamphile Lacroix, secouru à temps par l'amiral Latouche-Tréville, réussit à sauver la ville, et Dessalines repoussé se retira dans les mornes du Chaos. Les Français avaient donc sur tous les points refoulé les nègres, mais ils n'avaient pas réussi à les envelopper, et Toussaint était encore le maître de la plus redoutable de ses places d'armes, le fort de la Crête-à-Pierrot.

Leclerc résolut de le forcer dans ce dernier asile, et dirigea contre cette citadelle les trois divisions Hardy, Rochambeau et Boudet. Deux mille noirs gardaient ce dépôt des ressources de Toussaint. Ils résistèrent avec énergie, et il fallut entreprendre une sorte de siège en règle, fréquemment troublé par des attaques de nuit dirigées par Dessalines ou par Toussaint. Lorsque enfin la brèche fut praticable, les défenseurs de la place résolurent de s'ouvrir une retraite à travers les lignes des assiégeants, mais ils furent rejetés dans le fort et bientôt obligés de capituler.

La chute de la Crête-à-Pierrot semble avoir exaspéré la fureur et le désir de vengeance des nègres. Ils traînaient à leur suite plusieurs centaines de blancs. Désespérant de les soustraire à la poursuite de nos soldats, ils en égorgèrent aux Verettes près de huit cents, sans distinction d'âge ni de sexe. Nos soldats furent saisis d'horreur et punirent cette affreuse hécatombe en n'accordant aucun quartier à leurs prisonniers.

Les insurgés se lassèrent les premiers de cette lutte à outrance et demandèrent à traiter. Leclerc avait laissé leurs grades et leurs terres à tous ceux qui avaient déjà posé les armes. Touché de ces bons procédés, Christophe fit demander au capitaine général s'il aurait, en se soumettant, les mêmes conditions que Maurepas et Laplume. On le lui promit. La soumission de Christophe amena celle de Dessalines. Toussaint lui-même, réduit à quelques nègres d'escorte, offrit de traiter. C'était avec l'arrière-pensée de profiter de la première occasion favorable pour tenter de nouveau la fortune des armes, car la mauvaise saison approchait, et il se flattait de trouver dans la fièvre jaune l'allié le plus sûr. Leclerc n'ignorait pas ces secrets desseins. Il accepta néanmoins les offres de l'ex-dictateur, se réservant de l'interner ou de le renvoyer en France à la première alerte. Il lui restitua donc ses grades et ses propriétés, mais à condition qu'il ne changerait pas de résidence sans sa permission.

On était arrivé au commencement de mai 1802. Deux mois avaient suffi pour rétablir l'ordre dans la colonie. Leclerc eut la sagesse de faire revivre les règlements imaginés par Toussaint, auxquels Saint-Domingue avait dû la renaissance de sa prospérité. Les cultivateurs rentrèrent donc sur les plantations qu'ils avaient abandonnées ; les soldats nègres restèrent soumis à l'autorité française ; bon nombre d'entre eux furent même expédiés en France, et leurs anciens généraux, maintenus dans leurs grades, ne songèrent plus qu'à consolider leur situation. Un grand nombre de vaisseaux marchands arrivaient du Havre, de Bordeaux, de Nantes. Les navires étrangers étaient reçus dans les quatre ports du Cap, Port-au-Prince, les Cayes et Santo-Domingo. On ne leur imposait d'autres conditions que de ne pas introduire d'armes clandestines. L'antique prospérité

FORT DE LA CRÊTE-A-PIERROT.

de l'île semblait donc à la veille de se rétablir, mais cette fois au profit de la France. Un grand danger menaçait pourtant : le climat, toujours si funeste aux Européens. Leclerc avait pris toutes les précautions pour procurer à ses hommes du repos, des rafraîchissements et des cantonnements salubres, mais la fièvre jaune ne tarda pas à éclater, et avec une intensité déplorable. Près de vingt généraux succombèrent presque à la fois. Quinze mille hommes au moins périrent en moins de deux mois. L'armée se trouva réduite à 10 ou 12 000 soldats, acclimatés il est vrai, mais fatigués et incapables de rentrer en campagne. N'était-il pas à craindre que Toussaint, profitant de notre faiblesse, n'appelât de nouveau ses compatriotes à la révolte?

Bonaparte avait comme le pressentiment du danger, car, avant même l'apparition de la fièvre jaune, et tout en félicitant Leclerc des succès obtenus, il l'engageait à se débarrasser des généraux nègres, et surtout de Toussaint. « Je compte, lui écrivait-il, qu'avant la fin de septembre vous nous aurez envoyé ici tous les généraux noirs. Sans cela nous n'aurions rien fait. Une immense et belle colonie serait toujours sur un volcan, et n'inspirerait de confiance ni aux capitalistes, ni aux colons, ni au commerce... Quelque suite que l'envoi en France des généraux noirs puisse produire, ce ne sera qu'un petit mal, comparé à celui que ferait la continuation de leur séjour à Saint-Domingue. »

Toussaint, de son côté, avait comme deviné les intentions de Bonaparte et, du fond de sa retraite, suivait avec une cruelle impatience les progrès de l'épidémie. Il avait repris sa correspondance secrète avec ses fidèles, et déjà la plupart de ses anciens soldats l'avaient rejoint dans les mornes. A vrai dire il n'attendait plus pour donner le signal de l'insurrection que la nouvelle de la maladie et de la mort de Leclerc.

Les anciens lieutenants du dictateur étaient au courant de ces projets, mais ne les approuvaient pas. Ces noirs dorés, ainsi que les nommait Bonaparte, satisfaits d'avoir conservé leur position et leur opulence, ne se souciaient que médiocrement de rentrer en campagne à la suite d'un dictateur qui, redevenu tout-puissant, se vengerait de leur défection momentanée. Ils avertirent sous main Leclerc et lui conseillèrent de s'emparer de Toussaint, afin de prévenir l'explosion imminente de la guerre civile. Leclerc n'hésita pas. Ses instructions lui prescrivaient de se débarrasser au premier signe de révolte des chefs noirs, et la correspondance interceptée de Toussaint démontrait sa culpabilité. Le difficile était de le surprendre dans sa retraite d'Ennery, entouré de nègres dévoués et déjà en armes. Le

PORT TIBURON.

capitaine-général crut pouvoir dissimuler. Il appela Toussaint à un rendez-vous, soi-disant pour le consulter sur les affaires coloniales. Dans sa vanité naïve, le chef noir tomba dans le piège. « Vous le voyez, dit-il à ses confidents qui voulaient le retenir, ces blancs ne peuvent se passer du vieux Toussaint! » A peine arrivé, il fut assailli, désarmé et jeté à bord d'un vaisseau. « En me renversant, s'écriat-il, on n'a renversé que le tronc de l'arbre de la liberté des noirs; mais les racines restent : elles repousseront, parce qu'elles sont profondes et nombreuses. »

Toussaint fut traité avec dureté. On l'envoya en France, et il fut interné dans le fort de Joux, près de Pontarlier. Pour un homme habitué au climat des tropiques, c'était le condamner à mort, car il ne pouvait supporter les rigueurs de cette Sibérie française. On s'ingénia même à ne pas adoucir sa captivité, car l'arrêt qui le transférait au fort de Joux prescrivait « de le tenir au secret, sans pouvoir écrire, ni communiquer avec une autre personne que son domestique ». Le prisonnier parvint pourtant à faire parvenir au premier consul l'expression de ses plaintes, et essaya d'exciter sa curiosité en annonçant qu'il avait d'importantes communications à lui adresser. Bonaparte se décida à envoyer un de ses aides de camp, Caffarelli, au fort de Joux, et voici les sévères instructions qu'il lui donnait : «... Vous lui ferez sentir l'énormité du crime dont il s'est rendu coupable en portant les armes contre la République. Vous tâcherez de recueillir tout ce qu'il pourra vous dire, ainsi que sur l'existence de ses trésors... Vous ne manquerez pas de lui faire connaître que désormais il ne faut rien espérer que par le mérite qu'il acquerrait en révélant au gouvernement des choses importantes et qu'il a intérêt de connaître. Vous recommanderez qu'on ne se relâche sur rien de la garde sévère qu'on doit faire pour empêcher qu'un homme comme lui se sauve. »

Perdant bientôt tout espoir non seulement de retourner à Saint-Domingue, mais même de recouvrer la liberté, Toussaint se laissa aller au découragement. On a prétendu qu'il mourut de froid; ce fut surtout à la lassitude et au dégoût qu'il succomba après une captivité de dix mois. Ce ne fut pas un homme ordinaire que ce premier des maîtres nègres de Saint-Domingue. Sa triste fin lui donna comme l'auréole du martyre. Bonaparte aurait peut-être

mieux fait, et pour sa propre réputation et pour les intérêts nationaux, de s'entendre avec le dictateur pour un partage d'autorité,
grâce auquel, à l'heure actuelle, Saint-Domingue sans nul doute
nous appartiendrait encore.

La nouvelle de l'arrestation de Toussaint avait produit une vive
émotion dans l'île entière. Un de ses neveux, celui dont il pensait
faire son successeur, Charles Belair, se jeta aussitôt dans les mornes.
Poursuivi à outrance par Dessalines qui le détestait, et qui n'affectait
ce grand zèle que pour se venger d'un rival, il fut pris avec sa femme,
traduit devant une commission militaire et fusillé. Les noirs,
exaspérés par cette exécution, devinrent menaçants. Leclerc ordonna
aussitôt leur désarmement, et cette mesure, pourtant indispensable,
fut exécutée avec tant de rigueur, que sur tous les points éclatèrent
des soulèvements. Ils furent comprimés, car les révoltés n'avaient
plus de chefs; mais entre eux et les blancs s'amassaient des trésors
de haine, et les moins prévoyants s'attendaient à une reprise de la
guerre civile.

Ce qui contribua à propager cet esprit d'insurrection, ce fut la
défiance trop justifiée qu'avaient les nègres des projets de Bonaparte
sur le rétablissement de l'esclavage. Les nègres de la Guadeloupe
s'étaient révoltés. Le brave Richepanse, envoyé contre eux, avait
dompté la révolte et, conformément à ses instructions, proclamé le
rétablissement de l'esclavage. Ce décret avait eu un retentissement
extraordinaire dans les Antilles. Les nègres de Saint-Domingue
restèrent dès lors persuadés que la France ne cherchait qu'à les faire
retomber sous le joug, et cette idée d'être remis en servitude les
transporta d'indignation. Leclerc essaya de les rassurer sur les intentions de Bonaparte, mais la défiance des nègres resta incurable.
Aussi bien le capitaine-général ne trouvait pas, pour calmer leurs
inquiétudes, des accents de conviction, car il connaissait les secrets
desseins du premier consul et savait que ce dernier n'attendait
qu'un prétexte pour rompre ses engagements et ramener à Saint-
Domingue l'ancien régime avec toutes ses conséquences. Qu'aurait-
il pu dire à Christophe, à Dessalines et aux autres chefs s'il avait
connu la terrible lettre du 7 août 1802, écrite par Bonaparte
au ministre de la marine Decrès : « Il faut tout préparer au
rétablissement de l'esclavage. Ce principe est non seulement celui

de la métropole, mais encore celui de l'Angleterre et des autres puissances européennes. Un homme destiné à passer sa vie dans les colonies doit sentir que, si les noirs n'ont pu se maintenir dans les colonies contre les Anglais, ils tourneraient leur rage contre nous, égorgeraient les blancs, menaceraient sans cesse d'incendier nos propriétés, et ne présenteraient aucune garantie au commerce, qui n'offrirait plus de capitaux et resterait sans confiance. »

Les nègres s'attendaient si bien à une déclaration analogue, que, plutôt que de redevenir esclaves, ils aimèrent mieux tenter une seconde fois la fortune des armes. L'insurrection fut générale, et les anciens lieutenants de Toussaint, restés jusqu'alors fidèles, mais se croyant menacés, prirent le commandement des insurgés. Maurepas et Christophe dans le Nord se mirent à la tête des rebelles, non sans déclarer qu'ils ne cédaient qu'à l'amour de la liberté compromise. Dessalines dans l'Ouest signala tout de suite sa défection par des atrocités. Dans la province du Sud, qui jusqu'alors était restée tranquille, et où dominaient les hommes de couleur, ces derniers, maltraités par le général Rochambeau, s'unirent aux noirs et commencèrent les hostilités. L'île tout entière se trouva réunie dans un même sentiment de haine, et la domination de la France se trouva de nouveau ébranlée.

C'est au moment précis où nos soldats auraient eu besoin, pour résister aux insurgés, d'une direction ferme et intelligente, que mourut le capitaine-général. Leclerc comprenait les dangers de la situation. Ses meilleurs lieutenants lui avaient été enlevés. Riche-panse, sur la fermeté duquel il comptait, venait de périr subitement. A peine 8 à 10 000 hommes en état de servir se groupaient-ils encore autour de lui, campés sur quelques points stratégiques où ils avaient grand'peine à se maintenir, et il n'avait que peu d'espoir de recevoir des renforts, car la rupture de la paix d'Amiens était imminente, et nos vaisseaux avaient été déjà rappelés en Europe. Il sentait donc approcher l'instant où, rejeté sur le littoral par les noirs, il ne lui resterait plus qu'à capituler entre les mains des Anglais. Tourmenté par le sentiment de sa responsabilité, il ne put résister aux atteintes du mal qui détruisait l'armée, et mourut en novembre 1802, plein de sinistres pressentiments sur le sort de ses compagnons d'armes.

Rochambeau était le plus ancien des généraux : il prit le comman-

dement. Ce n'était ni la bravoure ni les talents militaires qui lui
manquaient, mais le sang-froid et aussi l'impartialité nécessaires à
un gouverneur de colonie. Il avait longtemps servi dans les Antilles
et partageait contre les nègres et les mulâtres tous les préjugés de ses

HAÏTI. — RUINES DU FORT LAFERRIÈRE.

amis les créoles. Les noirs, il les méprisait et ne pouvait voir en eux
que des esclaves révoltés; mais il haïssait surtout les mulâtres, qu'il
jugeait faux, dissolus, cruels, et les traitait avec une implacable
sévérité. Aussi, noirs et mulâtres unirent-ils leurs ressentiments

contre ce chef détesté. Les premiers actes de Rochambeau furent très maladroits. Plein de mépris pour les rebelles, il s'avisa de disperser ses troupes, afin de dissiper partout à la fois les rassemblements. Nos soldats furent partout ramenés avec pertes et refoulés sur les positions d'où ils n'auraient pas dû sortir. Le Cap faillit même être enlevé par Christophe et Clervaux. Sans une attaque impétueuse de Rochambeau qui répara son imprudence par sa bravoure, et reprit un des forts, où déjà s'étaient établis les insurgés, la capitale de l'île tombait entre leurs mains.

Ce fut à vrai dire le dernier succès de l'armée de Saint-Domingue, car la guerre n'est plus désormais qu'un enchaînement sans intérêt de surprises et d'embuscades, de massacres et de trahisons. Nos infortunés soldats voient chaque jour diminuer leurs rangs, et aucun renfort ne comble les vides; car ce sont surtout des conscrits levés en Piémont et en Belgique qui sont envoyés à Saint-Domingue, et ils ne peuvent résister à l'action dévorante du climat. Les noirs, au contraire, prenaient les unes après les autres toutes les villes du littoral. Bientôt il ne resta plus pour dernier asile aux débris de l'armée d'invasion que le Cap, que Dessalines vint aussitôt investir à la tête de 27 000 hommes. Rochambeau tenta une sortie générale, mais elle fut repoussée, et les Français se trouvèrent entièrement bloqués par terre. Sur ces entrefaites on apprit la rupture de la paix d'Amiens, et une escadre anglaise vint assiéger la ville du côté de la mer. Les Français eurent alors à lutter contre un nouveau fléau, la famine. Leur suprême ressource fut la chair des chiens de guerre, qu'ils avaient d'abord nourris avec les nègres prisonniers. Malgré ces souffrances, malgré les difficultés d'une lutte inégale, Rochambeau était encore maître de la ville un an après son investissement; mais toutes les positions extérieures étaient au pouvoir des nègres, qui se préparaient à un assaut général. Rochambeau se décida à capituler. Dessalines consentit à laisser les Français se retirer sur leurs vaisseaux avec les honneurs de la guerre, et leur accorda la garantie de leurs propriétés particulières; mais les Anglais qui bloquaient le port ne voulurent jamais traiter les Français que comme prisonniers de guerre.

Après la capitulation du Cap, deux généraux Français, Noailles et Ferrand, restaient encore à Saint-Domingue. Le premier, sommé de se rendre, répondit qu'il lui restait des vivres pour cinq mois et qu'il ne capitulerait qu'à la dernière extrémité. Il fut assez heureux pour s'échapper et regagner la France. Ferrand, dans la ville de Santo-Domingo, résista jusqu'en 1808, mais les noirs n'attendirent pas son expulsion pour proclamer leur indépendance. Ce fut en effet le 29 novembre 1803 que Dessalines, Christophe et Clervaux déclarèrent rompus les liens qui unissaient la colonie à la métropole. Un mois plus tard, le 1er janvier 1804, Saint-Domingue reprenait son nom indigène de Haïti, et Dessalines était nommé gouverneur général à vie, avec pouvoir de faire les lois, de décider la paix et la guerre, et de désigner son successeur.

Tel avait été l'unique résultat de l'intervention française. Nous perdions Saint-Domingue et un peuple nouveau naissait à la vie politique. Trente mille de nos soldats avaient succombé, pour remplacer Toussaint par Dessalines !

CHAPITRE VI

La paix d'Amiens avait été signée le 25 mars 1802. Le 13 mai 1803 l'ambassadeur d'Angleterre en France, lord Withworth, demandait ses passeports et les deux peuples recommençaient la guerre. Cette paix en effet n'avait été et ne pouvait être qu'une trêve passagère. De graves questions étaient restées en suspens, et on ne les avait passées sous silence que par lassitude ou plutôt par impossibilité reconnue de s'entendre. Au lieu d'amener le calme dans les esprits, le temps avait envenimé ces questions. Français et Anglais en étaient vite arrivés à la conviction que la guerre seule pouvait les trancher d'une manière définitive, et c'est avec une égale ardeur qu'ils avaient reconnu la nécessité de recourir à ce remède suprême.

Depuis 1789 l'Europe se trouvait comme partagée en deux camps : d'un côté le monde nouveau, la France ; de l'autre l'ancien régime, l'Angleterre. En douze ans la France avait singulièrement grandi, et en territoire et en influence. Elle avait conquis ses frontières naturelles et même les avait dépassées. La Hollande, la Suisse, l'Italie, une partie de l'Allemagne étaient comme pénétrées de l'esprit nouveau qu'elle leur avait apporté. L'Espagne et l'Autriche, malgré leur résistance, étaient entamées. La propagande révolutionnaire était même devenue plus redoutable depuis qu'un seul homme, absorbant en lui toutes les forces, toutes les énergies de la nation, dirigeait la politique française avec plus d'unité et de force.

Aussi les puissances intéressées à l'ancien ordre de choses, et à leur tête l'Angleterre, n'avaient-elles d'autre pensée que de détruire la France comme État et de l'étouffer comme révolution. Entre les deux principes qui se partagent la société moderne, entre le monde révolutionnaire et le monde féodal, il n'y avait pas de conciliation possible. Ainsi que l'a plus tard écrit Napoléon à Sainte-Hélène, « l'Europe ne cessa jamais de faire la guerre à la France, à ses principes, à moi. Il nous fallait abattre sans cesse, sous peine d'être abattus. La coalition exista toujours, publique ou secrète, avouée ou démentie. Elle fut toujours en permanence ».

A ces motifs d'ordre général s'ajoutaient des causes particulières, qui exaspéraient la rivalité de la France et de l'Angleterre. Il y en avait de territoriales, de commerciales et de politiques.

Lorsque les négociations pour la paix avaient été entamées, la France n'avait pas encore réalisé l'asservissement plus ou moins déguisé du Piémont, de la Hollande et de la Cisalpine. Aussitôt après la signature du traité, le premier consul avait décrété la réunion, passagère il est vrai, du Piémont; il avait imposé à la Hollande, en lui donnant une nouvelle constitution, une réelle servitude; enfin il s'était fait nommer président de la Cisalpine. C'étaient là d'énormes accroissements de territoire, et les Anglais ne les avaient pas reconnus. Il est vrai que Bonaparte comptait sur le grand désir qu'ils avaient de la paix pour leur faire accepter ces changements. Il y avait en partie réussi, c'est-à-dire que l'Angleterre les avait subis; mais elle ne voulait pas les sanctionner en les acceptant. C'était une attitude difficile à conserver, et si, d'un côté ou de l'autre, on ne se déterminait pas à de grandes concessions, la guerre pouvait être la conséquence de cette situation trouble et indécise.

En cette circonstance, l'impartialité nous oblige à reconnaître que les torts étaient du côté de la France; mais l'Angleterre à son tour commit la faute, sans doute par esprit de représailles, mais enfin contre le droit des gens, de ne pas exécuter les clauses formelles du traité d'Amiens. La restitution de Malte aux chevaliers, de l'Égypte aux Turcs, du Cap aux Hollandais, de Gorée à la France avait été stipulée. Or l'Angleterre tenait à conserver au centre de la Méditerranée un port de refuge et une citadelle inexpugnable. Comme l'évacuation de Malte avait été subordonnée à l'acceptation par les grandes puissances des garanties que le traité leur avait déférées, et que la Russie élevait des difficultés au sujet de ces garanties, l'Angleterre en profita pour ne pas rendre l'île. Le premier consul réclama. Le cabinet anglais lui fit remarquer que le traité d'Amiens avait pour base l'état des possessions de chaque pays au moment où on l'avait signé, qu'il était par conséquent fondé sur le principe des compensations, et que, la France ayant si démesurément augmenté son territoire, Malte devait être considérée comme la compensation légitime de ces accroissements. Bonaparte eut à ce propos une explication fort vive avec le chargé d'affaires d'Angleterre; il alla jusqu'à dire qu'il aimait mieux les Anglais maîtres du faubourg Saint-Antoine que de Malte. C'étaient là des paroles d'exagération, mais qui confirmèrent les Anglais dans leur résolution de garder cet aride rocher, qui leur était si utile pour surveiller et pour garder la Méditerranée. Ils avaient également voulu garder l'Égypte; mais les Turcs s'y étaient déjà installés, et ne paraissaient pas disposés à leur céder la place. Ils annoncèrent donc leur prochain départ, mais mirent dans leurs préparatifs une telle lenteur, qu'il devint bientôt évident qu'ils n'attendaient qu'une occasion et qu'un prétexte pour se maintenir dans le pays. Quant au Cap et à Gorée qu'ils devaient restituer à la Hollande et à la France, comme ces deux points stratégiques assuraient leur domination dans l'Afrique australe et au Sénégal, ils ne prirent même pas la peine de chercher des prétextes, et, en attendant de nouvelles instructions, leurs amiraux continuèrent à les garder.

Si donc la France a augmenté ses domaines depuis la paix d'Amiens, l'Angleterre n'a pas diminué les siens. Seulement la France, en étendant son territoire et son influence, ne viole aucune des stipulations formelles de la paix d'Amiens, tandis que l'Angleterre met les apparences contre elle en se refusant à exécuter une convention revêtue de sa signature. Au fond les deux puissances ont également raison en se reprochant leurs usurpations territoriales, mais, dans la forme, la France a une incontestable supériorité, car le droit strict est pour elle.

A cette rivalité territoriale se joignait une rivalité commerciale. L'Angleterre avait cru la France ruinée et misérable : elle la retrouvait prospère, policée, pleine d'ardeur pour le commerce, l'industrie et les arts. Ce fut un amer désappointement pour les marchands de la Cité, qui avaient espéré que la paix ouvrirait de nouveaux débouchés aux produits de leur industrie, et qui non seulement trouvaient fermés les marchés français, mais encore se heurtaient à une concurrence imprévue et qui pouvait devenir redoutable. Ils espérèrent qu'un traité de commerce les vengerait de leurs déceptions, et ils sollicitèrent vivement les ministres de la négocier; mais Bonaparte éventa le piège. Non seulement, lors des négociations qui précédèrent la paix d'Amiens, il ne voulut pas conclure de traité de commerce, mais encore, dès le 26 juillet 1802, le *Moniteur* déclara que le premier consul n'avait jamais eu cette intention. Il entendait protéger notre industrie nationale en imposant aux marchandises anglaises à leur entrée en France des droits considérables, et en outre il avait l'intention de leur fermer l'accès de tous les pays qui dépendaient de nous ou nous étaient alliés, Hollande, Gênes, Cisalpine, Suisse, Espagne même. Une prohibition ainsi comprise ressemblait à une interdiction absolue. C'était un véritable blocus que Bonaparte traçait autour de l'Angleterre, et les commerçants anglais, frappés dans leurs intérêts immédiats et blessés dans leur amour-propre, ne tardèrent pas à comprendre que la guerre seule pouvait dénouer cette difficulté inattendue.

Ce qui indisposa surtout la Grande-Bretagne, c'est que Bonaparte, tout en refusant au commerce anglais les facilités d'usage, prétendait établir un agent commercial dans tous les ports d'Angleterre. Ces prétendus agents étaient des ingénieurs, des statisticiens, des publicistes, des officiers même, qui ne se contentaient pas de recueillir des renseignements relatifs au commerce, mais dressaient des plans, évaluaient les ressources locales, indiquaient les profondeurs des ports, les vents par lesquels il était facile d'entrer ou de sortir de ces ports. Ils parcouraient tout le pays, surtout l'Irlande, et y préparaient sourdement une insurrection. On saisit les papiers de quelques-uns d'entre eux, et l'opinion publique fut douloureusement émue en apprenant que la plupart de ces singuliers consuls n'avaient même pas occupé le poste qui leur avait été assigné, et qu'ils avaient profité de l'immunité attachée à leurs fonctions pour se procurer par des voies indirectes, et plus que suspectes, les renseignements qui auraient été dangereux pour l'Angleterre en cas de nouvelles hostilités.

Le cabinet anglais se crut dès lors autorisé à user de représailles. Il continua à couvrir de sa protection tous les réfugiés français, surtout les royalistes qui avaient fui les vengeances consulaires. Certes l'Angleterre était dans son droit, et même elle avait raison d'accorder une généreuse hospitalité non seulement aux princes de la maison royale de France, mais encore à tous ceux de leurs serviteurs qui avaient partagé leur infortune; mais, après la signature de la paix, prendre à sa solde des hommes tarés, des brigands à gages, chouans ou autres, qui conspiraient ouvertement et, couverts par le pavillon anglais, ne cessaient d'entretenir en France, par leurs revendications à main armée, une dangereuse agitation, n'était-ce pas violer non seulement les convenances internationales, mais encore le droit des gens? Aussi le cabinet anglais n'était-il pas sans éprouver quelque remords. A diverses reprises il promit à Bonaparte d'envoyer Cadoudal au Canada et de ne plus encourager les chouans réfugiés à Londres; mais ce ne furent jamais que de vaines promesses, et la capitale de l'Angleterre ne cessa d'être un foyer de dangereux complots dirigés contre la France et contre le chef du gouvernement.

Entretenir en Angleterre des espions officiels, soutenir contre la France une propagande réactionnaire, étaient-ce là des procédés dignes de deux grandes nations, qui venaient de contracter un engagement solennel, et semblaient, par leur mauvaise foi réciproque, prendre plaisir à le déchirer!

Un autre motif, tout politique, compliquait encore cette situation déjà bien troublée. La liberté de la presse a toujours été respectée en Angleterre, même dans ses égarements. Or les journaux anglais n'épargnaient ni Bonaparte ni la France. Leurs invectives dépassaient parfois toute mesure. Lors des négociations qui aboutirent à la paix d'Amiens, le premier consul avait demandé que les libellistes, et c'étaient d'après lui tous les écrivains qui osaient critiquer sa personne ou ses actes, fussent assimilés aux malfaiteurs, et, comme tels, soumis aux lois d'extradition. Le ministère anglais repoussa cette prétention, que d'ailleurs il n'aurait jamais réussi à faire accepter par le Parlement. Bonaparte ne perdit pas l'espoir de

vaincre ces résistances qu'il croyait simulées, et réclama l'expulsion
ou le châtiment des journalistes assez audacieux pour l'attaquer,
alors que se taisait le reste de l'Europe. Le ministère anglais lui
aurait volontiers accordé cette satisfaction, mais il ne le pouvait sans
compromettre son existence. Addington répondit au premier consul
qu'il était, ainsi que ses collègues, et même que les membres de la
famille royale, sans cesse en butte à de pareilles attaques, mais qu'il
les méprisait. D'ailleurs il consulterait l'attorney général sur ce qu'il
y avait à faire à cet égard.

Ces ménagements et cette extrème politesse entretinrent Bonaparte dans la plus dangereuse illusion. Il crut pouvoir, à force
d'insistances, finir par imposer sa volonté aux Anglais. Le 17 août
1802, Otto, notre chargé d'affaires à Londres, remit au cabinet
anglais une note qui ressemblait moins à une requête qu'à un
ultimatum. Elle fut repoussée par les ministres. Néanmoins, dans
leur désir de conserver la paix, ils essayèrent de faire entendre
raison à Bonaparte. Comme les délits commis par la voie de la
presse rentraient dans le droit commun, et que leurs auteurs avaient
à en répondre devant les tribunaux, pourquoi le premier consul,
s'il était injustement attaqué, ne s'adressait-il pas à la justice
anglaise? Cette réponse exaspéra Bonaparte. Puisqu'il y avait encore
en Europe un pays où l'on discutait librement sa conduite, l'intimi-
dation ne suffisant pas, il recourrait à la guerre pour obtenir le
silence. Pourtant, comme il ne pouvait sur une question après tout
personnelle provoquer un pareil événement, il résolut, bien que
parfaitement décidé à rompre, d'attendre une occasion favorable.
Il commença par établir une sorte de cordon sanitaire autour des
journaux de provenance anglaise ; puis, ayant empêché autant qu'il
le pouvait la circulation des feuilles ennemies, il résolut de frapper
un grand coup, et déféra sa cause aux tribunaux anglais.

Un émigré français, Peltier, le rédacteur en chef de l'*Ambigu*,
déversait depuis quelque temps, avec une verve intarissable et non
sans talent, l'opprobre et les injures contre Bonaparte et son entourage. Ce fut Peltier que le premier consul traduisit devant les
tribunaux anglais comme coupable de provocation à l'assassinat.
L'attorney général n'éprouvait pour le plaignant qu'une sympathie
médiocre, mais le délit était flagrant, et il fut obligé de requérir la

punition de l'inculpé. Malgré la brillante défense de son avocat, l'illustre Mackintosh, Peltier fut condamné, mais seulement à une légère amende et aux frais du procès. Une souscription spontanée couvrit aussitôt cette condamnation.

Bonaparte n'avait pas attendu la décision du jury anglais pour précipiter la crise. Depuis quelques semaines une sorte de dialogue des plus vifs s'était établi entre les deux gouvernements. La France et l'Angleterre en étaient arrivées l'une et l'autre à ce point d'exaspération où le motif le plus futile suffit pour lancer l'un contre l'autre deux adversaires déterminés. Ce fut le cabinet anglais, cherchant, comme il l'avoua plus tard, « des motifs simulés », qui prit les devants.

La guerre civile venait d'éclater en Suisse. Bonaparte, sur la demande du gouvernement, se proclama le médiateur des différends helvétiques et proposa une constitution, qui fut acceptée avec empressement. Il renouvela en même temps l'alliance qui n'avait jamais été rompue depuis François Ier, et plaça la Suisse sous la protection de la France, considérant que les deux pays étaient intimement liés, et qu'ils étaient en quelque sorte « les deux parties indépendantes d'un même peuple ». L'Angleterre protesta aussitôt (10 octobre 1802). Elle rappela que le principe de la neutralité Suisse avait été reconnu et garanti au traité de Lunéville, et que la nouvelle constitution, en plaçant la Suisse sous le protectorat de la France, rompait l'équilibre et la paix générale. Bonaparte s'emporta et répondit par une note très vive, insolente même, car elle était adressée à une puissance de premier ordre, et dangereuse, puisqu'elle pouvait provoquer une déclaration de guerre immédiate. Il y était dit que la résolution du premier consul relative à la Suisse était irrévocable, qu'il ne redoutait pas la guerre, qu'elle n'aurait d'autre résultat que de le forcer « à conquérir l'Europe », qu'il n'avait que trente-trois ans, et « n'avait encore détruit que des États de second ordre. Qui sait ce qu'il lui faudrait de temps pour changer de nouveau la face de l'Europe, et ressusciter l'empire d'Occident? »

Otto, notre chargé d'affaires à Londres, prit sur lui de ne pas présenter au gouvernement anglais cette note, qui aurait mis le feu aux poudres : il en donna seulement un résumé, mais suffisant pour faire prévoir l'éventualité d'une prochaine rupture. Les ministres agirent en conséquence. Le Parlement s'ouvrit le 16 novembre 1802, et le roi, dans le discours de la couronne, déclara « qu'il ne pouvait rester indifférent à la politique des États dont les intérêts avaient toujours été en rapport avec ceux de l'Angleterre ; c'est pourquoi il devait s'occuper de tous les changements qui s'opéreraient dans leurs conditions et dans leurs forces respectives, et était tout prêt à adopter des mesures de sûreté, dans l'intérêt même de la paix ». Ce discours était retentissant comme une fanfare de guerre ; mais il semble que les deux adversaires avaient compris la gravité de leurs déclarations respectives, car il y eut en quelque sorte une détente entre eux. D'un commun accord ils évitèrent, pendant quelques semaines, d'agiter les questions brûlantes que la guerre seule pouvait résoudre. La France ne parla pas de l'évacuation de Malte et de l'Égypte, tant de fois promise et toujours ajournée ; elle cessa de se plaindre des attaques de la presse et des complots tramés par les émigrés. L'Angleterre de son côté n'éleva plus de réclamations au sujet de la Hollande, du Piémont et de la Suisse. C'était le moment où les deux ambassadeurs, Andréossy pour la France et Whitworth pour l'Angleterre, arrivaient à Londres et à Paris. Bien que les deux nations, à la suite de notes échangées, fussent en quelque sorte sur le pied de guerre l'une vis-à-vis de l'autre, les deux ambassadeurs furent accueillis avec une égale courtoisie. On eût dit qu'on cherchait, de part et d'autre, à prolonger les illusions sur la durée de la paix, car on comprenait la gravité de la dénonciation des hostilités, et ni le premier consul ni le cabinet anglais ne voulaient assumer la responsabilité de la rupture.

Ce calme était trompeur. Dès la fin de janvier 1803, Talleyrand, pressé par Bonaparte, interpellait de nouveau lord Whitworth au sujet des attaques de la presse anglaise, et insistait pour connaître la date précise de l'évacuation de Malte. Au même moment, le 30 janvier, fut publié au *Moniteur*, très à propos pour éviter à l'ambassadeur anglais des explications embarrassantes, un rapport de Sébastiani sur la situation de la France en Orient. Ce rapport était rempli d'insinuations blessantes contre l'Angleterre et l'armée qu'elle entretenait en Égypte. Sébastiani allait jusqu'à affirmer que le général Stuart, commandant de cette armée, avait voulu le faire assassiner. Il évaluait cette armée, en y joignant les forces turques, à un peu plus de 16 000 hommes, et après avoir avancé que « c'était un ramassis d'hommes, mal armés, sans discipline, usés par les excès et la débauche », il concluait par cette phrase significative : « Six mille Français suffiraient aujourd'hui pour reconquérir l'Égypte. » Cette publication ressemblait à un manifeste. Le peuple anglais en fut indigné, et le ministère Addington, au lieu de donner des explications sur son refus d'évacuer Malte, en réclama au sujet du Piémont, de la Hollande et de la Suisse. Le traité d'Amiens, disait-il non sans raison, est fondé sur le principe des compensations et des restitutions réciproques. Que la France s'exécute ! sinon l'Angleterre gardera ce qu'elle détient encore.

À l'énergie de cette revendication Bonaparte comprit que l'heure était passée des finesses diplomatiques. Certes il désirait la guerre ; mais, quelle que soit la puissance d'un homme, quelle que soit sa confiance en lui-même, il hésite toujours avant de prendre une détermination aussi grave, et de lancer son pays dans des aventures dont nul ne peut prévoir l'issue. Le premier consul voulut avoir avec l'ambassadeur une entrevue personnelle. Elle eut lieu aux Tuileries dans la soirée du 18 février. Bonaparte proposa nettement à Whitworth d'associer la France à l'Angleterre pour le gouvernement du monde. Règlement à l'amiable des indemnités territoriales, traités de commerce, partage d'influence, il lui offrit tout ce qu'il pouvait désirer, et comme l'ambassadeur, surpris et étonné, commençait à parler de nos récentes augmentations de territoire, il fut interrompu par le premier consul : « Je suppose que vous voulez parler du Piémont et de la Suisse. Ce sont des bagatelles. » Ces mots malheureux produisirent une déplorable impression. Ne démontraient-ils pas qu'en proposant à l'Angleterre une alliance, Bonaparte commençait par prendre la part du lion. S'il traitait de bagatelles des faits aussi graves que l'annexion du Piémont à la France et la médiation suisse, quelles n'étaient donc pas ses intentions pour l'avenir ! Aussi bien, lorsque le cabinet anglais reçut la dépêche de l'ambassadeur, il partagea ses craintes et, dans le cours des discussions du parlement anglais, ce mot imprudent de « bagatelles » revint avec insistance, et fut comme une arme entre les mains de l'opposition.

Deux jours plus tard, le 20 février 1803, une nouvelle imprudence de Bonaparte aggrava la situation. Dans l'exposé annuel des affaires

présenté au Corps législatif, le premier consul n'hésitait pas à provoquer l'Angleterre. Après avoir rappelé que deux partis s'y dispu
taient l'influence, « il est des mesures, ajoutait-il, que la prudence
commande au gouvernement de la République. Cinq cent mille
hommes doivent être et seront prêts à la défendre et à la venger...
Quel que soit à Londres le succès de l'intrigue, elle n'entraînera pas
d'autres peuples dans des ligues nouvelles, et le gouvernement le
dit avec un juste orgueil : seule, l'Angleterre ne saurait aujourd'hui
lutter contre la France ».

La réponse à cette maladroite provocation ne tarda pas. Un
message du roi Georges, en date du 8 mars 1803, informait la
Chambre des communes que, « vu les préparatifs militaires qui se
faisaient dans les ports de France et de Hollande, il avait cru devoir
adopter de nouvelles mesures de précaution pour la sûreté de ses
États. Ces préparatifs étaient, il est vrai, présentés par la France
comme ayant pour but des expéditions coloniales, mais comme il
existait entre Sa Majesté et le gouvernement français des discussions
d'une grande importance et dont le résultat demeurait incertain,
Sa Majesté s'était déterminée à s'adresser à ses fidèles communes, et
elle comptait sur leur concours pour l'emploi de toutes les mesures
qu'exigeraient l'honneur et l'intérêt du peuple anglais ».

Dès lors les événements se précipitent. Le message du cabinet
anglais avait été connu à Paris le 11 mars. Le surlendemain 13, à
l'audience des Tuileries, Whitworth fut interpellé par le premier
consul, en présence de tous les ambassadeurs, avec une violence
singulière. « Ainsi vous voilà déterminés à nous déclarer la
guerre? — Non, nous sommes trop sensibles aux avantages de
la paix. — Vous nous avez déjà fait la guerre dix ans; vous voulez la faire encore quinze ans; vous m'y forcez! » Puis s'adressant
à Markoff et Azara, les ambassadeurs de Russie et d'Espagne : « Les
Anglais veulent la guerre; mais, s'ils sont les premiers à tirer l'épée,
je serai le dernier à la remettre dans le fourreau. Ils ne respectent
pas les traités! Il faut les couvrir d'un voile noir! » Et revenant à
Whitworth, il se répandit en plaintes contre la mauvaise foi
britannique! « Il faut respecter les traités, s'écria-t-il à plusieurs
reprises. Malheur à ceux qui les violent! »

Whitworth venait de rendre compte aux ministres de ce grave

9

incident, lorsqu'on apprit en Angleterre que le Sénat de Hambourg, sur l'instigation de l'agent français Reinhard, venait de publier dans la gazette officielle un morceau déclamatoire, qui émanait directement du premier consul, et qui était rempli d'outrageantes récriminations au sujet du message du 8 mars. « On ne pouvait dire si un pareil acte était l'ouvrage de la folie, de la faiblesse ou de la trahison... On était tenté de se demander si le message du roi d'Angleterre n'était pas une plaisanterie, si une pareille farce était digne de la majesté d'un gouvernement; enfin on ne voyait aucun motif raisonnable auquel on pût rapporter un pareil acte, si ce n'est à la mauvaise foi, à une inimitié jurée envers la France, à la perfidie, au désir de violer ouvertement un traité solennel. »

Le cabinet anglais, malgré l'éclat de la scène des Tuileries, avait jusqu'alors évité de se prononcer. Addington et ses collègues n'avaient en effet, pour rester au ministère, d'autre raison d'être que la paix qu'ils avaient négociée et qu'ils voulaient conserver; mais, cette fois, l'honneur anglais se trouvait atteint, la nation entière se sentait insultée, et le ministère dut renoncer à toute temporisation. Il résuma donc dans une note courte et précise, en date du 26 avril, les satisfactions qu'il réclamait : cession de l'île de Lampedouse qu'il se chargeait d'obtenir du roi des Deux-Siciles, occupation de Malte pendant dix ans, évacuation de la Hollande et de la Suisse, indemnité pour le roi de Sardaigne dépouillé du Piémont. Si, au bout de sept jours, ces conditions n'étaient pas acceptées, l'ambassadeur avait ordre de demander ses passe-ports.

Bonaparte, surpris par cette mise en demeure, essaya de gagner du temps et protesta de ses intentions pacifiques. Peut-être était-il sincère, et, après avoir attisé le feu, trouvait-il que l'incendie prenait des proportions formidables. Comme la réponse n'était pas arrivée dans le délai prescrit, Whitworth, fidèle à ses instructions, réclama une première fois ses passeports. Le premier consul, d'ordinaire si irritable, répondit avec une grande modération. Talleyrand reçut l'ordre d'écrire à Whitworth que, « accoutumé depuis deux mois à faire des sacrifices de toute espèce pour le maintien de la paix, le premier consul ne repousserait pas un terme moyen qui serait de nature à couvrir les intérêts et la dignité des deux pays ». Le cabinet anglais avait été long à se décider; mais, déterminé aux derniers

BONAPARTE ET LORD WHITWORTH AUX TUILERIES.

sacrifices, il enjoignit à son représentant à Paris de reproduire purement et simplement l'ultimatum du 26 avril, et de réclamer pour la seconde fois ses passeports. Bonaparte, qui tenait à mettre du côté de l'Angleterre les torts de la rupture, proposa la mise de Malte entre les mains du czar, se déclarant prêt « à ratifier et à trouver bon tout ce que Sa Majesté Impériale déciderait sur cette question ». Le cabinet anglais ne voulut rien entendre. Whitworth quitta décidément Paris le 13 mai. La rupture était consommée.

L'Angleterre, au début des opérations, se trouvait seule contre la France. Elle n'avait en effet pour allié que le Hanovre, dont l'électeur était en même temps roi de Grande-Bretagne. Mais la possession du Hanovre constituait pour elle un embarras plutôt qu'un avantage, car elle était moralement forcée de défendre ce domaine héréditaire, et l'armée qu'elle enverrait pour la protéger aurait de la peine à résister aux forces autrement importantes que la France ne manquerait pas de diriger contre cette province. Pendant de longs mois l'Angleterre fut donc exposée toute seule aux rancunes consulaires ; mais, sans se troubler un seul moment, elle accepta la lutte ; elle la soutint avec énergie, souvent avec bonheur, et son active diplomatie réussit bientôt à remuer l'Europe et à former contre la France une coalition nouvelle.

Avant d'entrer dans le récit de la guerre maritime, il importe d'énumérer les causes qui contribuèrent à la rupture de la paix de Lunéville et à la formation de la troisième coalition.

La Russie fut la première des puissances européennes qui promit son concours à l'Angleterre. Le czar Alexandre en effet, tenté un instant de suivre la politique paternelle et de s'allier franchement à la République française, n'avait pas tardé, dans son ambition de se poser en arbitre de l'Europe, à s'opposer aux projets de Bonaparte. Ce dernier, qui connaissait son impatience de jouer un grand rôle et qui d'ailleurs comprenait la nécessité de s'assurer une alliance solide, avait espéré se l'attacher en lui proposant, de concert avec lui, la médiation pour le règlement des affaires allemandes, et la distribution nouvelle des territoires par suite des sécularisations et des indemnités à accorder aux princes dépossédés. Alexandre avait accepté cette invitation avec plaisir, mais il s'était heurté presque aussitôt contre les volontés bien arrêtées de Bonaparte, et l'empres sement des premiers jours se convertit promptement en une froideur significative.

Bonaparte, de plus en plus persuadé de la nécessité de l'alliance russe, fit de nouvelles avances au czar. Lors de la rupture de la paix d'Amiens, il lui proposa l'arbitrage du démêlé entre la France et l'Angleterre. C'était une adroite façon d'écarter la Russie du débat, en feignant de croire qu'elle n'avait aucun intérêt dans la question. Or Alexandre, qui n'avait pas cessé un instant d'intercéder auprès de Bonaparte en faveur de ses clients de Naples, de Piémont et d'Allemagne, et qui par conséquent avait contre la France des griefs communs avec l'Angleterre, éventa le piège, et proposa non pas un arbitrage, mais une médiation. L'ambassadeur de Russie à Paris, Markoff, très hautain, très peu conciliant, mais d'une grande pénétration, avait été le premier à comprendre que la Russie jouerait un rôle de dupe en acceptant l'arbitrage, c'est-à-dire en réglant les questions qu'on voudrait bien lui soumettre, tandis que, par la médiation, elle fixerait elle-même les concessions qu'elle jugerait propres à amener une réconciliation entre les belligérants, et, par cela même, réserverait son action.

Le premier consul fut très irrité de cette nouvelle attitude du czar. Il ne cacha pas son dépit, et eut le tort de s'emporter contre Markoff, dont il demanda le rappel « comme se mêlant fréquemment et d'une façon désagréable des intrigues du pays ». En même temps il déclara qu'il n'acceptait pas la médiation russe. C'était une déconvenue pour le czar. Il en garda un profond ressentiment contre Bonaparte, et n'attendit plus qu'une occasion pour manifester sa rancune.

· Cette occasion se présenta lors de l'exécution du duc d'Enghien. Alors que l'Autriche et que la Prusse n'osaient seulement pas protester, alors que les princes allemands ou italiens feignaient d'ignorer l'attentat, et que l'Espagne elle-même se taisait, Alexandre eut le mérite de dire tout haut ce qu'on pensait tout bas. Il fit prendre le deuil à sa cour, parla des sentiments de douleur et d'étonnement qu'il avait éprouvés à la nouvelle de la catastrophe, et protesta contre l'infraction au droit des gens commise par la violation d'un territoire neutre. La réponse de Bonaparte ne se fit pas attendre. Elle fut sanglante. On lisait en effet dans le *Moniteur* : « La plainte que la Russie élève aujourd'hui conduit à demander si, lorsque l'Angleterre médita l'assassinat de Paul Ier, on eût eu connaissance que les auteurs du complot se trouvaient à une lieue des frontières, on n'eût pas été empressé de les faire saisir. » Le premier consul ne se contenta pas de cette terrible allusion à l'impunité dont jouissaient auprès d'Alexandre les meurtriers de son père. Il rappela sur le champ notre ambassadeur de Saint-Pétersbourg et le remplaça par un chargé d'affaires, dont la seule instruction consistait à répéter que la France ne voulait pas la guerre, mais qu'elle ne la craignait avec personne. Le czar de son côté rappela Oubril, qui avait remplacé Markoff (septembre 1804). La guerre n'était donc pas déclarée, mais les relations étaient interrompues, et le czar ne cachait plus son intention de réunir l'Europe entière dans une action commune contre la France.

Le 24 mai 1804, au lendemain de la mort du duc d'Enghien, la Russie avait signé avec la Prusse un traité secret, aux termes duquel les deux États s'engageaient à nous déclarer la guerre « dès le premier empiètement du gouvernement français contre les États du Nord ». Le 6 novembre de la même année, le czar contractait avec l'Autriche une convention secrète d'un caractère analogue, pour le cas où le *statu quo* serait troublé soit en Italie, soit en Turquie, par de nouvelles usurpations de la France. Alexandre ne voulut pas se contenter de ces promesses un peu vagues. Il était alors entouré de jeunes gens, animés de généreux sentiments, mais pleins d'illusions, qui avaient formé pour la régénération de l'Europe des plans merveilleux, et persuadaient au czar qu'il était l'instrument prédestiné de la Providence pour l'exécution de ces projets. Un de ces candides réformateurs, Nowosiltzoff, fut envoyé à Londres, dans les premiers mois de 1805, pour s'entendre avec Pitt, qui venait de remplacer Addington, au sujet des remaniements territoriaux et du nouveau droit public qu'ils prétendaient imposer à l'Europe. Pitt, avec son bon sens pratique, écarta toutes ces utopies, et demanda qu'on en revînt simplement aux stipulations des traités de Lunéville et d'Amiens. Une troisième convention fut en effet signée à Saint-Pétersbourg, le 11 avril 1805, en vertu de laquelle l'Angleterre et la Russie se promettaient l'une à l'autre d'obtenir l'évacuation de la Suisse, de la Hollande, de l'Allemagne du Sud et de l'Italie. C'est ainsi que tout se préparait en Europe pour renouveler contre la

France une grande coalition; mais, sauf l'Angleterre, qui était en guerre ouverte, aucune des puissances contractantes n'osait prendre sur elle la responsabilité de la rupture, et le czar lui-même hésitait à se mettre à la tête de cette croisade de souverains, qu'il avait pourtant encouragée et formée.

Le premier consul, qui dans l'intervalle était devenu l'empereur Napoléon, connaissait la campagne diplomatique menée par la Russie. Les allées et les venues des négociateurs, les rapports des journaux, les indiscrétions commises, tout, jusqu'à des mouvements de troupes inusités et suspects, semblait annoncer une crise imminente. L'Angleterre n'avait pas caché, c'était lord Mulgrave qui l'annonçait à Talleyrand dès le 14 janvier 1805, « qu'elle était en pourparlers avec les principales puissances du continent, et particulièrement avec l'empereur de Russie auquel la liaient des rapports très confidentiels ». Napoléon était donc au courant de ce qui se tramait en Europe contre lui, mais il n'ignorait pas non plus que le czar avait été froissé de la raideur avec laquelle Pitt avait traité son favori Nowosiltzoff, et du sans-gêne avec lequel il avait substitué ses idées aux siennes. Il savait que les autres puissances, que l'Autriche, que la Prusse surtout ne prendraient part à la lutte qu'à leur corps défendant. Avec quelques ménagements et un peu d'habileté, il aurait pu éviter la guerre; mais, au lieu de l'éviter, il la rechercha, il la provoqua même par ses imprudences.

Le czar n'avait pas voulu se risquer dans une aussi grosse entreprise que celle d'une guerre avec la France sans essayer une dernière tentative de conciliation. Il chargea Nowosiltzoff, le confident de toutes ses pensées, d'une mission extraordinaire auprès de Napoléon. Comme nos relations diplomatiques avec la Russie étaient interrompues, le négociateur se rendit d'abord à Berlin pour obtenir des passeports par l'intermédiaire du gouvernement prussien. En effet le roi Frédéric-Guillaume s'empressa d'annoncer à Napoléon la prochaine arrivée du représentant d'Alexandre. C'était une occasion inespérée d'assurer la paix par quelque concession, et Napoléon le pouvait d'autant plus facilement que Nowosiltzoff était porteur d'instructions conciliantes; mais il répondit en ajournant à deux mois l'audience de l'envoyé russe, et, dans l'intervalle, il allait rendre toute conciliation impossible.

Il ne restait plus en Italie que bien peu d'États encore indépendants : Gênes, Lucques, l'Étrurie, Rome et Naples, bien qu'ils
eussent les apparences de l'autonomie, étaient en effet à la discrétion
de la France. Depuis qu'il avait pris le titre de roi d'Italie, Napoléon,
voulant faire concorder les faits et les mots, annonça son intention
d'annexer les unes après les autres toutes les provinces italiennes qui
ne lui appartenaient pas encore. Les rois d'Étrurie et de Naples
furent menacés d'une exécution militaire, et le pape durement
rappelé au sentiment de sa faiblesse. Enfin l'Europe apprit, à sa
grande surprise et à sa profonde indignation, que la république de
Lucques, convertie en principauté, venait d'être octroyée à Baciocchi,
le mari d'Élisa Bonaparte, et que la république de Gênes était
annexée purement et simplement à l'empire français. Napoléon avait
pris ces graves déterminations sans consulter personne. Il s'était, il
est vrai, fait présenter des volumes remplis de signatures, par
lesquelles les Génois étaient censés demander leur incorporation à
l'Empire, mais nul ne fut dupe de ce simulacre de volonté nationale.

La conséquence immédiate de cet audacieux déni de justice fut
que la Russie rappela Nowosiltzoff, se rapprocha de l'Angleterre et
se disposa à entrer en campagne. Le traité du 11 avril 1805 fut
converti en une alliance offensive et défensive par laquelle les deux
puissances s'engageaient à rendre à la Suisse et à la Hollande leur
autonomie, et à faire rentrer la France dans ses anciennes limites.
De la Belgique réunie à la Hollande on formerait un royaume pour
le prince d'Orange. Avec le Piémont agrandi de Nice, de la Savoie,
et, s'il était possible, de Gênes et de Lyon, on reconstituerait le
royaume de Sardaigne. L'Autriche rentrerait en possession de la
Lombardie et garderait le Vénitien. La Russie et l'Angleterre ne
prendraient pour elles aucun territoire, mais elles se réservaient, à
la paix générale, de réunir un congrès « pour discuter et fixer le
code des nations sur une base déterminée ». En outre, l'Angleterre
promettait à chaque puissance coalisée un subside annuel de
15000 guinées par 10000 hommes. Des agents anglais surveilleraient
les opérations des armées, afin de vérifier si les fournitures d'hommes
avaient été régulières. Des consuls anglais seraient installés partout,
et des traités de commerce étaient promis : manière commode et
légale de rentrer dans ses avances de fonds. C'était donc une véri-

table dictature financière que prenait l'Angleterre, et le czar s'abaissait à un rôle subalterne en acceptant ainsi les subsides de son allié. Mais ne fallait-il pas en finir à tout prix avec la France, et surtout avec son redoutable chef !

Une troisième puissance, l'Autriche, allait bientôt se joindre à l'Angleterre et à la Russie, et, par son accession, donner à la nouvelle coalition une force singulière.

L'Autriche avait été fortement éprouvée par les guerres soutenues contre la France depuis 1792. A deux reprises elle avait dû s'avouer vaincue, et les traités de Campo-Formio et de Lunéville avaient constaté cette défaite. Humiliée et réduite à une impuissance momentanée, elle n'avait renoncé ni à ses rancunes ni à ses espérances, mais elle avait résolu de ne se départir de la politique d'expectative que lorsque toutes les chances seraient de son côté. En 1803, lors du règlement des indemnités territoriales en Allemagne, elle avait été systématiquement traitée avec une certaine rigueur, et c'était presque malgré elle qu'elle avait accepté le vœu de la diète. Rendue prudente à l'excès par ces déceptions répétées, elle repoussa les offres de l'Angleterre, qui aurait voulu dès 1803 l'entraîner dans une coalition contre la France. Lors de l'exécution du duc d'Enghien, le premier ministre Cobenzl eut le triste courage de dire à notre ambassadeur Champagny, il est vrai dans une conversation privée, que « son maître comprenait les nécessités de la politique »; et, lorsque la Russie protesta officiellement auprès de la diète germanique, il se déclara « satisfait des éclaircissements fournis ». Sous cette attitude passive couvaient d'amers ressentiments et l'Autriche ne perdit pas le souvenir de l'offense. Elle se réservait de la venger plus tard.

En 1804 les colères, depuis longtemps contenues, faillirent provoquer une explosion. Le premier consul avait pris le titre d'empereur et voulait être reconnu à ce titre par l'empereur d'Allemagne. Ce dernier trouva que le moment était bien choisi pour échanger, comme prix de sa reconnaissance, le titre d'archiduc contre celui d'empereur héréditaire d'Autriche. Napoléon consentit volontiers à cette substitution; mais ni lui ni François II ne voulaient prendre les devants. On eût dit qu'ils redoutaient l'un et l'autre leur mauvaise foi réciproque.

Napoléon se lassa le premier de cette comédie diplomatique. Il prescrivit à son ambassadeur Champagny de s'engager par écrit, si l'Autriche le croyait nécessaire, à reconnaître le nouveau titre d'empereur d'Autriche, mais de laisser clairement voir qu'on n'était pas et qu'on ne voulait pas être la dupe des défiances autrichiennes. L'empereur ajoutait même ces menaçantes paroles : « Vous direz qu'il y a un commencement de coalition qui se forme, et que je ne donnerai pas le temps de la nouer ; que l'on se tromperait étrangement si l'on pensait que je ferai une descente en Angleterre tant que l'empereur n'aura pas envoyé sa reconnaissance; qu'il n'est pas juste que, par cette conduite équivoque, il me tienne 300 000 hommes les bras croisés sur les bords de la Manche; que, si l'on est assez insensé à Vienne pour vouloir recommencer la guerre, tant pis pour la monarchie autrichienne! — 3 août 1804. » L'empereur d'Allemagne ressentit vivement l'outrage. Ce n'était pas à la menace qu'obéissait jadis cette cour si fière, mais il croyait avec raison que le moment n'était pas venu de déclarer ses véritables sentiments. Il envoya donc la reconnaissance demandée, et se hâta d'ériger ses États héréditaires en empire d'Autriche, « pour garder, disait-il, la parité avec la nouvelle maison de France, et se mettre au niveau des principaux monarques de l'Europe pour ce qui regarde les titres. — 10 août 1804 ».

Une situation aussi tendue ne pouvait se prolonger longtemps. On sait que, dès le 6 novembre 1804, un traité secret fut conclu entre l'Autriche et la Russie. L'Autriche seulement refusa de se déclarer tout de suite, mais elle augmenta dans des proportions considérables le nombre de ses soldats, et se prépara à la lutte prochaine. Napoléon était au courant de ces intrigues et de ces préparatifs. Il s'abstint de représentations qui n'auraient servi qu'à redoubler l'activité de l'Autriche, mais il profita du premier prétexte que lui offrit le hasard pour réclamer des explications catégoriques. Prony, membre de l'Institut, venait d'être brutalement arrêté à Vienne. Aussitôt Napoléon ordonne d'arrêter deux des Autrichiens les plus marquants qui se trouvaient à Paris, et enjoint à Talleyrand de soulever en même temps diverses questions restées litigieuses. Ainsi l'Autriche venait d'acquérir Lindau sur le lac de Constance, position militaire très importante. En outre elle refusait d'acquitter la dette de Venise mise à sa charge par les traités, et elle poussait la complaisance à l'égard de la Grande-Bretagne jusqu'à contremander toutes les expéditions faites dans les pays que l'Angleterre déclarait en état de blocus. L'Autriche riposta en se prétendant lésée par l'annexion de Lucques et de Gênes, et par les changements apportés dans la constitution de la Suisse et de la Hollande. De part et d'autre les allégations étaient exactes, mais les deux puissances en étaient déjà arrivées au point de ne plus avoir besoin de prétexte, et, alors que les diplomates échangeaient leurs protocoles, les généraux combinaient déjà leurs plans de campagne.

Par une première note en date du 24 juillet 1805, Talleyrand avait récapitulé les griefs de la France. Il renouvela cette demande d'explications par une lettre adressée le 5 août au ministre Cobenzl. Le cabinet autrichien répondit en offrant sa médiation entre les belligérants. C'était une offre dérisoire, car, au même moment, il adhérait à Saint-Pétersbourg au traité de coalition entre la Russie et l'Angleterre. Napoléon refusa la médiation, fit demander à l'Autriche quelles étaient ses intentions définitives, lui annonçant que, si elle ne désarmait pas immédiatement, il l'attaquerait tout de suite.

Pressée par l'Angleterre, à laquelle il tardait de voir les camps français s'éloigner de Boulogne, et mal conseillée par quelques-uns de ses généraux, l'Autriche fit remettre à Paris, le 12 septembre, sa réponse aux demandes du gouvernement français. Quelques-uns des griefs qui figuraient dans ce manifeste n'étaient que des prétextes, puisqu'elle réclamait le maintien de la paix de Lunéville, qui avait été si pénible pour elle, et qu'elle prétendait soutenir l'indépendance des républiques batave, helvétique et ligurienne, républiques que nous avions faites et qu'elle avait tant combattues; mais le rédacteur de ce manifeste avait tracé un tableau saisissant de la tyrannie militaire que Napoléon prétendait imposer à l'Europe : « Le repos de l'Europe est troublé quand une puissance s'attribue des droits d'occupation, de protection, d'influence qui ne sont avoués ni par le droit des gens, ni par les traités; quand elle parle des droits de la victoire après la paix qui les a éteints; quand elle emploie la force et la crainte pour dicter des lois à ses voisins, pour les obliger d'assimiler leur constitution à la sienne, ou pour leur arracher des alliances, des concessions, des actes de soumission et

d'incorporation; enfin quand elle s'érige seule en arbitre du sort et
des intérêts communs des nations, et qu'elle veut exclure d'autres
puissances de toute participation au maintien de l'équilibre général. »

L'Autriche, joignant les actes aux paroles, envahit aussitôt la
Bavière, et commença les hostilités.

La Suède et Naples devinrent aussi des membres actifs de la coalition. Le roi de Suède, Gustave IV, s'était fait, comme son prédécesseur, le champion des dynasties menacées et de l'ancien régime
compromis. Il avait, à propos de l'exécution du duc d'Enghien,
protesté vigoureusement, et, dans la diète germanique, dont il était
membre comme duc de Poméranie, il s'éleva contre l'élévation du
premier consul à la dignité impériale (18 mai 1804). Napoléon aurait voulu conserver entre la France et la Suède la vieille amitié qui
si longtemps avait uni les deux pays. Il n'aurait même pas mieux
demandé que de consolider et d'étendre la puissance suédoise, afin
de l'opposer plus aisément dans le Nord au colosse russe; mais,
insulté dans son honneur et froissé dans sa légitime ambition, il
ne put se décider à passer outre. A la double protestation de Gustave IV répondit un article du *Moniteur*, où le roi de Suède était
traité comme un jeune homme sans forces, sans moyens et sans
expérience. On le tournait même en ridicule, en affirmant qu'il
n'avait recueilli de l'héritage de Charles XII que sa témérité et ses
bottes. Aussitôt le roi ordonna à notre chargé d'affaires, Caillaud,
de quitter Stockholm, et n'attendit pour entrer en campagne que la
déclaration des autres puissances. Dès le 14 janvier 1805, il signait
avec la Russie un traité d'alliance offensive et défensive. Le 31 août,
par le traité d'Helsingborg, il acceptait les subsides de l'Angleterre,
et s'engageait à faire une diversion vigoureuse en Hanovre. Il est
vrai que les événements se précipitèrent et que la bataille d'Austerlitz coupa court aux velléités qu'avait Gustave IV de renouveler
en Allemagne les exploits de son aïeul Gustave-Adolphe; mais la
Suède faisait partie de la coalition, et, à un moment donné, son concours pouvait être utile.

Quant au roi de Naples, par tradition de famille, et aussi par
nécessité, il était notre ennemi. Napoléon le traitait avec un sans-
gêne insultant. Il ne lui ménageait ni les affronts, ni les menaces, et

ne cachait pas son intention d'achever quelque jour l'unité italienne en annexant le royaume de Naples. Trop faible pour agir, la cour napolitaine, la reine Marie-Caroline surtout, recourait à l'arme des faibles, à l'intrigue. Elle remplissait l'Europe de ses agents. L'écho de leurs plaintes retentissait en France, et Napoléon prenait acte de ces imprudences pour entretenir en quelque sorte une querelle ouverte. Il abusait même de la faiblesse napolitaine, et s'emportait à de dures menaces. « Que votre Majesté écoute cette prophétie, écrivait-il à la reine, le 2 janvier 1805, à la première guerre dont elle serait cause, elle et sa postérité auraient cessé de régner, ses enfants errants mendieraient dans les diverses contrées de l'Europe les secours de leurs parents. » Quelques jours plus tard la reine Marie-Caroline lui ayant envoyé, pour le féliciter de son nouveau titre de roi d'Italie, un ambassadeur extraordinaire, prince de Cardito, Napoléon l'interpella brutalement en pleine audience : « Dites à votre reine que ses brigues me sont connues, et que ses enfants maudiront sa mémoire, car je ne lui laisserai pas dans son royaume assez de terre pour y bâtir son tombeau. » Les assistants croyaient à l'exécution immédiate de ces menaces, mais Napoléon avait alors à jouer contre les coalisés une partie redoutable. Il se contenta d'imposer à la cour napolitaine un traité de neutralité qui lui permettait de disposer en Italie contre l'Autriche de troupes plus nombreuses. En publiant ce traité, le *Moniteur* ajoutait les réflexions suivantes : « Sans doute l'intérêt de la France conseillait de s'assurer par une conquête utile et facile d'un royaume qui touche de si près aux états de Sa Majesté en Italie; mais elle n'a pas voulu qu'on pût lui imputer d'avoir mis un obstacle à la paix générale; elle a suivi les principes de la politique généreuse et modérée qui sert de règle à toutes ses déterminations. » La menace restait donc toujours suspendue, et, dans ce douteux état qui n'était ni la paix ni la guerre, il n'est pas étonnant que le roi de Naples ait saisi la première occasion favorable pour se joindre à nos ennemis.

Angleterre, Russie, Autriche, Suède, Naples, telles sont donc les puissances qui ont uni leurs griefs contre la France, et dont le rapprochement intime a formé ce qu'on est convenu d'appeler la troisième coalition. Il est vrai que la France n'est plus seule. La Hollande, la Suisse, l'Italie, et bientôt l'Allemagne du Sud s'uniront à

elle. L'Espagne lui donnera bientôt ses flottes. La lutte va s'étendre
à toute l'Europe, et même aux mers les plus lointaines. Il importe
.même, afin de présenter un tableau méthodique de cette lutte gigantesque, d'étudier à part la guerre maritime et la guerre continentale. Dans la première, la France et l'Espagne se trouvent en présence de l'Angleterre; dans la seconde, la France et ses alliés auront à
combattre tous les membres de la coalition.

CHAPITRE VII

CAMP DE BOULOGNE. TRAFALGAR.

L'Angleterre ouvrit les hostilités par un acte de piraterie qui lui était habituel. Elle donna l'ordre d'arrêter dans les ports de la Grande-Bretagne les vaisseaux français et hollandais qui s'y trouvaient, et lança ses escadres à la poursuite de ceux qui naviguaient sur la foi des traités. Près de douze cents bâtiments, représentant une valeur de 200 millions, furent ainsi confisqués avec leurs passagers et leurs équipages. Le premier consul protesta contre cet acte de brigandage. On lui répondit que tels étaient les usages anglais. En effet, aux débuts de la guerre de Succession d'Autriche en 1740, de la guerre de Sept Ans en 1756, de la guerre d'Amérique en 1778, de la guerre de la première coalition en 1793, l'Angleterre n'avait pas autrement procédé, et même l'espérance de saisir une aussi riche proie n'avait pas été un des moindres stimulants des campagnes entreprises. Bonaparte voulut montrer par un acte éclatant que le privilège que s'arrogeaient les Anglais ne les mettait pas à l'abri des représailles. Un décret en date du 22 mai ordonna l'arrestation et le maintien en France de tous les sujets mâles de la couronne britannique, âgés de plus de dix-huit ans et de moins de soixante, qui se trouvaient sur le continent. La guerre commençait à peine et déjà les deux nations rivales recouraient à des procédés odieux, qui dénotaient une exaspération réciproque et, de part et d'autre, l'intention bien arrêtée de lutter jusqu'à la dernière extrémité.

Aussi bien la France et l'Angleterre étaient à peu près invulnérables, la première sur le continent, la seconde sur mer. C'était donc aux opérations maritimes que Bonaparte devait accorder l'attention la plus soutenue, afin de diminuer son infériorité bien constatée, et c'était sur le continent que le cabinet anglais, afin de rétablir l'équilibre des forces, devait concentrer son activité. De là un double courant soit de préparatifs maritimes, soit d'intrigues continentales, qu'il est assez difficile de distinguer.

Le premier consul s'occupa tout d'abord de fermer le continent aux Anglais. Il commença par interdire toute relation commerciale. Défense absolue de recevoir dans nos ports aucune marchandise anglaise, aucun navire expédié d'Angleterre ou ayant touché à un port anglais. C'était la première application du fameux système de blocus continental, c'est-à-dire de la fermeture des côtes au commerce qui pour la France avait sa raison d'être, mais qui, étendu aux pays alliés et même aux puissances neutres, allait bientôt dégénérer en tyrannie, et provoquer d'irréconciliables ressentiments.

Bonaparte fit ensuite reprendre à nos soldats toutes les positions qu'ils occupaient avant la signature de la paix d'Amiens, soit en Italie, soit en Hollande, soit au Hanovre. Gouvion Saint-Cyr entra dans le royaume de Naples, occupa Tarente, Pescara, Otrante et Brindisi, et fit de la première de ces villes l'arsenal maritime de l'Italie. Il devait en outre exiger que ses troupes fussent « soldées, nourries et habillées par le roi de Naples ». C'était un procédé expéditif pour entretenir un corps d'armée aux dépens de l'étranger. La Toscane, ou plutôt pour lui donner son nom temporaire, l'Étrurie, fut également garnie de troupes, et sa défense se combina avec celle de l'île d'Elbe et de la Corse. Livourne fut même déclarée en état de siège, sans doute comme punition de ses sympathies anglaises, et Murat fut invité à faire connaître « ce que le royaume pourrait fournir à la défense commune ». Dans le Piémont, Alexandrie fut transformée en un camp retranché gigantesque, pouvant donner asile à une armée entière. Gênes fut étroitement surveillée, et obligée de plier aux volontés consulaires. On lui envoya, sous prétexte de la protéger, un corps de troupes françaises qu'elle dut entretenir à ses frais, et bientôt le traité du 24 février 1804, sous prétexte « de resserrer de plus en plus les liens qui unissaient les deux États », lui imposa l'obligation de fournir à nos vaisseaux 4000 matelots. La Cisalpine était déjà façonnée à l'obéissance. Il n'y eut bientôt plus en Italie que les États Pontificaux qui conservèrent une apparence d'autonomie, et Venise, où flottait encore le drapeau autrichien. C'étaient par conséquent autant de marchés qui se fermaient au commerce britannique, autant de ports où s'improvisaient et s'armaient contre l'Angleterre des escadres qui pourraient devenir des flottes.

La Hollande n'aurait pas mieux demandé que de garder la neutra-

BRINDISI.

lité, mais Bonaparte la rappela durement au sentiment de sa faiblesse. Il la fit occuper par une armée de 18000 hommes, commandée par Marmont, qui devait être entretenue aux frais de la République, sans parler des 16000 Hollandais qui constituaient l'armée nationale. Enfin il mit sa flotte à l'abri dans la rade d'Helvoetsluys. Il la réservait pour de grandes entreprises.

La République Helvétique fut traitée avec plus de ménagements. On n'osa pas lui arracher de subsides, comme on l'avait fait à Naples, à Florence, à Gênes, à la Hollande : on se contenta de lui demander des hommes. Par le traité signé à Fribourg le 27 septembre 1803 elle s'engagea à nous fournir une armée de 16000 hommes, qui seraient entretenus à nos frais.

Pour le Hanovre, le premier consul ne prit même pas la peine de déguiser sa pensée : il le conquit purement et simplement. L'Angleterre avait envoyé pour le défendre une armée de 22000 hommes. Environ 14000 soldats, commandés par Mortier, poussèrent devant eux les Anglo-Hanovriens, et, après quelques engagements sans importance, leur imposèrent la capitulation de Sutlingen (15 juillet), en vertu de laquelle les soldats se retirèrent désarmés dans leurs foyers, et les officiers furent prisonniers sur parole. Les bouches de l'Ems et du Weser se trouvaient de la sorte fermées au commerce britannique, et le Hanovre était comme un gage précieux, dont le premier consul pourrait dorénavant disposer, soit pour le donner à une autre puissance pour gagner son alliance, soit même pour le garder. Il est vrai que des traités solennels avaient garanti la neutralité du Hanovre, et que la France avait reconnu cette neutralité au traité de Bâle de 1795; mais, ainsi que l'écrivait le *Moniteur*, « le roi Georges invoquerait-il la neutralité, si le Hanovre pouvait fournir deux cent mille hommes » ?

Bonaparte a donc réussi à armer contre l'Angleterre la Hollande, Naples, l'Étrurie et Gênes. La Suisse et la Cisalpine sont ses alliés. Le Hanovre est occupé par nos troupes, c'est-à-dire que presque toute l'Europe occidentale se ferme à l'Angleterre, et que le premier consul peut en toute sûreté s'occuper de ses projets maritimes.

Ces projets étaient considérables; les uns défensifs, les autres offensifs. Il fallait avant tout défendre nos vaisseaux et surtout nos colonies contre les flottes anglaises. Le premier consul fit en quelque sorte la part du feu. Il renonça complètement à la défense de quelques-unes de nos colonies, Sénégal, Guyane, et concentra toutes nos ressources dans l'océan Indien et dans la mer des Antilles. Decaen, un des plus brillants généraux de l'armée du Rhin, fut envoyé à l'île de France et à Bourbon avec d'importants renforts. On lui avait confié la mission d'entrer en relation avec les princes hindous, et de tout préparer pour une prochaine intervention de la France dans la grande péninsule asiatique. Decaen remplit sa mission avec une rare énergie. Non seulement il réussit à se maintenir à l'île de France et à Bourbon, où, reprenant les traditions de La Bourdonnais, il organisa contre les Anglais des courses fructueuses tout en développant les ressources locales, mais encore il promit le con-

TORANTE.

cours de la France à tous ceux des Hindous qui n'attendaient qu'une occasion pour secouer le joug anglais, et, soit directement, soit par ses intermédiaires, acquit une telle influence dans l'Hindoustan, que les Anglais, malgré leur écrasante supériorité, redoutaient un soulèvement général et surveillaient avec un soin jaloux les moindres démarches de leur adversaire. Dans les Antilles Bonaparte fut moins heureux. Il ne cessa pas un instant d'envoyer et de promettre des renforts à la Guadeloupe, à la Dominique, à Saint-Domingue surtout où les débris de notre armée se maintenaient encore contre les nègres et les mulâtres; mais les Anglais avaient dans ces parages une telle supériorité de forces, et étaient tellement résolus aux derniers sacrifices pour la conserver, que, malgré ses efforts et sa persévérance, toutes nos Antilles devaient les unes après les autres tomber entre leurs mains.

Découragé par ces échecs persistants, et jaloux d'arracher à l'Angleterre une nouvelle occasion d'affirmer sa supériorité maritime, Bonaparte imagina une combinaison malheureuse, que les circonstances commandaient peut-être, mais dont l'avenir n'a pas justifié la nécessité. Par le traité de Bâle, l'Espagne nous avait restitué la Louisiane. On donnait alors ce nom non pas seulement à l'état de l'Union qui le porte aujourd'hui, mais à toute la vallée du Mississipi. Craignant de ne pouvoir défendre contre les convoitises anglaises ce magnifique domaine, Bonaparte proposa aux États-Unis de l'acheter. La jeune République américaine accepta avec empressement cette proposition inattendue, et la Louisiane lui fut cédée moyennant quatre-vingts millions et la promesse de son admission dans la fédération (31 avril). C'était sans doute un pays de moins à défendre, mais Bonaparte n'aurait-il pas mieux fait d'envoyer à la Louisiane, comme il en eut d'abord l'intention, le général Bernadotte avec une petite armée? Cet admirable pays, alors tout français, et si bien disposé pour la France, nous appartiendrait peut-être encore à l'heure actuelle, et, si une nouvelle France s'était alors fondée dans le golfe du Mexique, les destinées de la métropole n'auraient-elles pas été singulièrement modifiées!

Après avoir organisé ce qu'on pouvait appeler la partie défensive de la guerre maritime, Bonaparte s'occupa sérieusement de la partie offensive. Tous ses projets se résument en un seul mot : descente en

Angleterre. On a prétendu qu'il n'a jamais sérieusement songé à envahir la Grande-Bretagne. C'est une grande erreur. Dès le début ce fut son plan favori. Il y consacra pendant plusieurs années son énergique activité, toute la flexibilité de son esprit, et les immenses ressources dont il disposait. L'Angleterre était la seule puissance qui, dans le concert écœurant des louanges à lui prodiguées par les autres nations de l'Europe, avait eu le courage de contrecarrer ses desseins et de mépriser ses menaces. Aussi la haïssait-il de toute la force de ses rancunes, et, dans le duel à mort qu'il méditait contre elle, il voulait réunir entre ses mains tout ce qui était nécessaire pour la frapper à mort. Or il était évident que l'Angleterre était à peu près insaisissable sur mer. C'est en la prenant corps à corps pour ainsi dire, c'est en l'attaquant dans son île, et rien que dans son île, qu'on pouvait espérer la réduire. Bonaparte se donna tout entier à cette œuvre de vengeance et mit tout en œuvre pour réaliser ce projet, d'une exécution si difficile.

Son premier soin fut de préparer l'opinion. Il s'y employa avec un art infini. On peut dire qu'il inventa, et qu'il porta tout de suite à sa perfection l'art de provoquer dans les esprits une agitation factice, et de rendre nationale une guerre qui ne l'était pas. Les Français en effet n'avaient appris qu'avec peine la rupture des relations avec l'Angleterre. Bien que la guerre commençât à devenir un état normal, beaucoup d'entre eux n'avaient vu qu'avec regret les anxiétés et les préoccupations succéder aux journées de calme et de prospérité. Bonaparte voulut que ce pays assoiffé de paix s'enflammât d'une ardeur patriotique contre un peuple voisin. Les corps de l'État reçurent le mot d'ordre. Le Tribunat, cette assemblée enchaînée dont les derniers membres indépendants venaient d'être exclus, le Corps législatif, cette réunion de muets, et le Sénat où s'étaient donné rendez-vous les complices de brumaire et les adorateurs de la force, vinrent féliciter le premier consul de sa longanimité et se répandirent en philippiques déclamatoires contre la mauvaise foi britannique. L'immense armée des fonctionnaires de répéter aussitôt le thème convenu d'avance. Chaque jour d'innombrables adresses, venues de tous les points du territoire, étaient gravement enregistrées au *Moniteur officiel*. On y déplorait en termes emphatiques la cruelle nécessité où s'était trouvée la France de se retourner contre

l'ennemie de ses libertés. Une presse vénale, où de plates adulations se mêlaient étrangement à des récriminations toujours les
mêmes, augmentait encore l'agitation des esprits. Le théâtre lui-
même retentissait de banales attaques contre la perfide Albion, et
c'est ainsi que, trompé par ces excitations furibondes, le peuple
français arriva peu à peu à prendre intérêt à cette guerre qu'il
n'avait pas souhaitée, et à partager les rancunes personnelles de son
maître contre la nation qui seule avait osé lui résister.

Une fois maître de l'opinion, Bonaparte prépara sérieusement son
projet de descente en Angleterre. Il commença par ordonner la
formation d'une grande armée sur les côtes de la Manche. E neffet,
de tous les côtés s'acheminèrent vers la Normandie, la Picardie et
l'Artois des masses de recrues ou de vieux soldats, qui s'organisèrent
en divisions, ou plutôt en corps d'armée, sous des chefs incomparables, Soult, Ney, Lannes, Bernadotte, Davout, Murat et Marmont.
Dans tous les ports, aux embouchures de tous les fleuves, furent improvisés des chantiers de construction pour les canonnières et les
chaloupes qui devaient servir au passage. On avait en effet tout de
suite compris que l'unique moyen de forcer le passage était de se
servir non pas de gros vaisseaux (car, en premier lieu, on n'aurait
pu en réunir un assez grand nombre, et, en outre, aucun port
n'aurait été capable de les recevoir depuis Ostende jusqu'au Havre),
mais bien de petits bâtiments construits pour aller à la voile comme
à la rame, et pouvant prendre la mer à la première occasion favorable. Or les occasions étaient rares. En été, de temps à autre,
règnent sur la Manche des calmes presque absolus, qui durent un
jour ou deux. Il n'en fallait pas davantage pour transporter l'armée
en Angleterre. En hiver, d'épais brouillards, combinés avec des vents
nuls ou faibles, permettaient encore de faire le trajet. Après les
tempêtes de l'équinoxe, l'ouragan ayant dispersé les escadres qui
surveillaient le détroit, il était également possible de tenter la
traversée avant leur retour. Il fallait donc concentrer dans un endroit
aussi rapproché que possible de la côte anglaise un grand nombre
de petites embarcations, et profiter soit du calme, soit des brouillards, soit de la disparition momentanée de la flotte anglaise pour
franchir le Pas de Calais.

La ville de Boulogne était désignée pour servir de centre de rassemblement à tous les bateaux français. Boulogne n'est en effet qu'à quelques lieues de la côte anglaise, et, comme son port n'est que l'embouchure d'une rivière marécageuse, la Liane, il est susceptible d'agrandissements considérables. Secondé par un ingénieur de grand mérite, Sganzin, et par un ancien ministre, médiocre comme administrateur, mais fertile en ressources et dévoué à l'entreprise, Forfait, le premier consul s'occupa tout d'abord de creuser à Boulogne, dans le lit de la Liane, un bassin semi-circulaire, capable de contenir plusieurs centaines de bâtiments. Des quais en bois furent improvisés sur les rives de ce bassin, afin de faciliter l'embarquement, et des écluses de chasse donnèrent la profondeur d'eau nécessaire pour le tirant des navires. On en comptait de trois espèces : les chaloupes canonnières proprement dites, construites de manière à porter deux ou quatre canons de gros calibre, et une compagnie de cent hommes, avec son état-major, ses armes et ses munitions ; des bateaux canonniers destinés à porter l'artillerie de campagne et une compagnie d'artillerie, et des péniches, canots étroits et longs de soixante pieds, et montés par soixante soldats dressés à manier la rame. Les chaloupes canonnières devaient occuper la première ligne, les bateaux canonniers la seconde, et les péniches, faciles à manier, devaient, suivant les circonstances, ou courir à l'abordage des gros vaisseaux, ou jeter leur équipage à terre, ou se dérober dans les sinuosités de la côte : 500 chaloupes, 400 bateaux canonniers et 300 péniches, c'est-à-dire 1200 bâtiments, pouvaient être montés par 120 000 hommes. Si, par un heureux hasard et d'habiles combinaisons, quelques-unes de nos escadres se joignaient à la flottille pour forcer le passage, c'était une armée considérable qui pouvait, d'un jour à l'autre, envahir l'Angleterre, et réduire à l'impuissance cette redoutable ennemie.

Ce n'était pas tout que d'avoir des bateaux et des hommes. Il fallait d'abord les réunir, puis les protéger contre les attaques anglaises. Bonaparte ordonna que les bâtiments de la flottille se concentrassent à Boulogne en longeant les côtes, et, pour les défendre dans ce périlleux voyage, il organisa de fortes patrouilles de cavalerie et d'artillerie qui devaient parcourir la plage, et protéger de leurs feux les bateaux en marche. On les habitua à manœuvrer jusque sur l'estran, c'est-à-dire sur les sables unis que la mer laisse à découvert au moment du reflux. Ces soldats bien dressés rendirent de grands services, et, les uns après les autres, chaloupes, bateaux canonniers ou péniches arrivèrent à Boulogne ou dans les ports voisins que le premier consul avait fait ménager pour les recevoir, Wimereux, Étaples, Ambleteuse. En septembre 1804, une première division de la flottille partit de Dunkerque sous le commandement du capitaine Saint-Haouen, et entra sans difficulté à Boulogne, après avoir soutenu contre les Anglais un combat d'artillerie au cap Gris-Nez. Une seconde division, commandée par le capitaine Peirieux, sortie également de Dunkerque, non seulement n'hésita pas à accepter le combat contre les Anglais, mais prit l'offensive, et força l'escadre ennemie à prendre le large. Dans les deux circonstances les patrouilles d'artillerie et de cavalerie avaient suivi la côte et pris part à la lutte. Ce double engagement remplit de confiance nos marins. Ils comprirent que leurs petits bâtiments ne seraient pas aisément coulés par les gros vaisseaux anglais. Dès lors de nombreux convois partirent de tous les ports de la Manche, bientôt même de la mer du Nord et de l'Atlantique, pour le rendez-vous général de Boulogne. En décembre 1804, près de mille bâtiments étaient déjà entrés dans ce port. La mer n'en détruisit qu'une douzaine et les Anglais n'en prirent que quatre.

Pendant ce temps, nos soldats construisaient à Boulogne et aux environs forts et batteries. En avant du port s'avançaient deux pointes de rochers couvertes par les eaux à marée haute, découvertes à marée basse. Le premier consul y fit élever deux forts en grosse maçonnerie, la Crèche et l'Heurt. Une troisième citadelle, en forte charpente, fut improvisée en avant du port, sous les feux de l'ennemi. En outre, toutes les parties saillantes de la falaise furent hérissées de canons et de mortiers. En peu de temps cinq cents bouches à feu rendirent la côte inabordable. On imagina même de construire des batteries sous-marines, c'est-à-dire des batteries de gros canons et de mortiers que l'eau ne découvrait qu'à marée basse, mais elles devinrent inutiles, dès que fut achevée la construction des forts. Bientôt les Anglais ne purent approcher « de la côte de fer » que pour être salués par des boulets et des obus qui, en éclatant dans le bois ou la voilure, produisaient des brèches ou des déchirures fatales à la sécurité de leurs navires.

Donc tout s'apprêtait pour un prochain débarquement en Angleterre. Nos soldats vivaient sous la tente et dans des baraques. Ils avaient improvisé de véritables cités militaires, divisées en quartiers et traversées par des rues. Tout le temps qu'ils ne passaient pas à leurs exercices, ils l'employaient à remuer des terres, à creuser des bassins, à tracer des routes. Bien logés, nourris abondamment, « grâce au prix de leur travail ajouté à celui de leur solde, vivant en plein air, ils jouissaient, au milieu du plus rude climat et de la plus mauvaise saison, d'une santé parfaite. Contentes, occupées, pleines de confiance dans l'entreprise qui se préparait, nos troupes acquéraient chaque jour cette double force morale et physique qui devait leur servir à vaincre le monde ». (Thiers, t. IV, p. 476.)

Les Anglais n'avaient pas vu sans émotion tous ces préparatifs d'attaque. Sans doute, bien qu'un bras de mer étroit séparât seul les deux pays, il était peu probable que les Français franchiraient le Pas de Calais sans résistance, ni surtout avec assez de rapidité pour ne pas se heurter contre les flottes britanniques; mais Bonaparte répétait avec tant de persistance que l'Angleterre était à sa merci, on le savait si inventif, si fécond en ruses de tout genre, et il avait habitué l'Europe à tant de surprises, que les Anglais commencèrent à redouter l'invasion. Aux préparatifs d'attaque accumulés dans les ports français, ils répondirent par d'immenses apprêts de défense. Les bouches des fleuves, tous les ports et les points accessibles de la côte furent garnis de batteries. Un système de signaux télégraphiques fut improvisé, reliant tous les ports entre eux, afin de jeter à la première alerte des masses considérables sur les points menacés. Des chariots attelés de six chevaux, et pouvant porter jusqu'à soixante hommes, étaient partout disposés pour faciliter la concentration. Ponts et routes étaient minés. Ordre de tout ruiner sur le passage de l'ennemi. Autour de Londres furent ébauchés des ouvrages en terre, afin de mettre la capitale à l'abri d'un coup de main. L'armée de terre fut portée au chiffre de 180 000 hommes, et, dès l'automne de 1803, 300 000 volontaires vinrent grossir ses rangs. Au mois de décembre de la même année, un relevé officiel portait leur nombre à 379 943 pour la Grande-Bretagne et à 82 241 pour l'Irlande. Assurément ces troupes n'étaient pas excellentes, et, en rase campagne, elles auraient avec peine soutenu le choc de nos régiments; mais ces volontaires luttaient pour l'existence nationale. Ils auraient été battus d'abord, battus une seconde fois, mais ils auraient fini par triompher des Français et les auraient emprisonnés dans leur propre conquête : car un peuple qui ne veut pas accepter la domination étrangère finit toujours par repousser les envahisseurs, et sur ce point les Anglais étaient unanimes. Ils étaient disposés aux derniers sacrifices pour défendre le sol sacré de la patrie.

Les préparatifs de la marine étaient tout aussi formidables. Dès le 10 juin 1803, une levée extraordinaire de 40 000 matelots avait porté à 120 000 le chiffre des hommes que l'Angleterre possédait sur ses vaisseaux de ligne. Soixante et quinze et bientôt cent navires de haut bord, une centaine de frégates, plusieurs centaines de bricks et de corvettes, huit cents chaloupes canonnières pour la défense des côtes, et toute une flottille d'avisos, reliant les uns aux autres les escadres dispersées et les ports menacés, telles étaient les ressources extérieures de l'Angleterre. Encore grandissaient-elles tous les jours, car sur tous les chantiers régnait une incroyable activité, et ceux de nos navires ou des navires de nos alliés qui tombaient entre les mains de nos ennemis grossissaient d'autant cet effectif déjà si redoutable. N'était-ce pas comme un rempart mouvant qui protégeait l'Angleterre et la mettait à l'abri de toute surprise!

Le grand inspirateur de la défense nationale était l'ennemi le plus acharné de la France, l'auteur de la première et de la seconde coalition, Pitt. Il venait de succéder à Addington, et avait aussitôt donné une impulsion extraordinaire aux préparatifs de guerre. Un emprunt de trois cents millions avait été voté. Les droits de l'accise et de l'income-tax avaient été augmentés. L'Angleterre se trouvait de la sorte en mesure de faire face à toutes les dépenses. Aussi bien Pitt était tellement convaincu de la nécessité de la résistance que, malgré la fatigue incessante que lui donnaient ses travaux au conseil, il consacrait tous ses moments de loisir à exercer lui-même quelques centaines de volontaires, qu'il avait enrôlés à Walmer-Castle. C'était surtout dans ses relations avec les puissances étrangères qu'il déployait une prodigieuse activité. Nous avons déjà montré comment il parvint à réunir dans une action commune la Russie, l'Autriche, la Suède et Naples. Il avait espéré un moment joindre aux ennemis de la France le Portugal et l'Espagne; mais, en cette circonstance, il fut moins heureux ou moins habile, car il ne réussit à obtenir que la neutralité du Portugal et s'aliéna l'Espagne.

Le Portugal, depuis les premières années du XVIIIe siècle, était comme inféodé à la politique anglaise. Lors de la guerre de la première coalition, en 1793, l'Angleterre n'avait pas eu de peine à obtenir son accession à la grande ligue formée contre la France, mais le Portugal n'avait jamais pris à la lutte qu'une part fort indirecte. Il avait été durement puni de son intervention, car en 1801, grâce au concours que nous avait prêté l'Espagne, nous lui avions imposé une paix onéreuse. Depuis, il ne nous avait donné aucun sujet de plainte. Pitt aurait voulu l'entraîner de nouveau dans la coalition; mais le Portugal était résolu à ne plus se départir d'une sage neutralité, et repoussa toutes ses offres et même ses menaces. Le premier consul aurait dû le récompenser de cette fidélité à des engagements onéreux, en lui permettant de profiter de cette neutralité. Il ne sut qu'exploiter sa faiblesse en lui imposant un subside de seize millions, en vertu duquel ce petit pays put continuer à ouvrir ses ports aux belligérants. C'était un premier échec que subissait le cabinet anglais. Il avait pourtant réussi à détourner le Portugal de l'alliance française.

Pitt fut beaucoup moins heureux dans ses négociations avec l'Espagne : il ne réussit qu'à la jeter dans les bras de la France. En 1796, avait été signé à Saint-Ildefonse, entre la France et l'Espagne, un traité d'alliance offensive et défensive à perpétuité. Les deux puissances s'étaient engagées à se protéger l'une et l'autre, « sans qu'il fût nécessaire d'entrer dans aucune discussion relative à la question si la guerre était offensive ou défensive ». Par cette clause à tout le moins singulière, l'Espagne se mettait à la discrétion de la France, puisqu'une simple demande du gouvernement français lui imposait de faire entrer en campagne ses armées et ses flottes. Or Bonaparte n'était pas homme à négliger le traité de Saint-Ildefonse. Sous prétexte de l'amitié particulière qu'il éprouvait pour le roi Charles IV, et des sentiments d'estime qu'il ressentait pour son ministre et favori, le prince de la Paix, Godoï, il s'était immiscé dans les affaires intérieures de l'Espagne, et traitait cette généreuse nation non pas précisément en pays conquis, mais en tout cas en pays soumis. Au mépris des engagements les plus solennels, il était resté le maître absolu du royaume d'Étrurie, où il avait installé un infant d'Espagne, mannequin royal dont il usait et abusait à son gré. Au traité d'Amiens, il avait imposé à l'Espagne l'abandon de la Trinité; enfin il n'épargnait ni au roi ni au ministre les conseils blessants et même les procédés insultants. Aussi le peuple espagnol avait-il mille raisons d'être irrité et mécontent.

Lors de la rupture du traité d'Amiens, bien que le traité de Saint-Ildefonse fût depuis longtemps invalidé par les violences et les infractions que Bonaparte lui-même lui avait fait subir, il se garda bien de ne pas l'invoquer pour entraîner l'Espagne à la guerre contre l'Angleterre. Seulement, comme il n'ignorait pas que cette coopération forcée ne présenterait aucune garantie, il proposa de la remplacer par un subside mensuel de six millions. Il fit savoir en même temps que le corps d'armée d'Augereau, campé à la frontière, envahirait l'Espagne, si elle refusait de se soumettre à ces conditions léonines. Godoï eut un instant la tentation d'appeler aux armes le peuple espagnol. Il ordonna une levée de cent mille hommes et l'armement immédiat de la flotte. Ces velléités d'indépendance ne durèrent pas. Bonaparte recourut à un argument terrible. Il écrivit au roi Charles IV pour se plaindre du prince de la Paix, et ne rougit pas de lui dévoiler le rôle honteux d'amant de la reine que jouait auprès de lui son favori. L'ambassadeur de France, Beurnonville, était chargé de remettre cette dénonciation à Charles IV, si Godoï n'acceptait pas le traité de subsides. Godoï, et cette résistance l'honore, car il s'exposait à perdre sa situation, ne voulut pas signer le traité proposé. Aussitôt Beurnonville remit entre les mains de Charles IV la lettre qui allait lui apprendre son déshonneur. Heureusement pour lui, le roi, prévenu à l'avance que cette lettre renfermait contre lui des réflexions désobligeantes, refusa de la recevoir, et annonça en même temps que son ambassadeur à Paris, Azara, avait reçu l'ordre de signer le traité de subsides. En acceptant ces conditions, l'Espagne espérait d'un côté que la France ne lui imposerait pas de nouveaux sacrifices, de l'autre que l'Angleterre reconnaîtrait sa neutralité, et ne lui ferait pas un *casus belli* de cette coopération déguisée. Ses calculs furent trompés. Elle ne recueillit de sa soumission que les dédains de la France et l'hostilité de l'Angleterre.

Pitt avait cru, jusqu'au dernier moment, que l'Espagne, dégoûtée des prétentions de Bonaparte, secouerait le joug et entrerait dans la coalition. Le traité de neutralité fut pour lui une première déception. Il ne voulut pas néanmoins rompre avec l'Espagne, car il comptait sur la chute imminente du premier Consul, contre lequel s'ourdissaient de dangereuses conspirations dont il avait le secret. Ces complots furent découverts, et le pouvoir du premier Consul sembla plus affermi que jamais. Pitt, fort irrité de sa déconvenue, prit aussitôt une nouvelle attitude vis-à-vis de l'Espagne, et laissa entendre à ses divers agents qu'il ne recherchait que l'occasion d'affaiblir une puissance manifestement à la dévotion de la France. Il lui chercha querelle sous de futiles prétextes. Une insurrection avait éclaté à Bilbao, et le gouvernement espagnol avait fait quelques préparatifs pour la réprimer : aussitôt Pitt prétendit que l'Espagne sortait de la neutralité, et, sous le couvert de la répression, se préparait à intervenir. Le 5 septembre 1804, sans la moindre déclaration de guerre, l'amiral anglais Moore attaqua, à la hauteur du cap Sainte-Marie, quatre galions espagnols, chargés de valeurs considérables, qui revenaient de Montevideo. Dans le combat un des galions espagnols sauta en l'air, et les trois autres furent pris et conduits dans les ports anglais. En même temps Pitt donnait l'ordre « de couler bas tous les navires espagnols au-dessous de cent tonneaux, d'envoyer les autres à Malte, et d'incendier les rades et les ports d'Espagne ». Nelson se présentait en effet devant Barcelone, et brûlait trois navires. Il en faisait incendier un quatrième jusque dans le port de Palamos. Un convoi espagnol, portant à Mayorque un régiment d'infanterie, était arrêté par une croisière anglaise, et c'était en pleine paix que s'exécutaient toutes ces violences.

Pour toute justification, Pitt allégua qu'il n'avait admis la neutralité de l'Espagne que par excès de modération, que d'ailleurs l'Espagne avait elle-même violé cette neutralité en commençant au Ferrol des armements maritimes, et qu'il l'avait avertie qu'au premier grief il lui ferait la guerre « sans aucune autre déclaration ». A cette monstrueuse théorie, si contraire à la justice et au droit des gens, l'Angleterre elle-même répondit par une protestation : « Qui retirera du sein de la mer, s'écria lord Grenville, les cadavres des trois cents victimes assassinées en pleine paix? Les Français nous appellent une nation mercantile. Ils prétendent que la soif de l'or est notre unique passion. N'ont-ils pas le droit d'attribuer cette violence à notre avidité pour les piastres espagnoles ? Ah ! plutôt avoir payé dix fois la valeur de ces piastres fatales, et n'avoir pas entaché l'honneur anglais d'une telle souillure ! » Pitt laissa passer l'orage et garda le pouvoir, mais le peuple espagnol, malgré la faiblesse où il était tombé sous le triste gouvernement de Godoï, réclama la guerre à grands cris, et le roi Charles IV convertit le traité de neutralité en un traité d'alliance offensive et défensive (12 octobre 1804).

La guerre maritime se compliquait donc pour l'Angleterre. Ce n'était plus seulement contre la France et ses premiers alliés qu'elle avait à lutter. L'Espagne joignait ses flottes encore imposantes et ses braves matelots aux vaisseaux et aux équipages français; mais elle accepta la lutte avec résolution, et se disposa à poursuivre sur toutes les mers les forces maritimes qu'on organisait contre elle.

Le premier soin des Anglais devait être d'empêcher la descente projetée. Là était le vrai danger pour eux. Peu à peu s'accumulaient à Boulogne et aux environs des centaines de bateaux. Malgré tous leurs efforts, les Anglais ne parvenaient pas à en empêcher la réunion. Bombardements, brûlots, combats, tout échouait contre « ces coquilles de noix ». Sidney Smith avait vainement essayé de disperser une flottille française qui avait mis à la voile de Flessingue et de quelques autres ports hollandais pour Ostende. L'amiral Verhuell avait vaillamment résisté toute la journée, et, sans autre perte que celle d'un bateau canonnier, avait conduit à Ostende toute son escadre. C'était la division de la flottille qui devait transporter le corps d'armée de Davout et former l'aile droite de l'expédition. Malgré la quadruple attaque dirigée contre le Havre le 17 et le 19 juillet, le 1er et le 2 août 1804, les chaloupes canonnières qui défendaient l'approche de la place avaient repoussé les Anglais, et le capitaine Montcabrié avait réussi à conduire à Boulogne, sans perdre un seul de ses bâtiments, une nouvelle division de bateaux et de chaloupes canonnières. Plusieurs centaines de ces petits bâtiments étaient déjà réunis, et les soldats de la grande armée, campés sur les hauteurs, s'exerçaient à la manœuvre de l'embarquement et du débarquement.

Les Anglais, de plus en plus inquiets, organisèrent contre Boulogne une attaque décisive. Environ 150 de nos bâtiments étaient embossés en dehors de la jetée de Boulogne. Le 2 octobre 1803, l'amiral Keith dirigea contre eux douze brûlots perfectionnés, nommés catamarans. Tous éclatèrent, mais sans résultat. On prétend que Pitt avait promis de contempler, du haut des terrasses de son château de Walmer, l'incendie de la flottille de Boulogne. « Il n'assista qu'à un merveilleux feu d'artifice, que la courtoisie anglaise semblait offrir aux rivages français. » Les Anglais ne se lassèrent pas. Bien des fois ils renouvelèrent ces attaques; mais elles furent toujours repoussées. Le premier consul, qui dans l'intervalle était devenu l'empereur Napoléon, fut témoin d'un de ces combats. Il y prit un vif intérêt, et put s'assurer par lui-même des qualités défensives de la flottille de Boulogne. Ce n'était pas assez pour l'exécution du plan qu'il méditait. Les petits bâtiments devaient, à un moment donné, prendre l'offensive et concourir à l'invasion de l'Angleterre. Il était seulement à craindre qu'une fois en pleine mer ils ne fussent dispersés et anéantis par les flottes anglaises qui croisaient dans la Manche. Ce fut pour parer à ce terrible danger que l'empereur se décida à appuyer par toutes ses escadres de ligne la flottille de Boulogne, et à conduire dans la Manche une telle masse de vaisseaux de tout bord, que rien ne pourrait résister à un pareil déploiement de forces.

Napoléon avait fini par se rendre aux raisons de l'amiral Decrès et par comprendre que la flottille de Boulogne resterait impuissante sans le concours d'une forte escadre, qui se maintiendrait pendant quelques jours maîtresse de la Manche. Le difficile était de réunir une flotte assez imposante pour dominer le passage, car nos vaisseaux étaient disséminés dans tous les ports depuis Toulon jusqu'au Texel. Si pourtant on les lançait dans diverses directions, il était possible que la plus grande partie des forces navales de l'Angleterre s'égarerait à leur poursuite, et alors toutes les escadres françaises isolées, revenant dans un temps déterminé, et recevant dans des ports indiqués à l'avance les renforts dont elles auraient besoin, se concentreraient dans la Manche et assureraient le succès de la descente en Angleterre. Tel était le plan général. Le difficile était d'en arrêter l'exécution et d'en préciser les détails.

Ce qui surtout manquait à Napoléon, c'était un amiral audacieux, confiant en l'avenir, décidé à jouer le tout pour le tout, capable en un mot d'exécuter les gigantesques combinaisons de son maître. L'empereur avait d'abord songé à Latouche-Tréville, qu'il considérait comme le plus brave de ses amiraux. Latouche-Tréville devait sortir de Toulon, en laissant croire à Nelson qu'il se dirigeait sur l'Égypte. De là il se porterait sur Rochefort, y rallierait six vaisseaux et plusieurs frégates, et viendrait dans la Manche pour protéger la flottille. « Que nous soyons maîtres du détroit pendant six heures, lui écrivait Napoléon le 2 juillet 1804, et nous sommes les maîtres du monde. » L'amiral, sur lequel reposaient de si vastes espérances, mourut à peu de temps de là d'une maladie contractée à Saint-Domingue. L'empereur fut péniblement affecté de cette perte, mais ne renonça pas à son projet. Il le modifia seulement, car il pouvait alors disposer de toutes les ressources maritimes de l'Espagne, et voici la combinaison nouvelle qu'il adopta dans l'automne de 1804.

L'amiral Villeneuve avait été présenté par Decrès pour succéder à Latouche-Tréville. C'était un homme d'une bravoure incontestable, et d'une grande clairvoyance, mais qui ne croyait pas à un succès prochain. Il n'avait accepté qu'avec répugnance et par patriotisme la difficile succession de Latouche-Tréville. L'empereur l'avait chargé de reprendre avec l'escadre de Toulon la Guyane hollandaise, et de porter des secours au corps français qui continuait d'occuper Saint-Domingue. Pendant ce temps l'escadre de Rochefort, commandée par l'amiral Missiessy, irait aux Antilles, mettrait la Martinique et la Guadeloupe à l'abri de toute attaque par l'occupation de la Dominique, et opérerait sa jonction avec Villeneuve. Les deux amiraux reviendraient alors en Europe, au Ferrol, où les attendrait une escadre espagnole. On espérait que les Anglais se jetteraient à leur poursuite, et alors l'escadre de Brest, commandée par Ganteaume, profiterait de la dispersion momentanée des vaisseaux anglais pour paraître en dominatrice dans la Manche, jeter 20 000 hommes en Irlande et protéger le passage de l'armée de Boulogne. Il y avait donc en quelque sorte une double action maritime : d'un côté Villeneuve et Missiessy attireraient les Anglais à leur poursuite ; de l'autre Ganteaume faciliterait la descente en Angleterre.

Cette combinaison était ingénieuse, mais manquait de simplicité. D'ailleurs Napoléon ne la considérait pas lui-même comme définitive. Dans une lettre du 15 décembre 1804, adressée à l'amiral Ganteaume, il lui proposait divers projets, entre autres celui d'une grande expédition dans l'Hindoustan, et l'engageait à s'expliquer sur ceux qui lui paraîtraient les mieux entendus. Une idée pourtant se dégage peu à peu, celle d'amener dans le Pas de Calais une grande masse de vaisseaux, pendant que les Anglais courent à la recherche des escadres dispersées. Villeneuve et Missiessy reçurent donc l'ordre définitif, à la fin de décembre 1804, de courir aux Antilles avec les flottes de Toulon et de Rochefort, pendant que Ganteaume profiterait du désarroi où la marine anglaise serait jetée par ce double départ pour sortir à son tour de Brest et paraître dans la Manche.

En effet, Villeneuve quitta Toulon à la faveur d'une tempête qui avait éloigné Nelson, mais les mauvaises qualités de ses vaisseaux et surtout l'inexpérience de ses équipages le forcèrent à rentrer bientôt dans ce port. Ganteaume sortit également de Brest; mais, battu par la tempête, il fut contraint d'y chercher de nouveau refuge, et ces deux escadres furent de la sorte neutralisées. Seul l'amiral Missiessy quitta Rochefort, et se dirigea vers la Martinique, où il jeta des renforts. Il ravagea la Dominique, Nevis, Saint-Christophe, Monserrat, leva partout des contributions de guerre, et fit de nombreuses prises, qu'il envoya à la Martinique. Il ravitailla ensuite Saint-Domingue; mais, n'ayant aucune nouvelle de ses deux collègues, il se décida à revenir en France, après quatre mois d'une croisière toujours heureuse.

Le plan de Napoléon n'avait donc réussi qu'en partie; Missiessy venait d'ajouter une page glorieuse à nos annales maritimes, mais la Manche était toujours surveillée, et la flottille de Boulogne condamnée à l'impuissance. En outre, l'Angleterre, qui se sentait menacée dans sa sécurité, redoublait d'efforts. Huit flottes britanniques tenaient alors la mer : trois dans la Manche, une devant Brest, deux dans le golfe de Gascogne, une devant Cadix, une devant Toulon. Napoléon aurait mieux fait d'utiliser le dévouement de ses marins et l'habileté de ses amiraux à lancer sur toutes les mers de petites escadres, qui auraient détruit en détail le commerce anglais. Attribuant à tort à ses vaisseaux les qualités de ses régiments, et appliquant à la guerre maritime sa méthode d'agir par grandes masses, il

11

ne comprenait pas, comme l'a si bien dit Lanfrey, « qu'ici la matière dominait l'homme, que le secret de la supériorité était moins dans le courage individuel que dans l'expérience et le maniement de ces puissantes machines, qu'enfin les grandes concentrations, telles qu'il les rêvait, étaient d'abord très difficiles à opérer dans les conditions de la marine à voiles qui existait de son temps, et ensuite peu efficaces par suite de la presque impossibilité d'une action d'ensemble ». Cette erreur d'un grand esprit allait amener un désastre sans précédent dans notre histoire navale.

Voici le plan définitif auquel s'arrêta l'empereur : Ganteaume devait sortir de Brest avec vingt et un vaisseaux et rallier au Ferrol l'escadre espagnole, se rendre à la Martinique, où il trouverait réunies les escadres de Villeneuve et de Missiessy. Villeneuve, de son côté, tromperait la surveillance de Nelson, sortirait de Toulon avec son escadre, rallierait à Cadix une seconde flotte espagnole, et rejoindrait Ganteaume et Missiessy aux Antilles. Les trois amiraux, désormais réunis, reviendraient alors tous ensemble à Boulogne et protégeraient le débarquement en Angleterre. Près de soixante vaisseaux de haut bord formeraient une masse à laquelle rien ne pourrait résister. Il est vrai que, pour réussir, ce plan réclamait un concours de circonstances extraordinaires. Il supposait en effet que toutes nos escadres se trouveraient à la même époque au rendez-vous assigné ; qu'elles pourraient maintenir leur concentration ; qu'elles ne rencontreraient les Anglais ni à l'aller ni au retour ; enfin que l'Amirauté britannique dégarnirait le Pas de Calais pour faciliter le débarquement en Angleterre. Or aucune de ces combinaisons ne se réalisa. En premier lieu, Ganteaume ne put même pas sortir de Brest. « Partez ! partez ! lui écrivait chaque matin l'empereur. Vous tenez dans vos mains les destinées du monde. » Mais les semaines s'écoulèrent dans l'attente d'un vent favorable, et l'amiral Cornwallis surveillait si étroitement le goulet de Brest, que Ganteaume fut réduit une fois encore à l'impuissance. Missiessy, de son côté, après avoir inutilement attendu ses collègues aux Antilles, revint en Europe. Seul Villeneuve réussit à sortir de Toulon et à éviter Nelson qui l'attendait près de Malte. Il toucha à Carthagène, puis à Cadix où il rallia l'amiral Gravina, et de là fit voile pour les Antilles. Le 13 mai il se trouvait à la Martinique à la tête de dix-huit vaisseaux et de sept frégates. Il s'empara du fort Diamant à la Dominique et fit de nombreuses prises; mais il manqua Missiessy, alors de retour en France. Il manqua également Ganteaume, qui n'avait pas quitté Brest. Dès lors toutes les combinaisons de l'empereur avortaient, puisque Villeneuve restait seul en mer, et exposé aux ardentes poursuites de Nelson qui, après l'avoir inutilement cherché dans toute la Méditerranée, parcourait sur ses traces l'archipel des Antilles, et paraissait successivement à la Barbade, à Antigoa et à la Trinité.

Une fois encore Napoléon modifia son projet. Puisque Ganteaume était bloqué à Brest, et que Missiessy ne s'était pas trouvé au rendez-vous des Antilles, il enjoignit à Villeneuve de revenir immédiatement en Europe, de rallier au Ferrol une flotte de quinze vaisseaux espagnols qui l'y attendait, de prendre en passant Missiessy à Rochefort, de forcer devant Brest le blocus de Cornwallis, et de paraître enfin à Boulogne. Villeneuve reçut à temps ces nouvelles instructions. Très désireux de les remplir, il quitta la mer des Antilles pour revenir en Europe. Nelson se lança aussitôt à sa poursuite; mais, croyant que Villeneuve cherchait à gagner la Méditerranée, il prit la direction non pas du Ferrol, mais de Cadix. Ce fut une autre escadre anglaise, de quinze vaisseaux, commandée par l'amiral Calder, que Villeneuve rencontra au large du Ferrol, à la hauteur du cap Finistère. Le combat s'engagea aussitôt (22 juillet). Villeneuve avait l'avantage du nombre, vingt vaisseaux contre quinze, mais ses équipages étaient bien inférieurs à ceux de son adversaire. La bataille fut indécise. Les Anglais se retirèrent après avoir capturé deux bâtiments espagnols, mais ils n'osèrent pas renouveler l'engagement, et Villeneuve put entrer à Vigo, au Ferrol, à la Corogne, et y rallier tous les navires qui l'attendaient. L'escadre franco-espagnole réunie sous ses ordres comptait alors vingt-neuf vaisseaux. Il n'avait plus qu'à marcher à la rencontre de l'escadre de Missiessy qui le cherchait alors dans le golfe de Gascogne, et qu'à débloquer Ganteaume. Il aurait rempli ses instructions, et la concentration, tant espérée, eût été faite. Un peu d'audace, un peu de bonheur et nous étions les maîtres de la Manche.

L'audace manquait à Villeneuve. Accablé par le sentiment de sa responsabilité, et sentant augmenter ses perplexités à mesure qu'il

se rapprochait de Boulogne, l'amiral redoutait un désastre prochain.
Le combat du cap Finistère avait été en somme honorable, mais il
n'avait rejoint ni Missiessy, ni Ganteaume. Il savait que toutes les
escadres anglaises, dispersées à sa poursuite, revenaient contre lui.
Il était sûr de les rencontrer, soit en sortant du Ferrol, soit en se
rapprochant de Brest, et il considérait comme perdue d'avance la
bataille qu'il serait obligé de livrer. « Nous avons de mauvais mâts,
écrivait-il dans une lettre désespérée à son ami Decrès, de mauvaises voiles, de mauvais gréements, de mauvais officiers, de mauvais matelots. » Son collègue Gravina pensait comme lui. Il ne lui
obéissait, suivant une expression de Villeneuve, qu'avec « le dévouement du désespoir ». S'exposer de gaieté de cœur à un désastre
était au-dessus de ses forces. S'il tremblait, ce n'était certes pas
pour lui, il le montra assez à Trafalgar, mais il ne voulait pas conduire à une mort certaine plusieurs milliers de matelots inexpéri-
mentés, ni perdre des vaisseaux qu'on avait eu tant de peine à construire et à équiper. Inquiet, irrésolu, il resta au Ferrol, attendant
les ordres de Napoléon.

L'empereur revenait alors d'un voyage triomphal en Italie, mais
ne sachant ce qu'était devenu Villeneuve, et certain que les Autrichiens, soutenus par les Russes, allaient bientôt l'attaquer sur le
Danube. Or tout était prêt à Boulogne; 2293 bâtiments, armés de
5000 canons, attendaient le signal du départ; 176000 hommes
étaient rassemblés sur la côte, avec 14000 chevaux et 572 canons.
Des masses de munitions, de vivres, d'objets d'équipement étaient
préparées à l'avance. Tous les généraux étaient à leur poste. Napoléon, installé à son petit château de Pont de Briques, attendait avec
impatience l'heure solennelle, qu'il appelait de ses vœux. Il demandait à tous ceux qui l'approchaient des nouvelles de Villeneuve, et
guettait l'horizon, comme s'il se fût attendu à voir bientôt paraître
les flottes réunies de Toulon, de Cadix, du Ferrol, de Rochefort et
de Brest. Le 2 août, il apprit que Villeneuve, après le combat du cap
Finistère, était rentré au Ferrol et y attendait de nouveaux ordres.
Sa déception fut vive, et son irritation profonde. Tant d'efforts inutiles! Tant de dépenses vaines! Tant de projets avortés! et tout cela
par l'indécision d'un homme! Mais peut-être était-il temps encore
de frapper un dernier coup. L'empereur ordonna donc à Villeneuve

de sortir à tout prix du Ferrol, et de se diriger sur Brest, où Ganteaume livrerait bataille pour se joindre à lui. « S'il reste trois jours de plus au Ferrol, écrivait-il, c'est le dernier des hommes, » et il ajoutait : « Dites à Villeneuve que j'espère qu'il aura continué sa mission, et qu'il serait trop déshonorant pour les escadres impériales qu'une échauffourée de trois heures et un engagement avec quatorze vaisseaux fissent manquer de si grands projets. »

Or, dans l'intervalle, les flottes de Calder et de Nelson avaient rejoint devant Brest celle de Cornwallis. Avec vingt-huit vaisseaux mal équipés, Villeneuve, s'il obéissait à ses instructions, allait se heurter contre trente-cinq vaisseaux excellents. Il aurait été écrasé avant que Ganteaume eût pu le secourir. Prévenu de la jonction des escadres anglaises, et comprenant qu'il était insensé d'aller leur présenter une bataille perdue d'avance, Villeneuve prit sur lui de désobéir aux ordres formels de Napoléon, et, au lieu de remonter vers Rochefort et Brest, il descendit vers Cadix et chercha un refuge dans ce port. Nelson renonça aussitôt au blocus de Brest, et vint former celui de Cadix.

Villeneuve à Cadix, Missiessy à Rochefort, Ganteaume à Brest, et la flottille à Boulogne, telle était donc la situation à la fin d'août 1805, c'est-à-dire qu'il ne restait plus à Napoléon qu'à lever le camp de Boulogne et qu'à conduire contre les Austro-Russes la formidable armée qui aurait dû envahir l'Angleterre.

La plupart des historiens de l'empire ont jugé très sévèrement la conduite de Villeneuve. Ils l'ont même accusé de lâcheté. Ils répètent volontiers les imprécations lancées contre lui par l'empereur : « Villeneuve est un misérable qu'il faut chasser ignominieusement. Sans combinaison, sans courage, sans intérêt général, il sacrifierait tout pourvu qu'il sauve sa peau... Je vous prie de ne point me parler d'une affaire aussi humiliante, et de ne pas me rappeler le souvenir d'un homme aussi lâche. » (Lettre du 8 septembre à Decrès.) Il est certain que l'amiral exagéra peut-être la prudence et qu'il fit manquer une manœuvre à l'exécution de laquelle Napoléon attachait une grande importance ; mais a-t-on assez remarqué que sa retraite à Cadix fit échouer une expédition qui n'aurait pu se terminer que par un désastre ? Quelle que soit l'admiration que nous inspire le génie militaire de l'empereur, quelles qu'aient été les victoires qu'il aurait remportées en Angleterre, s'il avait réussi à y jeter l'armée de Boulogne, nous avons peine à croire qu'il n'eût pas été bientôt enfermé dans sa propre conquête et réduit à une retraite humiliante. Les escadres anglaises seraient vite revenues dans le Pas de Calais. Elles auraient dispersé notre flotte, anéanti les bâtiments de transport, et le peuple anglais, réuni dans une action commune, aurait d'un vigoureux effort rejeté les envahisseurs à la mer. Un écrivain contemporain a parlé, par allusion à la flotte autrefois dirigée par le roi d'Espagne Philippe II contre l'Angleterre, de l'échec subi par l'invincible *armada* française; mais combien cet échec n'eût-il pas été plus complet si l'armée de Boulogne s'était aventurée sur le sol anglais, et, par la force des choses, eût été réduite à capituler. Sans doute les flatteurs de l'empire invoquaient les souvenirs de César et de Guillaume; mais César avait débarqué en Grande-Bretagne sans résistance, et Guillaume n'avait eu à combattre que des populations à peine civilisées. Les temps étaient bien changés. La flotte anglaise avait sur toutes les mers une incontestable supériorité, et le peuple anglais, fier de ses libertés, grandi par le sentiment de son importance et animé par l'esprit national, aurait opposé une résistance insurmontable à l'envahisseur. Bien que les poètes officiels aient célébré à l'avance la descente en Angleterre, bien que des médailles aient même été frappées pour l'entrée des Français à Londres, nos victoires en Angleterre auraient été au moins douteuses. Dès lors, pourquoi s'en prendre à Villeneuve de l'insuccès d'une expédition qui ne pouvait aboutir qu'à un désastre; et, pour Napoléon lui-même, ne valait-il pas mieux lui fournir l'occasion de remporter de vraies victoires contre les Austro-Russes, au lieu de succès à tout le moins hypothétiques contre les Anglais?

Napoléon avait été froissé dans son amour-propre par la retraite de Villeneuve sur Cadix. Ce qui surtout l'exaspérait, c'était la pensée que tant de combinaisons si pompeusement annoncées avaient abouti à un piteux avortement. Il avait en quelque sorte escompté la victoire, et son amiral n'avait même pas livré bataille. Rien sans doute n'était perdu, mais rien n'avait été risqué, et si nos vaisseaux restaient intacts, ils demeuraient inutiles. Napoléon avait espéré que l'Angleterre tremblerait, et l'Angleterre n'avait que des railleries pour l'échec de la nouvelle *armada*. S'il eût moins écouté ce féroce égoïsme, qui devait le conduire à tant de fautes et à tant de désastres, l'empereur, méprisant ces railleries intéressées, serait tout de suite revenu aux vrais principes de la guerre maritime, telle que nous pouvions alors l'exécuter. Il aurait renoncé aux grandes concentrations et n'aurait agi que par escadres séparées; mais il ne voulut à aucun prix rester sous le coup d'une déconvenue, et ordonna à Villeneuve de sortir de Cadix avec l'escadre combinée, et de tenter une nouvelle campagne. Il s'agissait de toucher à Carthagène, puis à Naples, afin de prendre part à la conquête du royaume, puis de rentrer à Toulon. « Notre intention, ajoutait l'empereur, est que, partout où vous trouverez l'ennemi en forces inférieures, vous l'attaquiez sans hésiter, et ayez avec lui une affaire décisive. » (Lettre du 14 septembre.) Il venait de décréter la ruine de sa marine, et la mort de plusieurs milliers de braves soldats.

L'empereur était tellement décidé à livrer bataille que, prévoyant le cas où l'amiral Villeneuve reculerait une fois encore devant la terrible responsabilité d'exposer à un désastre les forces navales de la France, il avait désigné son successeur éventuel. L'amiral Rosily avait été chargé de porter à Villeneuve les nouvelles instructions de l'empereur, et, « comme son excessive pusillanimité l'empêchera d'entreprendre cette manœuvre, lisait-on dans la lettre impériale, l'amiral Rosily sera porteur de lettres qui enjoindront à Villeneuve de se rendre en France pour rendre compte de sa conduite ». Villeneuve n'avait plus qu'à se faire tuer.

L'amiral voulut toutefois, pour sa justification, et pour celle de ses compagnons, sacrifiés comme lui, assembler un conseil de guerre composé des principaux officiers français et espagnols. A l'unanimité ces vaillants capitaines, qui tous avaient fait leurs preuves, déclarèrent « que les vaisseaux des deux nations étaient la plupart mal armés, qu'une partie de leurs équipages ne s'était jamais exercée à la mer, enfin qu'ils n'étaient pas en état de rendre les services qu'on attendait d'eux ». Villeneuve envoya aussitôt ce procès-verbal à Paris et y joignit une dernière prière. Tout était inutile. L'arrêt était prononcé. La flotte franco-espagnole était condamnée à guérir la blessure faite à l'amour-propre impérial. Les ordres de Napoléon étaient même sur ce point si précis, qu'il n'y avait plus moyen de les discuter. Il se trouvait alors en Allemagne, occupé à poursuivre contre les Austro-Russes le cours de ses prodigieux succès, mais il n'oubliait pas la flotte de Cadix et pressait son départ. « Que mes escadres partent! écrivait-il à Decrès. Que rien ne les arrête! Je ne veux pas que mon escadre reste à Cadix. »

Nelson croisait alors devant Cadix avec vingt-sept vaisseaux de haut bord et quatre frégates. Autant Villeneuve répugnait à l'idée de livrer bataille, autant l'amiral anglais en recherchait avec empressement l'occasion. N'avait-il pas pour lui la certitude d'une prochaine victoire? Ne savait-il pas que tous ses bâtiments étaient bons manœuvriers, tandis que ceux de l'ennemi, surtout les vaisseaux espagnols, montés par des hommes dont la plupart n'avaient jamais vu la mer, étaient incapables d'opérer une manœuvre difficile? Ignorait-il que ses artilleurs tiraient un coup par minute, tandis que les artilleurs franco-espagnols mettaient entre chaque décharge plus de trois minutes d'intervalle? Enfin n'avait-il pas le droit de compter sur ses lieutenants, Collingwood, Hardy, Blackwood, qui tous, en même temps que lui, avaient acquis leurs grades aux dépens de l'ennemi, et n'avait-il pas cette confiance en lui-même qui assure le succès? « Il faudra, j'imagine, écrivait-il le 6 octobre, que le pays se mette bientôt en dépense à mon occasion, soit qu'il s'agisse d'honneurs et de pensions, soit d'un monument à m'ériger, car je n'ai plus le moindre doute que, dans très peu de jours, peut-être dans très peu d'heures, nous n'ayons à livrer bataille. Personne ne peut garantir le succès, mais ce dont je me fais fort, c'est d'attaquer les ennemis si je puis les joindre. Et le plus tôt sera le mieux. Je n'aime pas à garder longtemps ces choses-là sur la conscience. » Nelson, dans l'attente du prochain combat, avait déjà donné ses instructions. Conformément à la nouvelle tactique, les vaisseaux se présenteraient dans leur ordre de vitesse, et sur deux lignes, de façon à couper la ligne ennemie, et à la prendre entre deux feux. « Si les signaux étaient inaperçus ou difficiles à comprendre, ajoutait-il, un capitaine n'aurait jamais tort en plaçant son vaisseau côte à côte d'un vaisseau ennemi. »

Le 19 octobre la flotte franco-espagnole était signalée : ce n'était encore que l'avant-garde, commandée par le contre-amiral Magon. Villeneuve ne sortit que le 20, et le 21 au matin, à quatre lieues de distance du cap Trafalgar, il rencontra les Anglais. Le signal fut aussitôt donné pour former la ligne de bataille. Villeneuve avait pénétré le plan de Nelson, mais il ne pouvait songer à lui opposer des vaisseaux dont plusieurs appareillaient pour la première fois. Il rangea donc ses trente-trois navires sur une seule ligne, l'arrière-garde commandée par Gravina, le centre sous ses ordres immédiats, et l'avant-garde dirigée par Dumanoir. Il espérait pouvoir combattre d'après l'ancienne tactique et avait donné ses ordres en conséquence. « Tout capitaine qui n'est pas au feu n'est pas à son poste, et un signal pour le rappeler serait pour lui une tache déshonorante. »

Les deux flottes marchaient alors à la rencontre l'une de l'autre, l'escadre franco-espagnole sur une seule ligne, l'escadre anglaise sur deux colonnes ayant à leur tête les deux vaisseaux amiraux, le *Victory* monté par Nelson et le *Royal Sovereign* par Collingwood. Ces deux vaisseaux marchaient fièrement, toutes voiles déployées, et semblaient s'offrir seuls aux coups de notre flotte. Ils s'exposaient ainsi à être accablés par des feux convergents; mais Nelson, méprisant les précautions ordinaires, avait pensé qu'en manœuvrant de la sorte il prenait, dès le début de l'engagement, une sorte de supériorité morale. D'ailleurs, si les mouvements ordonnés par lui étaient fidèlement exécutés, notre ligne allait se trouver coupée en trois tronçons. Pendant que Collingwood attaquerait Gravina, il se chargerait de Villeneuve, et ne se préoccuperait seulement pas de Dumanoir, qui, dans sa conviction, n'arriverait pas au combat en temps opportun. Ayant pris toutes ses précautions, Nelson descend alors dans sa cabine, et écrit une courte prière sur son journal de bord pour demander à Dieu la victoire. « Puisse-t-elle, ajoutait-il, n'être ternie par la mauvaise conduite de personne, et puisse l'humanité après la victoire être le trait caractéristique de la flotte anglaise! » Puis il remonte sur le pont en grand uniforme, couvert de ses décorations, et adresse à la flotte son fameux ordre du jour : « L'Angleterre compte que tout le monde fera son devoir. » Le signal passe de navire en navire, et il est accueilli par des acclamations enthousiastes.

Il était alors midi. Collingwood arrivait seul contre notre ligne, et essuyait, sans y répondre et sans ralentir sa marche, le feu croisé des vaisseaux de Gravina; puis s'enfonçant entre le *Fougueux* et la *Santa Anna*, il lâchait sa bordée et s'attachait aussitôt au *Santa*

Anna. Pendant quelques minutes, le *Royal Sovereign* recevait les feux convergents de quatre navires, mais le *Belle-Isle*, le *Mars*, le *Tonnant*, le *Bellérophon* et d'autres navires anglais arrivaient bientôt à son aide. Ils pénétraient à leur tour dans la brèche pratiquée dans notre ligne, et le combat s'engageait avec un acharnement extraordinaire. Nelson à son tour s'élançait contre Villeneuve, résolu à faire une seconde trouée pareille à la première. Le *Victory* essuyait d'abord le feu de toute notre escadre, se heurtait à la *Santissima Trinidad*, puis au *Bucentaure*, vaisseau de Villeneuve, puis au *Redoutable*, et laissait aux vaisseaux qui le suivaient, *Conquérant*, *Téméraire*, *Léviathan*, *Ajax*, *Orion*, le soin d'achever la trouée et de continuer le combat.

Le *Redoutable* était un mauvais navire de soixante-quatorze canons, incapable de résister au *Victory*, mais il était commandé par un de nos plus braves marins, le capitaine Lucas. Comme les deux vaisseaux étaient accrochés bord à bord, et que l'artillerie devenait inutile, Lucas ordonna aux artilleurs de monter dans les hunes qui déjà étaient garnies de tirailleurs. Le *Victory* répond faiblement à cette fusillade meurtrière, et bientôt son pont est encombré de cadavres. Calmes et impassibles au milieu de cette scène de boucherie, Nelson et son capitaine de pavillon Hardy se promenaient sur le gaillard d'arrière, lorsqu'une balle partie des flancs du *Redoutable* frappe Nelson à l'épaule, lui traverse la poitrine, et lui brise l'épine dorsale. Hardy se précipite pour le relever. « Les Français en ont fini avec moi, lui dit-il, j'ai le dos traversé. » On le transporta à l'ambulance, mais il ne se fit aucune illusion. Il sentait à chaque minute un filet de sang tomber dans sa poitrine. Le bas du corps n'était déjà plus sensible et la respiration lui causait d'atroces douleurs dans les parties de l'épine dorsale où la balle l'avait frappé. Nelson eut le temps de faire ses dernières recommandations. Il eut aussi la joie suprême de ne pas mourir avant d'apprendre la victoire éclatante qu'il avait préparée et ordonnée. Bientôt il n'ouvrit plus les lèvres que pour demander à boire et de l'air. Il expira au moment même où tous ceux des navires français et espagnols qui n'étaient ni pris ni désemparés, quittaient cette mer fatale où venaient de s'engloutir les ressources maritimes des deux nations.

Pendant que Nelson agonisait dans l'entrepont du *Victory*, la

BATAILLE DE TRAFALGAR.

bataille continuait furieuse, acharnée. Lucas, ignorant encore la
perte qu'il venait d'infliger à l'Angleterre, s'apprêtait à monter à
l'abordage, lorsqu'un second navire anglais, le *Téméraire*, le prit
par le travers, renversa d'une seule bordée près de deux cents
hommes, et changea si complètement la fortune du combat, que le
vaillant capitaine fut obligé de se rendre après avoir perdu cinq
cent vingt-deux hommes tués ou blessés. Au même moment le
Santa Anna, démâté, privé de la plus grande partie de son équipage, était forcé d'amener son pavillon.

Le combat ne durait que depuis une heure et demie, et notre ligne
était percée au centre et à l'arrière-garde par deux grandes brèches
où avait pénétré l'escadre anglaise tout entière, pour nous prendre
ensuite à revers.

Alors s'engagent de vaisseau à vaisseau de redoutables duels,
mais les Anglais ont partout l'avantage du nombre, puisqu'ils ont
réussi à neutraliser une partie de notre flotte, celle de Dumanoir
trop éloignée pour prendre part à l'action, et qu'ils peuvent entou-
rer chacun de nos navires par plusieurs des leurs. Les vaisseaux
espagnols de l'arrière-garde succombèrent les premiers. Malgré la
belle défense de Gravina, le *San Juan Nepomuceno*, le *Monarca*,
l'*Argonauta* succombèrent sous les coups de la division Collingwood,
et l'un d'entre eux, l'*Achille*, sauta en l'air à demi dévoré par les
flammes, ayant refusé jusqu'au bout d'amener son pavillon. Au
centre la lutte fut encore plus acharnée. Le *Fougueux*, commandé
par Baudouin, fut écrasé par les forces supérieures du *Téméraire*.
L'*Algésiras* fut incendié, et son capitaine Magon tué, mais il avait
lutté contre trois vaisseaux et mis hors de combat un de ses adversaires, le *Tonnant*. Entre le *Mars* anglais et le *Pluton* français le
combat resta indécis. Au centre le *Bucentaure* et la *Santissima Trinidad* sont attaqués par quatre vaisseaux anglais, *Neptune*, *Levia-
than*, *Conquérant*, *Africa*, qui les canonnent avec rage. Les mâts
s'abattent, les batteries s'obstruent, et de nouveaux assaillants se
joignent aux premiers. Onze vaisseaux anglais lâchent à la fois leurs
bordées contre le *Bucentaure*. Toute résistance devenant inutile, Villeneuve demande un canot pour se rendre à bord d'un autre navire
et continuer le combat, mais les canots ont été brisés par la chute
de la mâture. Il en demande un à la *Santissima Trinidad*, mais on

ne comprend ni ses signaux ni ses cris d'appel. Il est alors obligé de se rendre pour sauver le reste de l'équipage, et se fait conduire par un canot anglais à bord du *Mars*.

Le centre et l'arrière-garde étaient détruits, mais l'avant-garde demeurait intacte. Pourquoi Dumanoir, dont les dix vaisseaux n'avaient encore fait aucun mouvement, n'arrivait-il pas au secours de ses compagnons d'armes? Pourquoi ne s'était-il pas conformé aux instructions de Villeneuve, qui prescrivaient avant tout à nos vaisseaux d'accourir au feu? Cet officier général a prétendu pour sa justification qu'il avait été retenu par le calme. Peut-être, jugeant la bataille perdue, a-t-il cru qu'en se rabattant sur la colonne de Nelson, à mesure qu'elle s'avançait sur notre centre, il se perdait lui-même sans sauver le reste de la flotte. Toujours est-il qu'appelé au combat par les ordres impératifs de Villeneuve, il n'exécuta que fort tard cette manœuvre, et n'arriva pas à temps pour sauver le centre compromis. Il dut même s'estimer fort heureux de pouvoir s'esquiver avec quatre vaisseaux. Rencontré quelques jours après (5 novembre) au cap Ortegal par une escadre anglaise, il dut se rendre après une courageuse résistance.

Des trente-trois vaisseaux de la flotte franco-espagnole, dix-sept étaient entre les mains des Anglais, un, l'*Achille* avait sauté en l'air, quatre se retiraient avec Dumanoir; onze seulement fuyaient péniblement vers Cadix; huit seulement y parvinrent et encore furent-ils bloqués dans ce port jusqu'au moment où ils tombèrent entre les mains des insurgés espagnols.

Quant aux Anglais, ils comptaient huit vaisseaux démantelés et cinq dans un état périlleux. Avec les quatorze vaisseaux qui lui restaient, Collingwood avait donc à secourir treize des siens, et à remorquer dix-sept ennemis. Or la mer devenait menaçante, une tempête se préparait; il fallait combattre la houle et le vent sur une côte hérissée de récifs. Nelson, avant de mourir, avait prévu la tempête et recommandé de mouiller. Collingwood, qui lui succéda, ne put empêcher le désastre. Quatorze des vaisseaux capturés furent jetés à la côte et brisés. Trois seulement furent conduits à Gibraltar.

La victoire de Trafalgar rendait l'Angleterre maîtresse de l'Océan. Elle n'avait plus à redouter l'invasion. Dorénavant les débris des flottes française et espagnole pourriront dans leurs ports de refuge, et si parfois quelque escadre se détache en croisière, toujours elle finira par être dispersée ou détruite ; 3000 Anglais et 7000 Franco-Espagnols avaient été ainsi sacrifiés au caprice d'un seul homme !

On raconte que Napoléon, lorsqu'il reçut, à Znaïm en Moravie, le 18 novembre, la dépêche qui contenait le récit sommaire du désastre, dissimula son émotion et se contenta d'écrire à Decrès « qu'il attendait des détails ultérieurs pour se former une opinion définitive sur la nature de cette affaire, et que d'ailleurs cela ne changerait rien à ses projets de croisière ». En effet, il organisa contre les braves qui venaient de mourir pour lui la conspiration du silence. Le *Moniteur* n'enregistra même pas la bataille. Pas une récompense pour ceux qui avaient survécu ; pas une consolation pour un malheur immérité. Villeneuve ne put supporter cette ingratitude. Il avait été relâché sur parole par les Anglais, qui avaient rendu justice à son courage, et demandait une enquête. Le ministre la refusa. Villeneuve, désespéré, se suicida (22 avril). « Seul ici, écrivait-il à sa femme avant de mourir, frappé d'anathème par l'empereur, repoussé par son ministre qui fut mon ami, chargé d'une responsabilité immense dans un désastre qui m'est attribué, et auquel la fatalité m'a entraîné, je dois mourir... Quel bonheur que je n'aie aucun enfant pour recueillir mon horrible héritage ! »

L'héritage de Villeneuve était en effet bien lourd à recueillir ! La marine impériale était comme frappée au cœur. Elle ne pouvait plus que végéter. On réussit, il est vrai, à construire et à équiper de nouveaux vaisseaux, mais qui ne devaient plus sortir de nos ports que pour tomber, les uns après les autres, entre les mains d'un vainqueur toujours aux aguets. La France et l'Angleterre grandissaient donc ensemble, l'une sur le continent, l'autre sur mer. Entre elles toute conciliation devenait impossible. La lutte ne pouvait se terminer que par l'anéantissement de l'une ou de l'autre : mais nul ne se doutait alors que c'était la France qui dût succomber, et dans un avenir aussi prochain.

CHAPITRE VIII

ULM

L'Autriche, au moment où commencèrent les hostilités, n'avait encore en ligne que 180000 hommes environ, dont 90 000 sous l'archiduc Charles, destinés à opérer en Italie, 70000 sous l'archiduc Ferdinand, tout prêts à déboucher en Bavière, et 20000 en Tyrol sous l'archiduc Jean, destinés à garder les communications des deux armées principales. Deux corps russes devaient appuyer l'archiduc Ferdinand. Le premier, le plus rapproché, n'avait pas encore atteint la frontière de Gallicie; le second se concentrait en Pologne. Il leur fallait plus d'un mois pour rejoindre les Autrichiens. La prudence la plus élémentaire imposait donc aux Autrichiens la nécessité de rester sur la défensive, tant qu'ils n'auraient pas opéré leur jonction avec les Russes; mais ils croyaient Napoléon tout entier à ses projets de débarquement en Angleterre, et hors d'état de faire volte-face et de les attaquer avant que la jonction fût opérée. L'offensive leur semblait par conséquent très avantageuse, et ils avaient résolu de la prendre sur toute la ligne, sans attendre les Russes.

Mack, ce grand faiseur de projets malencontreux, ce général si connu par le triste rôle qu'il avait déjà joué en Flandre et à Naples, et dont on aurait dû se défier, avait enfanté un plan merveilleux, dont le conseil aulique eut le tort de lui confier l'exécution. Pendant que l'archiduc Charles en Italie franchirait la ligne de l'Adige et attaquerait Masséna, Mack, à la tête de l'armée dont l'archiduc

Ferdinand conservait le commandement nominal, passerait l'Inn, entrerait en Bavière, où il rallierait l'armée bavaroise en forçant l'électeur à se déclarer, et irait prendre position sur le haut Danube, tout prêt à déboucher, suivant les circonstances, soit dans le duché de Bade, soit dans le Wurtemberg, soit même en France. Deux autres attaques secondaires seraient dirigées, l'une en Hanovre, où débarquerait un corps de troupes anglaises, russes et suédoises, l'autre dans le golfe de Tarente, au moyen d'un corps anglo-russe qui dégagerait le roi de Naples, l'entraînerait dans la coalition, et menacerait ainsi les derrières de Masséna.

Telle était la combinaison de Mack; mais ce qu'ignorait le général autrichien, c'est que, depuis quelques semaines, Napoléon avait pris toutes ses dispositions, non seulement pour ne pas être surpris, mais encore pour prévenir l'attaque des coalisés. Ce qu'il ignorait, c'est que plusieurs de nos corps d'armée avaient déjà quitté Boulogne et s'acheminaient à marches forcées sur le Rhin, cachant avec soin leurs mouvements. « Jamais, écrit un des soldats qui prenaient part à cette manœuvre, le capitaine Coignet, on n'a fait une marche aussi pénible. On ne nous a pas donné une heure de sommeil. Jour et nuit on marchait par peloton. On se tenait par rang les uns aux autres pour ne pas tomber; ceux qui tombaient, rien ne pouvait les réveiller. La musique jouait, les tambours battaient la charge, rien n'était maître du sommeil. Les nuits étaient terribles pour tous. » Ce que Mack ignorait encore, c'est que les deux corps d'armée qui occupaient la Hollande avec Marmont et le Hanovre avec Bernadotte, avaient déjà reçu leurs instructions pour pénétrer en Franconie par Mayence et par Gœttingue; c'est que Murat, Savary, Bertrand, et cent autres officiers, parcouraient l'Allemagne, déguisés, reconnaissant toutes les localités par où devaient passer nos soldats, prenant avec soin tous les renseignements sur les routes, les places fortes, les positions stratégiques; c'est que de nombreux agents envoyaient à Napoléon l'état exact, « jour par jour et régiment par régiment », des mouvements exécutés; c'est enfin que tous les princes de l'Allemagne du Sud, sur l'alliance desquels comptait l'Autriche, étaient déjà ou allaient être liés à la France par des traités d'alliance offensive et défensive. Que devenaient dès lors tous ces prétendus calculs stratégiques, et à quelle retentissante catastrophe ne s'exposait pas

l'aventureux général qui s'offrait seul aux coups des Français réunis
sous le commandement de leur chef !

Napoléon avait de son côté formé son plan, et il avait sur celui
de Mack l'avantage de la simplicité. Négliger les attaques secondaires
dans l'Italie méridionale et en Hanovre, rester en Italie sur la défensive et se porter avec toutes ses forces sur le Danube afin de battre
l'armée de Mack, unique rempart de la monarchie autrichienne,
avant que les Russes ne fussent arrivés, puis marcher contre ces
nouveaux ennemis et leur livrer une bataille décisive, après laquelle
on pourrait dicter une paix glorieuse. Pour que ce plan fût réalisé,
une grande rapidité d'exécution était nécessaire, ainsi que le silence
le plus complet sur les manœuvres commencées. Or Napoléon était
passé maître dans l'art de multiplier les stratagèmes afin de prolonger l'erreur des ennemis. Affectant de rester de sa personne à
Boulogne pour laisser croire que rien n'était changé dans ses projets
contre l'Angleterre, il arrête la poste, le télégraphe, et ordonne aux
journaux de ne parler que de choses insignifiantes. En effet, le
Moniteur décrit gravement l'éruption du Vésuve et analyse quelques
ouvrages récemment parus. Il parle même des préparatifs de guerre
que les Russes continuent contre la Perse, mais ne fait même pas
allusion à ceux qui sont dirigés au grand jour contre la France.
Pendant ce temps sept corps d'armée marchent silencieusement dans
la direction du Rhin. Ceux de Davout, Soult, Lannes, Ney et Murat
quittent le camp de Boulogne et bientôt franchissent le Rhin entre
Manheim et Strasbourg ; celui de Marmont part de Zeist en Hollande
et prend le chemin de Mayence ; celui de Bernadotte évacue le
Hanovre et se dirige sur Wurtzbourg, répandant le bruit qu'il ne
fait ce détour que pour rentrer plus vite en France. C'étaient, suivant
la pittoresque expression de l'empereur, sept torrents qui se pré-
cipitaient sur l'Allemagne, et l'état-major autrichien ne se doutait
seulement pas de l'imminence du péril.

Napoléon n'avait négligé aucune précaution pour assurer ses
derrières. Comme il ne voulait pas laisser à la merci des Anglais la
flottille de Boulogne, il confia au maréchal Brune un corps d'armée
de 25 000 hommes formé avec les dépôts d'une partie des régiments
et avec les 10 000 matelots de l'expédition d'Angleterre organisés en
bataillons. Un autre corps, sous Collaud, garda Anvers et Flessingue.

12

Quatre corps de réserve furent établis à Strasbourg, Mayence, Juliers et Alexandrie. Afin de pourvoir au recrutement, on appela sous les armes non seulement la levée de l'année courante et les contingents arriérés des années précédentes, mais on fit une levée anticipée de tous les hommes qui ne devaient atteindre l'âge légal que dans les trois premiers mois de l'année 1806. Ces levées constituèrent une réserve de 150 000 conscrits, qui furent aussitôt dirigés vers le Rhin, et confiés aux maréchaux Lefèvre et Kellermann. Enfin la garde nationale fut reconstituée sur toute l'étendue du territoire. On ne l'avait plus convoquée depuis le 13 Vendémiaire. Napoléon résolut d'en faire un instrument entre ses mains. Il lui donna en effet des bases aristocratiques, en se réservant la nomination des officiers et le droit de déterminer l'époque et le nombre de celles qui seraient mobilisées. Ces gardes nationales donnèrent une seconde réserve de plus de 100 000 hommes, qui fut affectée à la garde de l'intérieur et des places fortes.

Napoléon ne voulut pas non plus entrer en campagne sans s'être assuré le précieux concours des princes de l'Allemagne du Sud. Depuis le règlement des indemnités, la plupart de ces princes étaient devenus fort puissants. S'ils se déclaraient pour l'Autriche, leurs troupes formeraient un précieux appoint pour la coalition. S'ils cédaient au contraire aux sollicitations et aux promesses de la France, leur intervention était pour nous de la plus haute importance. Napoléon leur promit et des agrandissements de territoire et un affranchissement à peu près absolu des liens qui les subordonnaient encore à l'empereur d'Allemagne. Néanmoins ces princes étaient encore hésitants. Deux d'entre eux, les électeurs de Bade et de Wurtemberg, penchaient même vers l'alliance autrichienne, mais ils voyaient leurs États remués par les idées françaises et se sentaient à la merci de la France. L'empereur était d'ailleurs décidé à passer outre. Il avait déjà fait proposer au prince héréditaire de Wurtemberg de le substituer à son père, si ce dernier hésitait plus longtemps.

L'électeur de Bade se décida le premier à subir l'alliance française. Celui de Wurtemberg se montra plus récalcitrant. Il ne céda qu'à la pression de nos baïonnettes. Le général Mouton, envoyé par Ney, força les portes de Stuttgart, et se présenta au palais électoral. Le prince lui fit une scène terrible. Mouton le laissa épuiser sa colère, puis lui répondit froidement qu'il n'était pas venu pour écouter des injures, mais pour traiter. L'électeur se sentit deviné, balbutia qu'il voulait devenir roi et augmenter son territoire, ce qu'on lui promit, puis s'engagea à fournir un contingent, qui sans doute n'entra pas directement en ligne, mais nous fut utile pour garder nos communications. Le prince de Hesse-Darmstadt devint également notre allié. L'électeur de Bavière, le plus important de ces princes, était au contraire fort bien disposé en notre faveur, car il nous devait un grand accroissement de territoire, et se savait l'objet des convoitises et des défiances autrichiennes. Il est vrai que l'armée de Mack était pour ainsi dire aux portes de sa capitale, Munich, et que plusieurs de ses parents, de ses ministres même, encore imbus des préjugés féodaux, ne voulaient pas d'une alliance avec les révolutionnaires français. Inquiété par le voisinage de l'armée autrichienne, mais redoutant les vengeances françaises, l'électeur n'aurait pas mieux demandé qu'à ne pas sortir de la neutralité. Napoléon lui envoya secrètement Murat pour le rassurer et pour lui confirmer les promesses impériales. Le brillant général était même porteur d'une lettre flatteuse, pleine de protestations, où l'empereur confiait à son honneur le secret des opérations, et lui annonçait pour sa maison l'accroissement et la puissance qui seraient le prix de sa fidélité. L'électeur n'hésita plus, et promit son concours, au cas où les Autrichiens violeraient son territoire.

Ce fut à ce moment précis que les Autrichiens, pressés par les Anglais qui croyaient encore que la grande armée se trouvait à Boulogne, prête à s'embarquer, commirent la grave maladresse de précipiter la crise, en envoyant à l'électeur de Bavière un ultimatum pour le sommer de joindre ses soldats à ceux de Mack. L'électeur recourut à l'arme des faibles, au mensonge. Le 6 septembre, il avait reçu la communication du prince de Schwarzenberg. Il répondit par une sorte de promesse, mais à laquelle était jointe la prière d'attendre au moins le retour du prince héréditaire, alors en France. Pendant ce temps tous les ordres étaient donnés en secret, et, dans la nuit du 8 au 9, l'électeur et sa famille cherchaient un refuge à Wurtzbourg, et les régiments bavarois, prévenus à temps, couraient en Franconie à la rencontre de Bernadotte, qui arrivait à marches forcées pour les recueillir. Les Autrichiens franchissaient aussitôt l'Inn et envahissaient la Bavière (9 septembre); mais il était trop tard : l'électeur et son armée se trouvaient déjà en sûreté.

A l'alliance des princes de l'Allemagne du Sud, Napoléon avait espéré un moment pouvoir joindre celle de la Prusse. Duroc, son intime confident, n'avait pas quitté Berlin, et il offrait à l'ambition de Frédéric-Guillaume une proie magnifique, le Hanovre ; mais la Prusse s'était compromise par ses protestations contre les envahissements de la France, compromise par ses ménagements excessifs vis-à-vis de l'Autriche, et ses avances intéressées à l'Angleterre et à la Russie. Elle ne pouvait accepter le Hanovre sans rien stipuler pour ce qu'elle appelait pompeusement les intérêts européens. Elle déclara donc qu'elle exigeait au préalable la garantie expresse de l'indépendance de la Suisse et de la Hollande. Napoléon ne voulut seulement pas entendre parler de cette condition, et la Prusse revint à son ancienne neutralité, mais sans cacher ses préférences pour nos adversaires et son irritation contre la France.

Napoléon a donc en mains des ressources militaires incomparables. La France entière ne forme plus qu'un vaste camp, qu'il dirige à sa volonté. Presque toute l'Italie, la Suisse, l'Allemagne du Sud, la Hollande sont ses alliés. La Prusse garde la neutralité. L'Autriche seule est prête, mais isolée, car les Russes sont encore bien loin, et les Anglais ne sont pas disposés à intervenir directement. L'empereur peut donc agir.

Thiers a prétendu, et son témoignage mérite à tout le moins d'être discuté, que Napoléon, dès le mois d'avril 1805, avait formé le projet de cerner les Autrichiens dans Ulm et de les y prendre ; mais Mack, au mois d'août, n'avait pas encore passé l'Inn, et il n'occupa Ulm que le 18 septembre. L'empereur, au début des opérations, n'a jamais cherché qu'à pénétrer par le plus court chemin jusqu'au cœur de la monarchie autrichienne, afin d'y livrer une bataille décisive. Ce n'est que plus tard, et par suite de l'incroyable imprudence commise par Mack, qu'il médita la fameuse manœuvre qui devait aboutir à la capitulation d'Ulm. Le général autrichien, après avoir envahi la Bavière, venait en effet de remonter la vallée supérieure du Danube et de s'installer à Ulm, pensant que les Français, suivant la tradition, franchiraient le Rhin, puis s'engageraient dans le long corridor formé au nord par la Forêt-Noire et les Alpes de Souabe, au sud par les hauteurs qui courent parallèlement du Danube jusqu'à Vienne. Mack se plaçait ainsi dans une position excentrique, éloigné de ses communications, et il reculait, au lieu de l'avancer, le moment de sa jonction avec les Russes. C'était une grave faute qu'il commettait, et, avec un adversaire tel que Napoléon, il fallait exagérer la prudence. Aussitôt averti de cette maladresse par une lettre de Murat, et alors seulement, l'empereur forma le projet de cerner Mack en Souabe, en le coupant de ses communications avec l'Autriche, par une manœuvre analogue à celle qu'il avait employée à Marengo, mais dont l'effet devait être plus sûr, à cause de son immense supériorité numérique sur l'armée autrichienne.

Napoléon, en effet, avait alors sous ses ordres immédiats près de 180000 hommes, soldats incomparables, dévoués à sa fortune, qu'ils confondaient encore volontiers avec celle de la France. Ils avaient fait la grandeur de leur chef et étaient fiers de leur ouvrage. D'ailleurs l'empereur les traitait avec ménagement, en compagnons d'armes et presque en camarades. Ségur raconte qu'il vit, au bivouac de Hasslach, l'empereur assis sur une chaise et sommeillant à côté d'un poêle, dont un jeune tambour, également endormi, occupait l'autre côté. On avait voulu renvoyer le tambour, mais il s'y était refusé, déclarant qu'il y avait de la place pour tout le monde, qu'il était bien là et qu'il y restait. Napoléon s'était empressé de dire qu'il avait raison, « en sorte, ajoute Ségur, que l'empereur et le tambour dormaient, assis en face l'un de l'autre, entourés d'un cercle de généraux et de grands dignitaires, debout et attendant des ordres ». Napoléon associait ses soldats à ses pensées; quelquefois même il leur dévoilait ses plans, non pas seulement en leur adressant ces proclamations retentissantes, qui donnent comme un air d'épopée à l'histoire de ces temps héroïques, mais en causant familièrement avec eux, en s'enquérant de leurs besoins, en les traitant en un mot non pas en serviteurs, mais en amis. De là un incroyable ascendant sur ces hommes, dont beaucoup se souvenaient d'avoir été citoyens, et qui, sincèrement, ne croyaient pas être devenus les instruments d'un despote. Ils l'étaient pourtant, et, quelle que soit notre admiration pour leurs vertus guerrières, il nous faudra reconnaître que les régiments qui composaient la grande armée de 1805 ne ressemblaient plus à nos légions républicaines de Sambre-et-Meuse et de

Rhin-et-Moselle : ils avaient cessé d'être désintéressés. A force de se l'entendre répéter, ils avaient fini par croire que la guerre doit nourrir la guerre, et s'habituaient à vivre de pillage et de réquisitions.

Aussi bien les chefs, les généraux eux-mêmes, ne donnaient-ils pas l'exemple? Ne réclamaient-ils pas des honneurs, des richesses, du butin? Masséna, par exemple, rougissait-il, en entrant en campagne, de recevoir « comme témoignage d'estime » (lettre du 2 octobre) un présent de 50000 francs ? Bernadotte n'était-il pas blâmé (lettre du 18 septembre) pour avoir payé argent comptant tout ce qu'il avait acheté en traversant un pays neutre, et ne recevait-il pas l'ordre de ne « payer dorénavant qu'avec des bons », c'est-à-dire pas du tout? Le prince Eugène n'était-il pas raillé de ses ménagements à l'égard des peuples italiens? On l'encourageait (lettre du 22 septembre) à user du système des réquisitions. « Ne croyez pas que ces mesures déplaisent au pays, ajoutait l'empereur; on crie, mais on ne pense pas ce qu'on dit. Je suis étonné que votre ministre de la guerre ne vous éclaire pas, lui qui a si longtemps fait la guerre avec nous. » Du moment où le chef de l'armée encourageait ces procédés honteux de pillages et de rapines, quoi d'étonnant si les soldats prirent si rapidement des habitudes de vol et de cupidité et exploitèrent avec tant d'impudeur les pays où les conduisit la fortune des combats ! A peine étaient-ils entrés en Allemagne qu'ils se débandaient pour courir à la maraude. Même avant la capitulation d'Ulm, « on les voyait au travers des champs, les uns cherchant des vivres, les autres chassant avec leurs cartouches dans ces plaines giboyeuses. A leurs coups de feu redoublés, au sifflement de leurs balles, on se serait cru aux avant-postes, et on y courait le même danger. Il n'y avait rien à faire dans cette licence : le soldat, sans distribution, ne vivait que de maraude, dont il nourrissait ses officiers. L'empereur passait sans faire attention à ces désordres, suites inévitables de mouvements si divers et si rapides pour atteindre le plus glorieux des résultats. » Le désordre prit cependant de telles proportions, que l'empereur se vit obligé, dès le 7 novembre 1805, de donner des ordres très sévères contre les traînards. Rien qu'à Braunau on en ramassa plus de 10000. Leurs camarades, restés dans le rang, furent autorisés à les dépouiller de leur butin et à les fustiger. Les soldats de la grande armée n'étaient cependant pas encore tout à fait démoralisés. Ils étaient déjà les soldats de l'empereur, mais n'avaient pas cessé d'être ceux de la nation. D'ailleurs rien ne leur manquait comme armement et comme vêtements. Ils étaient bien commandés, et depuis plusieurs années rompus au dur métier des armes. Avec de pareils hommes Napoléon pouvait tout oser, et il osa tout.

Voici le plan qu'il avait imaginé pour profiter de l'imprudence de Mack et détruire la première armée autrichienne. Avant tout il importait de persuader à l'état-major autrichien que les Français étaient résolus à s'enfoncer dans les défilés de la Forêt-Noire pour attaquer en face la position d'Ulm. Murat et Lannes restèrent donc devant les principaux débouchés de la Forêt, comme s'ils n'attendaient pour y pénétrer que d'être rejoints par le reste de l'armée. Pendant ce temps les corps de Ney, de Soult et de Davout passaient le Rhin à Lauterbourg, à Spire, à Manheim, et marchaient sur le Neckar. Marmont passait à Mayence et rejoignait Bernadotte à Wurtzbourg. A peine avaient-ils appris l'exécution de cette manœuvre préparatoire, que Murat et Lannes filaient à leur tour sur Stuttgart, où ils se joignaient à Ney, en sorte que 180000 hommes se trouvaient échelonnés, de Kehl à Wurtzbourg, sur le flanc droit des Autrichiens, qui continuaient à faire face à la Forêt-Noire, s'attendant à être attaqués d'un moment à l'autre par Murat et par Lannes, qu'ils croyaient toujours à l'avant-garde de l'armée française.

Jusqu'au dernier moment, et afin de mieux donner le change sur ses intentions, Napoléon était resté à Strasbourg. C'est de cette ville qu'il adressa à ses soldats (30 septembre) une proclamation, que ne déparait aucune de ces périodes à effet, qu'il se permettait trop souvent dans ses harangues militaires. « Soldats, leur disait-il, la guerre de la troisième coalition est commencée. L'armée autrichienne a passé l'Inn, violé les traités, attaqué et chassé de sa capitale notre allié. Vous-mêmes vous avez dû accourir à marches forcées à la défense de nos frontières. Mais déjà vous avez passé le Rhin. Nous ne nous arrêterons plus que nous n'ayons assuré l'indépendance du corps germanique, secouru nos alliés, et confondu l'orgueil des injustes agresseurs. Nous ne ferons plus de paix sans garantie. Notre générosité ne trompera plus notre politique. Soldats, votre empe-

reur est au milieu de vous; vous n'êtes que l'avant-garde du grand
peuple. S'il est nécessaire, il se lèvera tout entier à ma voix pour
confondre et dissoudre cette nouvelle ligue qu'ont tissue la haine et
l'or de l'Angleterre. » Il adressait en même temps une autre proclamation aux troupes bavaroises, et leur faisait espérer qu'ils seraient
bientôt les rivaux de gloire des Français. Il excitait ainsi leur amour-
propre. Les Bavarois allaient en effet devenir d'utiles auxiliaires, et
se battre avec courage sur tous les champs de bataille où les con-
duira la volonté impériale.

Napoléon partit aussitôt pour rejoindre ses lieutenants et continuer la manœuvre qu'il avait imaginée. Mack, enfin informé de la
concentration à Stuttgart de Lannes, Murat et Ney, avait d'abord cru
que les Français voulaient déboucher sur le Danube par la vallée
supérieure du Neckar. Il avait aussitôt replié ses postes avancés dans
la Forêt-Noire, et prescrit un changement de front, de telle sorte
que sa droite se trouvait à Rain, son centre à Gunzbourg et sa gauche
à Ulm. Mais Napoléon ne voulait l'assaillir qu'après avoir débordé
sa droite, et par conséquent en rendant impossible sa jonction avec
les Russes. Renouvelant sur le Neckar la manœuvre qui venait de
réussir sur le Rhin, il laissa Ney à Stuttgart en face de Mack, et les
six autres corps, pivotant sur Ney, qui, seul en vue de l'ennemi,
masquait leurs mouvements, se portèrent sur le Danube, afin d'isoler le général autrichien, en coupant toutes ses communications. Si
Mack avait compris sa véritable situation, il se serait porté avec
toutes ses forces contre Ney, l'aurait écrasé, puis aurait pris à
revers tous ceux de nos corps qui essayaient de franchir le Danube,
et les auraient successivement détruits; mais l'attitude fière et imposante de Ney, qui marchait lentement de Stuttgart à Albeck, lui en
imposa. Il crut que toute l'armée française se massait derrière lui,
et se disposa à lui résister. Cependant, ayant appris que quelques
coureurs français avaient paru en Bavière, il détacha de son armée
quelques milliers d'hommes sous le général Kienmayer, avec ordre
de balayer ces troupes légères et de garder les passages du Danube
et du Lech.

Ce furent ces soldats de Kienmayer qui eurent à supporter le premier choc de la grande armée. Le 6 octobre, Soult débouchait dans
la plaine de Nordlingen, bientôt suivi par Lannes et Murat, Davout

se portait sur Neubourg, Marmont et Bernadotte sur Ingolstadt. Kienmayer ne pouvait résister à de telles forces. Le pont du Danube à Donauwerth et le pont du Lech à Rain étaient emportés, et Kienmayer se retirait précipitamment sur Munich. Aussitôt la rive droite du fleuve était inondée par nos troupes, et Mack, décidément coupé de ses communications, était, sans qu'il s'en doutât, acculé dans l'étroit défilé du haut Danube, où il s'était si imprudemment enfermé. Aussi bien il comprenait si peu sa véritable situation, et telle était son infatuation, que, le 8 octobre, au moment même où toutes les issues se fermaient devant lui, il écrivait, en parlant de son armée, que « jamais elle n'avait été portée d'une manière plus propre à assurer sa supériorité ».

Les Autrichiens étaient tournés : il s'agissait maintenant de les cerner. Obligés de combattre le dos à la France et la face à Vienne, pendant que les Français, maîtres de leurs communications, et établis sur la rive droite du Danube, n'avaient plus qu'à marcher sur eux pour leur livrer une bataille décisive, les Autrichiens étaient vaincus d'avance. Pourtant ils ne se croyaient pas si compromis qu'ils l'étaient en réalité, et leur général ne pénétra pas mieux la manœuvre d'investissement qui allait l'envelopper, qu'il n'avait compris les deux mouvements tournants sur le Rhin et le Neckar. Napoléon dirige donc Bernadotte et Davout sur l'Inn afin de suivre Kienmayer et tenir tête aux Russes, dont on annonçait la prochaine arrivée; il envoie Soult sur Memmingen pour déborder la droite ennemie et couper la route du Tyrol, afin de prévenir une retraite possible de Mack dans cette direction, puis il se porte en avant, sur la rive droite du Danube, avec Murat, Marmont et Lannes, après avoir ordonné à Ney de rester sur la rive gauche du fleuve, mais de se lier à lui en occupant Gunzbourg. Ainsi se formait autour de Mack un cercle de fer et de feu, qui allait étreindre l'infortuné général et le forcer à une déplorable capitulation.

Mack se doutait si peu des mouvements combinés de l'armée française, qu'il avait envoyé à Kienmayer, afin de renforcer sa droite, douze bataillons commandés par le général Auffenberg. Ils se heurtèrent à Wertingen, le 8 octobre, contre les corps de Lannes et de Murat. Aussitôt attaqués et enveloppés par des forces supérieures, ils furent mis en déroute, laissèrent entre nos mains près de

2000 prisonniers. Les fuyards de Wertingen apprirent à Mack ce qu'il ignorait encore, l'arrivée de toute l'armée française. Wertingen était la première affaire sérieuse de la campagne, et l'armée autrichienne était encore intacte, mais elle était vaincue avant d'avoir combattu, car elle se savait maintenant cernée par un ennemi formidable, à la suite de manœuvres qu'elle n'avait même pas soupçonnées. Démoralisée par cette stupéfiante surprise militaire, elle n'avait plus à discuter la prochaine victoire : tout ce qu'elle pouvait encore espérer, c'était de s'ouvrir une retraite et d'échapper à la main de fer qui se refermait déjà sur elle. De quelque côté que se tournât Mack, il voyait devant lui ou sur ses flancs des ennemis prêts à l'arrêter. Même si le désespoir lui eût inspiré la folle résolution de rétrograder sur la Suisse ou sur la Forêt-Noire, il se serait heurté à un huitième corps, celui d'Augereau, qui, venant de Brest, arrivait le dernier, mais se trouvait déjà à Fribourg.

Deux routes pourtant restaient encore ouvertes : celle de Bohême ou plutôt de la rive gauche du Danube, que remontait à ce moment le maréchal Ney, et celle du Tyrol par Memmingen, où Soult n'était pas encore arrivé. Certes, si Mack avait eu la pensée de concentrer ses forces, et de se jeter ou sur Ney ou sur Soult, il aurait pu les écraser sur son passage, et gagner soit la Bohême, soit le Tyrol ; mais, dans le premier cas, il aurait attiré contre lui tous les lieutenants de l'empereur, et n'aurait réussi qu'à retarder le désastre ; dans le second cas, il se serait enfermé dans une région sans issue et y aurait été ou suivi ou prévenu. Sa situation était donc précaire : il ne pouvait en sortir que par un coup d'audace, et le sentiment de sa responsabilité l'avait tellement accablé, qu'il réussit à empirer une situation déjà bien compromise.

Pendant ce temps Napoléon continuait son mouvement contre Ulm avec Ney sur la rive gauche du Danube, Murat, Lannes et Marmont sur la rive droite. Ney risquait fort d'être débordé par des forces supérieures, et ce mouvement était d'autant plus à craindre que l'ennemi, en se dirigeant sur nos derrières, aurait enlevé nos parcs, nos dépôts, nos traînards, et non seulement se serait ainsi ouvert le chemin de la Bohême, en donnant la main à l'armée russe, mais encore nous aurait enfermés entre la rive droite du Danube et le Tyrol. Ney se conduisit dans la circonstance avec une grande

CATHÉDRALE D'ULM.

habileté. Il occupa Languenau et enleva Gunzbourg après un brillant combat, dans lequel les Autrichiens, qui avaient pourtant l'avantage du nombre, ne luttèrent qu'avec une mollesse qui prouvait leur démoralisation.

Un faux calcul de Napoléon et une erreur de Murat faillirent compromettre les résultats acquis. Napoléon, on ne sait trop pourquoi, s'était persuadé que Mack ne pouvait opérer sa retraite que dans la direction du Tyrol. Dès le 8 octobre Berthier écrivait par ses ordres à Ney que « Sa Majesté ne pensait pas que l'ennemi fût assez insensé pour passer sur la rive gauche du Danube, puisque tous ses magasins étaient à Memmingen, et qu'il avait le plus grand intérêt à ne pas se séparer du Tyrol ». Ney, dans la pensée de l'empereur, ne jouerait donc qu'un rôle secondaire. Tout au plus arrêterait-il quelques régiments qui essayeraient d'opérer leur trouée. Sur la rive droite, au contraire, il avait accumulé ses moyens d'attaque. L'idée que Mack battrait en retraite sur le Tyrol était tellement enracinée dans son esprit, que le 10 octobre, après l'affaire de Gunzbourg, il fit écrire à Ney par Berthier de prendre possession d'Ulm, qui était sans doute évacué par l'armée autrichienne, et de se jeter à la poursuite de Mack vers Memmingen. Afin de donner plus d'unité au commandement dans les opérations des trois corps les plus rapprochés d'Ulm, Lannes, Ney et Marmont, il en confia la direction suprême à Murat.

Ce dernier, prenant à la lettre ses instructions et partageant l'erreur de Napoléon, prescrivit aussitôt à Ney de rappeler sur la rive droite du Danube les divisions qui occupaient encore la rive gauche. Il découvrait ainsi la route de Bohême et nos propres communications, mais il croyait, ainsi que Napoléon, Mack en retraite sur le Tyrol et ne cherchait en conséquence qu'à lui opposer des masses de plus en plus compactes. Ney avait compris toute l'importance de la position qu'il occupait. En outre, il voyait les Autrichiens de plus en plus nombreux en face de lui, et s'apprêtant à tenter une diversion non pas vers le Tyrol, mais au contraire vers la Bohême. Il prévint aussitôt Murat du danger qui le menaçait, et le supplia de changer sa résolution. Il y eut même entre eux une altercation des plus violentes, et Ney était disposé à désobéir si on ne lui eût fait comprendre qu'en présence de l'ennemi il n'avait qu'à exécuter les ordres reçus. Il se résigna donc, et donna l'ordre à Baraguay d'Hilliers et à Dupont de rejoindre sur la rive droite du

fleuve la division Loyson qui l'avait déjà franchi. Heureusement
pour lui et pour la réussite de la grande manœuvre imaginée par
Napoléon, les Autrichiens l'attaquèrent assez à temps d'une part pour
lui donner raison contre Murat, de l'autre pour lui fournir l'occasion de remporter une série de glorieux succès.

Mack venait en effet de se décider, désespérant de forcer le demi-
cercle qui se formait devant lui, à essayer de le tourner par ses
extrémités. Jellachich, avec 10 000 hommes, sortirait par la rive
droite afin de sauver Memmingen, s'il en était temps encore.
L'archiduc Ferdinand, avec 25 000 hommes, devait, par la rive
gauche, s'ouvrir un chemin par la route de Nordlingen vers la
Bohême. Mack resterait à Ulm pour favoriser ce double mouvement.

Au moment même où Ney, mal dirigé par Murat, rappelait ses
divisions sur la rive droite du fleuve, et ouvrait ainsi à l'ennemi une
issue qu'il ne devait plus espérer, les Autrichiens de l'archiduc Ferdinand se heurtèrent à Hasslach contre la division Dupont qui
n'avait pas encore opéré son passage sur la rive droite du Danube.

Pendant toute la journée, Dupont lutta contre des forces triples,
et, par sa belle résistance, répara une erreur qui pouvait compromettre les combinaisons précédentes. Il se retira sur Albeck,
et de là sur Languenau et sur Gunzbourg. Les Autrichiens profi-
tèrent de sa retraite pour occuper les hauteurs d'Elchingen et brûler
le pont qu'elles dominaient. Ils se donnaient ainsi la facilité de continuer leur marche en avant sur la Bohême, et on ne comprend
vraiment pas comment ils n'ont pas profité de la porte de sortie qui
s'ouvrait à eux, pour s'y engager avec la masse de l'armée, sacrifiant
au besoin arrière-gardes sur arrière-gardes, afin de sortir au plus
vite du corridor où ils étaient enfermés, et de donner la main aux
Russes qui s'avançaient à leur rencontre.

Napoléon était arrivé d'Augsbourg avec sa garde. Il comprit tout
de suite que Ney avait seul raison contre Murat et contre lui-même,
et que les Autrichiens n'essayeraient même pas de forcer le passage
vers le Tyrol, mais bien vers la Bohême. L'important était de leur
reprendre la seule ligne de retraite qui leur fût encore ouverte, et que
dominaient les hauteurs formidables d'Elchingen. Il venait en effet
d'apprendre que Soult était arrivé à Memmingen (13 octobre), avait
forcé le général Spangen à se rendre avec 7000 hommes, et s'était

aussitôt rabattu sur la route de Biberach, la seule par laquelle les Autrichiens auraient encore pu se retirer vers le Tyrol. Marmont, Lannes et Murat s'étaient, de leur côté, rapprochés d'Ulm. Près de 100 000 Français entouraient la ville. La victoire n'était plus douteuse, mais il fallait compléter l'investissement en s'emparant d'Elchingen.

Ney eut l'honneur de frapper le coup décisif. Le 14 octobre au matin, il rétablissait, sous le feu de l'ennemi, le pont d'Elchingen, passait le fleuve, lançait aussitôt ses régiments à l'assaut de la montagne, prenait les unes après les autres les maisons du village ainsi que le couvent qui couronne la hauteur, puis refoulait les Autrichiens sur Ulm en leur faisant 3000 prisonniers. Au même moment Dupont, toujours isolé, se maintenait entre Languenau et Albeck contre un corps sorti d'Ulm sous les ordres de Werneck, et le rejetait également sous les murs de la place.

Le lendemain 15, Ney, continuant sa marche en avant, s'emparait des hauteurs de Michelsberg qui commandent Ulm, et, de tous les côtés à la fois, débouchaient nos colonnes, formant autour de la ville un cercle immense. La position n'était plus tenable pour Mack. Napoléon pria le prince de Lichtenstein, un des généraux enfermés à Ulm, de se rendre près de lui, et l'engagea à considérer les suites d'une prise d'assaut. « Il serait obligé de faire, ajouta-t-il, ce qu'il avait fait à Jaffa, où la garnison fut passée au fil de l'épée... c'est le triste droit de la guerre. » Napoléon ne voulait sans doute qu'épouvanter les Autrichiens, mais la boucherie de Jaffa était parfaitement authentique, et on n'ignorait pas qu'il était capable de la recommencer. Aussi bien de pareilles menaces étaient inutiles. Mack avait perdu la tête. Ségur, un des aides de camp de l'empereur, qui lui fut envoyé pour le décider à capituler, nous a laissé le curieux récit de son entrevue avec le général autrichien. Tantôt Mack voulait résister à outrance, puis il avouait qu'il était déjà réduit à manger ses chevaux. Tantôt il affirmait que les Russes accouraient à son aide, puis il tombait dans une véritable prostration. « Dans cette position désespérée, écrivait Ségur, son esprit conserve pourtant ses facultés. Sa discussion est vive et tenace. Il défend la seule chose qui lui reste à défendre, le temps. C'est un homme de conversation plus que d'action. Il semble vouloir jouer au plus fin contre le plus fort. » Dans cette lutte contre un adversaire implacable,

LES FOSSÉS D'ULM.

Mack ne pouvait être que vaincu. Il se voyait enfermé dans une ville mal fortifiée, il n'avait aucun espoir d'être secouru à temps, il n'avait

pas de vivres, presque pas de munitions. Engager la bataille **contre**
des forces au moins quadruples eût été de la démence. Il se **décida**
donc à capituler; mais il capitula trop vite. A la guerre les heures
se comptent. S'il avait prolongé sa résistance encore une ou deux
semaines, et il le pouvait, les Russes arrivaient à son aide, et tout
prenait une face nouvelle. Mais ces échecs successifs avaient brisé en
lui tout ressort. Après les protestations d'usage, il accepta, avec un
empressement trop singulier pour ne pas avoir été remarqué, une
capitulation qui sauvegardait jusqu'à un certain point son honneur
militaire. Feignant de croire à la prochaine apparition des Russes, il
s'engagea, s'il n'était pas secouru avant le 25 octobre, à se rendre
avec toute son armée.

Cet engagement fut pris le 19 octobre. Le même jour, Berthier
ayant fait connaître à Mack les positions occupées par l'armée française, positions dont l'ensemble rendait désormais impossible l'arrivée de tout secours pour Ulm, et lui ayant juré sur l'honneur que
l'armée russe n'était pas encore arrivée sur l'Inn, Mack consentit à
avancer le délai fixé. Dès le 20 octobre, les débris de l'armée autrichienne, environ 30000 hommes, car on n'a jamais connu l'effectif
exact des régiments autrichiens, défilèrent devant Napoléon. L'opération dura de deux heures de l'après-midi à sept heures du soir.
Soixante canons, quarante drapeaux et une énorme quantité de voitures, de bagages et de munitions, furent livrés au vainqueur.

Entouré de généraux autrichiens, auxquels il témoigna beaucoup
d'égards, l'empereur ne leur cacha pas qu'il désirait la paix sur le
continent afin de pousser à fond la guerre contre l'Angleterre. « Pas
de conquêtes sur le continent, ne cessa-t-il de leur répéter, des vaisseaux, des colonies, du commerce; c'est tout ce que je veux. »
Quelques heures plus tard, par une cruelle ironie du sort, et comme
s'il existe une loi fatale de compensation qui veut qu'un succès soit
toujours acheté, et parfois bien chèrement, se tiraient, à quelques
centaines de lieues d'Ulm, les premiers coups de canon de Trafalgar.
Tout ce que désirait l'empereur s'abîmait dans cette catastrophe
maritime. Nous étions punis sur mer de nos prospérités continentales.

Un assez grand nombre d'Autrichiens avaient réussi à percer la
ligne d'investissement, et n'avaient par conséquent pas été compris

dans la capitulation d'Ulm. Le corps de Werneck poursuivi à outrance par Murat, fut atteint le 16 à Languenau, le 18 à Nordlingen, et le général, embarrassé par un convoi de près de cinq cents voitures d'artillerie, fut obligé de signer une convention (19 octobre), d'après laquelle ses troupes déposaient les armes et étaient envoyées en France. L'archiduc Ferdinand avait d'abord essayé de filer sur Biberach. Trouvant la route coupée par Soult, il rebroussa chemin

REDDITION D'ULM.

dans l'espoir de rejoindre Werneck. Il était déjà trop tard : Werneck avait capitulé à Trochtelfingen, et déjà les Français accouraient contre lui. Surpris à Neresheim, il n'eut que le temps de monter à cheval avec quelques centaines de cavaliers, et de s'enfuir en Bohême. Avec le corps de Kienmayer et la division de Jellachich, ce furent les seuls soldats de Mack qui échappèrent à la catastrophe. Et encore Jellachich, qui était resté à la garde des défilés du Tyrol, ne tarda-t-il pas à y être enveloppé.

13

Une armée de 80 000 hommes se trouvait donc détruite sans grande bataille, et les Français n'avaient perdu que 3000 hommes environ. Jamais encore la guerre n'avait été conduite avec plus d'habileté et moins de sacrifices. Bon nombre de nos soldats n'avaient même pas fait le coup de feu avec l'ennemi. « L'empereur, disaient-ils, ne fait plus la guerre avec nos baïonnettes, mais avec nos jambes. » La destruction de cette armée livrait l'Autriche à la discrétion de son vainqueur. Il pouvait à son choix ou se porter sur Vienne, que ne pourraient défendre les fuyards d'Ulm, ou bien descendre en Italie, et donner la main à Masséna, en écrasant l'archiduc Charles, pris entre deux feux. Aussi l'Europe fut-elle comme frappée de stupeur. On raconte que Pitt, apprenant la nouvelle, refusa d'abord d'y croire, mais que, la trouvant confirmée par une gazette hollandaise, il changea de couleur, au point de donner à ses amis le pressentiment de sa fin prochaine. Quant à Napoléon, exalté par le succès, il se crut dès lors tout permis. Se voyant à la tête de 200 000 soldats poussés en avant par sa puissante main, il ne songea plus, comme écrit le poète, qu'à se tailler le monde suivant le rêve qu'il formait. On le voit en effet, et cela dès le lendemain de la capitulation d'Ulm, et nullement après Austerlitz, comme on l'a trop souvent répété, menacer les Habsbourg de déchéance. « Que mon frère d'Allemagne se hâte de faire la paix, lisons-nous dans le *Neuvième Bulletin;* c'est le moment de se rappeler que tous les empires ont un terme; l'idée que la fin de la dynastie de Lorraine serait arrivée, doit l'effrayer. » Le 27 octobre, dans une lettre à Talleyrand, il énumère les sacrifices territoriaux qu'il veut imposer aux vaincus, Venise, Tyrol, Vorarlberg, Brisgau, Ortenau, Autriche antérieure. Il rêve une nouvelle distribution des territoires germaniques ; il assure de sa protection l'électeur de Bavière, qu'il accablait naguère de flatteries intéressées; il forme le projet d'ériger des principautés en faveur de ses maréchaux, et songe à remplacer l'empire d'Allemagne par un nouveau système fédératif dans lequel la France aura la part principale.

Dans ce puissant cerveau bouillonnaient pour ainsi dire tant de projets divers, aussitôt réformés que conçus, qu'on est comme effrayé de la toute-puissance dont dispose ce chimérique bâtisseur de plans gigantesques. Il semble que la réussite de la grande

manœuvre d'Ulm ait comme exaspéré son imagination et qu'au lieu
de se défier de la fortune il ait été grisé par le succès. Il ne faisait
pourtant que commencer la série de ses triomphes extraordinaires.

Pendant que ses soldats anéantissaient ainsi la première armée
autrichienne, l'archiduc Charles, en Italie, sans éprouver un désastre
aussi complet, était néanmoins forcé d'évacuer la péninsule, et de
courir au secours de Vienne menacée.

L'archiduc avait environ 90 000 hommes sous ses ordres. C'étaient
les meilleurs soldats de l'Autriche, car elle n'avait renoncé à aucune
de ses espérances italiennes, et, dans son extrême désir de recouvrer
les provinces perdues, avait confié ses troupes les plus solides au
plus renommé de ses généraux. L'archiduc comptait sur les Napolitains, dont on connaissait les sentiments hostiles à la France, et il
espérait que les Russes et les Anglais se joindraient à eux, pour
tomber sur les derrières de l'armée française qui lui était opposée.
Il se trompa dans ses calculs, car Napoléon avait envoyé contre le roi
de Naples une petite armée commandée par Gouvion-Saint-Cyr, et ce
souverain, menacé dans son indolence, avait aussitôt signé un traité
de neutralité, que Napoléon ratifia avec plaisir. Le corps de Gouvion-
Saint-Cyr devenait en effet disponible, et pouvait servir de réserve et
d'arrière-garde à Masséna. C'était en effet à ce maréchal que Napoléon
avait confié la tâche difficile de se maintenir en Italie contre les
forces très supérieures de l'archiduc.

Les hostilités ne s'engagèrent sérieusement que le 18 octobre.
Masséna, qui avait tout préparé pour passer l'Adige à Vérone, s'empara par surprise de la partie de la ville qu'occupaient les Autrichiens, puis, après avoir fortifié sa position sur le fleuve, attendit
les événements en présence de l'archiduc, fortement retranché avec
son armée sur les hauteurs fameuses du Caldiero. Pourquoi l'archiduc, qui avait l'incontestable supériorité du nombre, ne prit-il pas
l'offensive ? Ne se croyait-il pas assez fort, ou bien le conseil aulique
lui avait-il enjoint de subordonner ses mouvements à ceux de l'armée
de Mack ? Toujours est-il qu'il laissa échapper le moment favorable.
Masséna, au contraire, dès qu'il apprit la capitulation d'Ulm, n'hésita pas à attaquer l'archiduc dans ses formidables positions, afin de
précipiter une retraite imposée par les circonstances. Deux jours de
suite, le 30 et le 31 octobre, Masséna se battit avec acharnement

sans parvenir à débusquer son adversaire de ces hauteurs si bien
défendues, mais il menaça tellement ses lignes de retraite, que l'archiduc, craignant pour ses communications, se décida à nous laisser
le champ de bataille. Une de ses divisions, celle du général Hiller,
entourée par suite de fausses manœuvres, fut même obligée de
capituler.

Rappelé au secours de la dynastie menacée, l'archiduc rétrograda
rapidement sur la Brenta, puis sur la Piave. Il s'arrêta sur le Tagliamento, comme s'il voulait recommencer sur les bords de ce fleuve la
bataille qu'il avait une première fois perdue en 1797; mais ce n'était
qu'une feinte pour gagner du temps. Masséna put franchir le fleuve
sans rencontrer de résistance. Les Français se portèrent aussitôt sur
l'Isonzo, entrèrent à Göritz, à Gradisca, à Trieste, poussant devant
eux des avant-gardes qui ramassaient les détachements égarés et les
traînards. L'archiduc renonçait décidément à défendre l'Italie, et
prenait le chemin de la Hongrie, afin d'assister aux batailles qui dé-
cideraient du sort de la monarchie.

L'archiduc laissait en arrière, dans le Tyrol, un de ses frères, l'archiduc Jean, qui, au début des hostilités, avait été chargé de défendre cette importante province, et de relier l'une à l'autre les deux
armées d'Italie et du Danube. Jellachich, échappé d'Ulm avec une
dizaine de mille hommes, s'était jeté dans le Vorarlberg et communiquait avec lui. C'était une armée de 40000 soldats, postés dans un
pays difficile, et qu'il importait de ne pas laisser sur ses derrières,
au moment où l'on allait s'enfoncer dans le cœur de la monarchie.
Napoléon chargea trois de ses lieutenants, Ney, Augereau et Masséna,
de disloquer cette armée autrichienne, en l'attaquant de trois côtés
différents. Masséna ne pouvait que la contenir au sud, mais Augereau et Ney furent chargés de l'attaquer, le premier en face, et le
second sur son flanc droit.

Ney, parti de Landsberg le 28 octobre, arrivait à Scharnitz le
7 novembre, et, par un coup de main audacieux, s'emparait du
fort qui domine ce défilé. L'archiduc évacua aussitôt la province, et
se jeta sur le Brenner, afin de donner la main à son frère Charles.
Ce dernier était déjà sur les Alpes Juliennes et Masséna lui barrait
le chemin. Jean se rejeta alors sur le col de Toblach et prit la route
de Klagenfurth. Sa position était critique. Ney, qui avait occupé

INSPRUCK.

Inspruck, Brixen et Trente, le poursuivait en queue. Une brigade, détachée de l'armée de Masséna, accourait à Klagenfurth et menaçait sa droite. Le corps de Marmont, qui atteignait alors Leoben, inquiétait sa gauche. L'archiduc réussit pourtant à échapper, et rejoignit son frère à Tilly, avec les débris de son armée ruinée par cette poursuite sans trêve ni merci.

Son lieutenant Jellachich fut moins heureux. Augereau, dont le corps, arrivé trop tard en Souabe, n'avait pu prendre part à la grande manœuvre d'Ulm, avait forcé les Autrichiens à lui abandonner Lindau et Bregenz, et les pressait dans la position qu'ils avaient prise à Feldkirck. Jellachich sollicita une capitulation, qui lui fut accordée le 16 novembre. Tous ses soldats déposèrent les armes, mais ils ne furent prisonniers que sur parole et se retirèrent en Bohême.

Un autre général autrichien, prince de Rohan, voulut lutter jusqu'au bout. Il résolut de descendre en Italie par le Brenner, l'Adige et la Brenta afin de rejoindre l'archiduc Charles ou de se jeter dans Venise qui tenait encore. Les 8000 hommes auxquels il commandait remportèrent un premier succès à Bassano, et se jetèrent avec impétuosité contre le général Reynier envoyé à leur rencontre. L'action s'engagea à Castel-Franco. Elle fut chaudement disputée ; mais Gouvion-Saint-Cyr envoya d'imposants renforts à Reynier, et le prince de Rohan fut obligé de capituler (25 novembre).

Le Tyrol, le Vorarlberg, la Vénitie sont donc conquis. Les Français sont désormais réunis. Masséna ne forme plus que l'aile droite de la grande armée, dont le centre menace Vienne et la gauche la Bohême. L'empereur a réalisé la première partie de son plan. L'Autriche est hors de combat. Il ne lui reste plus qu'à profiter de sa victoire pour marcher à la rencontre des Russes, qui viennent d'arriver sur le Danube, et, à leur tour, entrent en campagne. « Soldats, écrivait à ce propos l'empereur dans sa proclamation du 21 octobre 1805, vous êtes impatients de commencer une seconde campagne. Cette armée russe, que l'or de d'Angleterre a transportée des extrémités de l'univers, nous allons lui faire éprouver le même sort. A ce combat est attaché plus spécialement l'honneur de l'infanterie ; c'est là que va se décider pour la seconde fois cette question qui l'a déjà été en Suisse et en Hollande : si l'infanterie française est la première ou la seconde de l'Europe. Il n'y a point là de généraux contre les-

quels je puisse avoir de la gloire à acquérir; tout mon souci sera
d'obtenir la victoire avec le moins possible d'effusion de sang; mes
soldats sont mes enfants. »

Les Russes, commandés par Kutusoff, venaient d'arriver en Autriche.
Ils n'étaient que quarante-cinq mille, braves soldats, mais exténués
par les marches forcées qu'ils venaient d'exécuter à travers l'Europe
centrale. Mieux aurait valu pour eux ne pas tant se presser et
attendre la seconde armée russe, celle que commandait Buxhoefden;
mais l'Autriche avait tellement réclamé leur prompte arrivée, que
leur général avait cru son honneur engagé à ne pas manquer à l'appel que lui adressaient des frères d'armes malheureux. Malgré son
activité, Kutusoff n'était pas arrivé à temps. Il ne se trouvait encore
qu'à Braunau lorsqu'il apprit la défaite de Mack. Attendre les
vainqueurs à Braunau, c'était s'exposer à un désastre. Il rallia pourtant Kienmayer et rétrograda pour couvrir Vienne et donner le temps
aux armées du Tyrol et d'Italie de venir le rejoindre. On sait déjà
que les deux archiducs Jean et Charles ne réussirent qu'à réunir
les débris de leurs armées et à se retirer ensemble en Hongrie. Les
Russes restèrent donc seuls exposés aux coups de la grande armée.
Kutusoff, comprenant le danger, avait voulu se retirer tout de suite
en Bohême, ce qui était son chemin le plus direct pour aller à la
rencontre de la seconde armée russe; ce ne fut que par égards pour
l'empereur François qu'il consentit à rester sur la rive droite du
Danube.

Tous les corps français passèrent l'Inn, qui ne fut même pas
défendu. Braunau tomba entre nos mains sans résistance (30 octobre).
Napoléon en fit aussitôt le dépôt général de l'armée. Murat et Lannes,
formant l'avant-garde, se jetèrent à la poursuite de l'ennemi. Bernadotte, Marmont et Davout les suivirent. Soult fermait la marche
avec la réserve. Le 30 octobre Murat prenait contact avec les Russes
à Lambach. Il les battait, mais non sans reconnaître chez ces nouveaux ennemis une solidité que n'avaient pas jusqu'alors montrée
les Autrichiens. A Amstetten, Kutusoff parut vouloir accepter une
bataille. Murat et Oudinot le dépostèrent sur tous les points, et lui
firent quelques centaines de prisonniers. Persuadé que Kutusoff
risquerait, pour sauver Vienne, une bataille sur les hauteurs de
Saint-Polten, l'empereur ordonna à Davout de marcher sur Steiger,

afin de tourner l'armée ennemie, et à Marmont de prévenir à tout
prix l'arrivée sur notre flanc droit de l'archiduc Charles. Davout ne
rencontra pas les Russes, mais il se heurta à Mariazell contre un corps
autrichien, commandé par Merfeldt, qui accourait au secours de la
capitale. Après un combat très vif, le champ de bataille nous resta,
et Merfeldt fut réduit à se sauver avec les débris de sa cavalerie.
Quant à Marmont, détaché sur Leoben afin d'intercepter la route de
Styrie et d'empêcher l'archiduc Charles de se porter sur le flanc
droit de Napoléon, il remonta l'Ens, arriva dans le bassin de la
Drave, et s'avança jusqu'à Grœtz sans rencontrer d'obstacles sérieux.
Kutusoff restait donc toujours isolé, et le moment approchait où il
allait être obligé ou de livrer une bataille décisive pour protéger
Vienne, ou de battre en retraite sur la Bohême.

Tout le monde s'attendait à cette bataille. La chaîne des Alpes
Noriques, à partir de Passau et de Linz, borde de plus en plus étroitement la rive droite du Danube, et projette jusque dans les environs immédiats de la capitale les hauteurs importantes du Wiener-
wald et du Kahlemberg : en sorte que la vallée du fleuve devient de
plus en plus étroite à mesure qu'on se rapproche de Vienne. De là
de grandes facilités pour la défense de cette capitale. Napoléon
croyait que les Russes essayeraient de la défendre en occupant les
collines de Saint-Polten. Il marcha donc sur Saint-Polten avec le
gros de l'armée. Fidèle à ses habitudes de prudence, et voulant
inquiéter les Russes sur leur ligne de retraite, il fit passer sur la
rive gauche du Danube environ 20 000 hommes, sous les ordres de
Mortier, et il promit d'appuyer le maréchal par une flottille improvisée qui devait lui permettre de passer le fleuve d'une rive à l'autre.
L'événement trompa les prévisions. Kutusoff, harassé par ces combats
quotidiens, déjà réduit à 35000 hommes, informé que les armées
du Tyrol et de l'Italie ne pourraient se réunir à lui, prit soudai-
nement la résolution d'abandonner Vienne et de se porter en Moravie
au-devant de la deuxième armée russe. Il franchit donc le Danube à
Mautern, dont il détruisit le pont, et passa sur la rive gauche, où il
rencontra Mortier. C'est entre Mautern, Stein et Dürrenstein, le
11 novembre, que se livra un des plus terribles engagements des
guerres napoléoniennes.

Mortier avait sous ses ordres les deux divisions Gazan et Dupont.

Elles marchaient à une journée de distance l'une de l'autre, la division Gazan en tête. Mortier, tout surpris de rencontrer les Russes sur la rive gauche, crut d'abord n'avoir affaire qu'à un corps détaché. Prenant l'offensive, il les poussa d'abord très vivement jusqu'à Stein; mais bientôt il s'aperçut qu'il avait en face de lui toute l'armée

DÜRRENSTEIN.

ennemie. Il ne fallait pas songer à repasser le Danube, d'abord parce qu'on n'avait pas de bateaux et surtout parce qu'on exposait Dupont au désastre qu'on évitait. La seule tactique imposée par les circonstances consistait donc à se rapprocher de Dupont. Très sagement Mortier battit en retraite jusqu'à Dürrenstein. La route était déjà coupée par les Russes, et Mortier, pris en tête et en queue, était exposé à un désastre. Toute la journée nos soldats se battirent avec acharnement. Leurs baïonnettes étaient tordues, ils ne pouvaient plus battre la charge que sur des bidons en fer, car tous les tambours étaient crevés. Mortier avait, à plusieurs reprises, été obligé de tirer l'épée pour se défendre. Tout semblait perdu. Déjà même on approchait une barque du fleuve pour sauver au moins le maréchal, qui d'ailleurs s'y refusa, voulant partager jusqu'au bout le sort de ses hommes. La nuit était venue, et nos soldats allaient succomber sous le nombre, lorsqu'un simple major, Henriod, émit l'avis de s'ouvrir un chemin à la baïonnette. Les Russes, qui se croyaient sûrs de la victoire, s'étaient entassés dans un étroit chemin, bordé de chaque côté par des murs très élevés. Mortier fit diriger contre cette colonne des feux destructeurs, puis l'aborda avec une froide intrépidité. Il s'ouvrit bientôt une voie sanglante à travers cette masse, et, arrivé au delà de Dürrenstein, rencontra les premiers soldats de Dupont, qui accouraient au bruit du canon. Les Français étaient sauvés. Ils avaient perdu près de 1500 hommes, et les Russes plus de 4000, mais le résultat le plus important de la journée était d'avoir affaibli la confiance qu'ils avaient en eux-mêmes.

Napoléon avait entendu toute la journée la terrible canonnade de Dürrenstein. Il était dans une telle inquiétude, qu'il suspendit la marche de tous les corps, et attendit avec anxiété les nouvelles du maréchal. Elles ne lui parvinrent que le 12 novembre à midi. L'empereur combla d'éloges les généraux et les soldats qui venaient de s'illustrer par ce beau fait d'armes, mais il ne pouvait se dissimuler qu'en abandonnant ainsi Mortier sur la rive gauche du Danube une grande faute stratégique avait été commise. Dans sa mauvaise humeur, il s'en prit très injustement à Murat de la mésaventure de Mortier, qui aurait pu si facilement se convertir en désastre. Il lui reprocha en termes amers d'avoir laissé l'armée « s'enfourner » sur Vienne, et de ne pas avoir poursuivi les Russes l'épée dans les reins ; mais il oubliait que Murat n'avait fait qu'exécuter ses ordres, et que d'ailleurs, puisque tous les ponts du Danube étaient au pouvoir des ennemis, et qu'on n'avait à sa disposition qu'un nombre de bateaux très insuffisant, les Russes ne pouvaient pas être poursuivis l'épée dans les reins.

Murat, impatient de regagner les bonnes grâces de Napoléon, lui rendit alors un inestimable service en s'emparant par surprise des grands ponts du Danube, qui allaient permettre à l'armée française

de poursuivre et peut-être de prévenir les Russes dans leur retraite
sur la Moravie. La défense de ces ponts avait été confiée au prince
Auersperg. Murat, suivi de Lannes, de Belliard et de quelques officiers
d'état-major, s'avance sur le grand pont, les mains croisées derrière
le dos, comme un simple promeneur, annonçant au commandant
du poste qu'un armistice était signé. Pendant ce temps un régiment
de hussards gagnait peu à peu du terrain, noyant les poudres préparées pour faire sauter le pont, et, lorsque le commandant autrichien ordonne de mettre le feu aux mines, Murat le saisit au collet,

PONT DE BOIS SUR LE DANUBE.

et de tous les côtés arrivent des soldats français qui traversent le
pont. Auersperg survient en personne : les généraux lui répètent la
fable de l'armistice, et il ne comprend qu'il a été joué que lorsqu'il
aperçoit nos soldats, de plus en plus nombreux, désarmer les siens.
Cette supercherie déloyale était indigne des généraux intrépides
et illustres qui s'y prêtèrent, mais Napoléon leur avait enjoint de
s'emparer à tout prix du passage, et, en effet, nous étions dès lors les
maîtres du fleuve.

Murat se lançait aussitôt à toute vitesse sur la route de Vienne qui
conduit en Bohême et coupe à Hollabrunn celle qui va de Dürrenstein en Moravie. Il espérait prévenir à ce point de jonction les Russes
de Kutusoff, qui de la sorte allaient se trouver pris entre lui et
Lannes d'un côté, et de l'autre Bernadotte que l'empereur venait de

lancer à leur poursuite. En effet Français et Russes arrivèrent presque
en même temps à Hollabrunn. Murat n'était pas encore en force pour
attaquer. Voulant donner à Lannes le temps de le rejoindre, et
encouragé par le succès de sa ruse au pont de Vienne, il annonce
aux généraux Bagration et Nostitz qu'un armistice vient d'être
conclu. Nostitz le croit et se retire. Bagration évente la ruse et avertit
Kutusoff, qui projette aussitôt la résolution de prendre Murat dans
son propre piège. Il lui répond qu'il est au courant de la situation,
qu'il est lui-même chargé par le czar de continuer les pourparlers,
et lui dépêche un de ses aides de camp, Wintzingerode, qui
l'amadoue avec de belles paroles. Pendant que Murat, trompé par
ces assurances, envoie un courrier à l'empereur pour le consulter sur
les conditions du prétendu armistice, Kutusoff, laissant à Hollabrunn
un simple rideau de troupes sous les ordres de Bagration, se déroba
sur la Moravie. Napoléon reconnut tout de suite la fraude et donna
l'ordre d'attaquer. Bagration entouré par des forces quintuples reçut
avec fermeté le choc des 40 000 hommes qui l'entouraient. Près de
la moitié de ses soldats se firent massacrer aux environs d'Hollabrunn,
dans les villages de Schœngraben et de Guntersdorf (16 novembre).
Le soir venu il forma une colonne avec ce qui lui restait, et alla
rejoindre l'armée russe. Il s'était honoré par l'énergie de sa résistance, et Kutusoff était désormais hors de danger.

Pendant ce temps Napoléon précipitait sa marche sur Vienne.
L'empereur François avait un instant espéré l'arrêter, en lui demandant un armistice par l'entremise du général Giulay. Napoléon
exigeait comme gage de la paix prochaine, et avant toute discussion,
la séparation immédiate des armées russe et autrichienne. En outre,
il laissait entrevoir qu'il demanderait la cession de Venise et du
Tyrol. Ces sacrifices étaient trop pénibles, car la situation n'était
pas désespérée, et les armées russes n'étaient pour ainsi dire pas
encore entamées. La négociation fut donc rompue : aussi bien elle
n'avait pas un instant suspendu la marche de nos troupes.

L'empereur d'Allemagne eut un instant la velléité de défendre
Vienne, mais les fortifications de la capitale étaient en trop mauvais
état. Il ne voulut pas l'exposer aux horreurs d'un siège et se réfugia
à Brunn, où il rejoignit le czar. C'était agir en bon père de famille,
jaloux de ménager la vie et les biens de ses sujets, mais en mauvais

CATHÉDRALE DE VIENNE.

tacticien, car la résistance de Vienne, n'eût-elle duré que quelques
jours, aurait rendu un inestimable service aux alliés en leur
donnant le temps de s'organiser. Les Français entrèrent donc à
Vienne le 15 novembre. Ils y furent reçus avec convenance et
dignité. La garde bourgeoise était sous les armes. La population se
pressait dans les rues, avide de contempler les soldats qui venaient
d'accomplir tant de prodiges. Ils les savaient humains, accessibles

VIENNE. — LE GRABEN.

aux sentiments généreux, et étaient disposés à les mieux recevoir
que leurs alliés les Russes, qui, sur leur passage, s'étaient signalés
par des cruautés et des actes de violence regrettables. Napoléon, fort
heureux de ces bonnes dispositions, s'empressa de rassurer les
Viennois. Il leur donna comme gouverneur Clarke, et comme intendant général Daru. Ces deux administrateurs reçurent des instructions spéciales pour ménager la population de la capitale. Au reste
l'empereur donna lui-même l'exemple, car, au lieu de s'installer à
Vienne, il choisit pour résidence le château de Schœnbrunn.

Ruine des armées de Mack et de l'archiduc Jean, refoulement des armées de Kutusoff et de l'archiduc Charles, entrée à Vienne, ces magnifiques résultats avaient été acquis en moins de six semaines. Jamais encore campagne n'avait été menée plus rapidement. Sans doute Napoléon n'avait pas tout fait par lui-même, et ce succès, qui dépassait toute prévision, était dû en partie à ses lieutenants ; mais, ainsi qu'a été obligé de le reconnaître un de ses adversaires, Lanfrey,

LE BURG IMPÉRIAL DE VIENNE.

« il était dû beaucoup plus encore à cette vaste conception qui, embrassant d'un seul regard tout l'ensemble de ces opérations et leur théâtre immense, avait négligé les points secondaires, et porté sur le point principal une masse irrésistible, dont l'impulsion devait emporter tout le reste ».

Jamais Napoléon n'était plus redoutable qu'au lendemain d'une victoire. Au moment où les coalisés pensaient qu'il allait prendre ses quartiers d'hiver, il commençait au contraire ses préparatifs pour une seconde campagne. Ayant à la fois à garder Vienne, à fermer les débouchés de la Styrie à l'archiduc Charles, à se défendre contre les

Austro-Russes concentrés en Moravie, il pensait à tout. Vienne devint comme le centre autour duquel furent disposés tous les corps de la grande armée. Davout, de Presbourg à Neustadt, surveilla la Hongrie, Marmont s'établit sur les Alpes Styriennes, de Leoben au Sömmernig, tout prêt à donner la main à l'armée de Masséna. Bernadotte et les Bavarois surveillèrent la Bohême, où l'archiduc Ferdinand ramassait des troupes. Murat, Lannes et Soult faisaient face en Moravie aux Austro-Russes. A Schœnbrunn enfin, avec sa garde et Mortier, Napoléon était tout prêt à courir au secours de ses lieutenants. En apparence cette armée était disséminée, en réalité tous les corps s'appuyaient les uns sur les autres. Ils pouvaient rapidement se réunir, et ils étaient en garde sur tous les points. Les Austro-Russes s'imaginèrent à tort que ce luxe de précautions cachait une faiblesse réelle, et s'apprêtèrent à rentrer en campagne. Ils couraient au-devant du désastre d'Austerlitz.

CHAPITRE IX

Les Austro-Russes s'étaient concentrés à Olmutz, en Moravie. Ils formaient une masse de 90 000 hommes environ, dont seulement 14 000 Autrichiens. C'étaient de bonnes troupes, pleines d'ardeur, et qui ne demandaient qu'à engager avec les Français une action décisive, car Lambach, Amstetten, Dürrenstein ou Hollabrunn n'avaient été que des affaires secondaires, et, si on avait battu en retraite, c'est qu'on avait devant soi des forces écrasantes. Cette ardeur des Russes était même mauvaise en soi, car elle allait précipiter la reprise des opérations, et mieux aurait valu pour eux temporiser encore. D'importants renforts, amenés par Beningsen, étaient en effet annoncés. La Prusse venait enfin de renoncer à son système de neutralité, et son souverain, comme nous le verrons plus tard, avait demandé le délai d'un mois pour se joindre aux coalisés. Les archiducs Charles et Jean venaient d'arriver en Hongrie et se préparaient à reprendre l'offensive. Les Anglais et les Suédois étaient à la veille de se porter du Hanovre sur la Hollande et les Napolitains avaient enfin quitté leurs cantonnements et menaçaient nos derrières en Italie. De tous les côtés à la fois Napoléon se trouvait donc menacé, et, si les Austro-Russes avaient eu le bon sens d'attendre encore quelques semaines, il est probable que l'empereur, déjà si éloigné de sa base d'opérations, aurait été contraint à un mouvement en arrière, à moins d'accepter la lutte contre trois armées à la fois, celle

14

de Moravie, qui l'attaquerait en face, celle de Hongrie sous l'archiduc Charles, qui opérerait sur son flanc droit, et celle des Prussiens, qui n'aurait qu'à·marcher en avant pour rendre très critique sa position sur le flanc gauche. Dans de pareilles conditions, temporiser était en quelque sorte une nécessité stratégique. Kutusoff le comprenait si bien, qu'il suppliait les deux empereurs d'éviter toute rencontre, au moins jusqu'à l'entrée en ligne des Prussiens ; mais on n'écouta pas ses sages conseils, et les alliés coururent au-devant des secrets désirs de Napoléon en lui offrant la bataille, alors qu'ils avaient tout à gagner et rien à perdre en restant sur leurs positions.

Malgré les remontrances de ses amis, et particulièrement du comte Czartoryski, Alexandre était arrivé à Olmutz pour y prendre le commandement de son armée. L'empereur d'Autriche, convaincu par Kutusoff de la nécessité de la temporisation, aurait voulu rester quelque temps encore sur la défensive ; mais sa position était délicate : il se trouvait en quelque sorte le protégé du czar et ne pouvait lui imposer une ligne de conduite. Il le pouvait d'autant moins que d'assez graves dissentiments avaient éclaté entre Autrichiens et Russes à propos du malheureux début des hostilités, et que les uns et les autres ne pouvaient se justifier que par une éclatante victoire. Le czar eut le tort de ne tenir aucun compte des sages avis de son allié, et de traiter avec un certain mépris le système dilatoire proposé par Kutusoff. Il était alors entouré de jeunes officiers, pleins de courage, mais aussi d'illusions, qui tenaient à se distinguer sous les yeux de leur souverain, et raillaient avec plus de malice que d'à-propos la tactique proposée par des chefs expérimentés, mais serviles. Un général autrichien de l'école de Mack, tacticien sur le papier et calculateur de cabinet, Weinrother, prit à ce moment un grand ascendant sur l'esprit du czar, et lui persuada que le seul plan de campagne à adopter consistait à reprendre l'offensive et à marcher sur Vienne, puis, après avoir battu Napoléon, à donner la main d'abord à l'archiduc Charles, ensuite aux Prussiens, et à chasser les Français de l'Allemagne et de l'Italie. Alexandre crut à la facile exécution de ce plan. Il reposait pourtant sur une hypothèse, la défaite de Napoléon, et cette hypothèse ne devait pas se réaliser.

L'empereur, qui était au courant de la véritable situation, en tira parti avec une grande habileté. Il feignit de redouter ce qu'il cherchait au contraire avec passion, et affecta une crainte qu'il ne ressentait pas : il n'en éprouvait qu'une, celle de voir les ennemis rester sur la défensive. Dès le 20 novembre, il avait ordonné un mouvement général sur la Moravie. Murat et Lannes, au centre, marchèrent sur Znaïm, Soult à droite sur Nikolsbourg, Bernadotte à gauche, après avoir traversé la Bohême, se rabattit sur Iglau. Mortier resta à Vienne. La conséquence de ce mouvement offensif fut la retraite des coalisés sur Olmutz. Ils commirent l'imprudence de nous abandonner Brunn sans résistance. Napoléon y établit aussitôt son quartier général, et donna ses ordres pour la concentration de toutes ses forces. Davout dut accourir en toute hâte à Nikolsbourg, Mortier remettre Vienne à la division Dumonceau, du corps de Marmont, et Marmont lui-même se replier de Neustadt sur Vienne. Ces mouvements étaient confus en apparence, et semblaient indiquer chez Napoléon une timidité et une hésitation qui ne lui étaient pas habituelles. Les alliés s'imaginèrent que les Français ne cherchaient qu'à masquer leurs préparatifs de retraite, et formèrent le projet de nous couper du Danube et de Vienne par une marche de flanc, et de se joindre à l'archiduc Charles, pendant que les Prussiens envahiraient la Bohême, y rallieraient les troupes éparses de l'archiduc Ferdinand, et achèveraient d'envelopper de la sorte l'armée française. Ils oubliaient que, pour réussir, cette grande manœuvre devait être exécutée avec une précision merveilleuse, et que l'empereur ne se laisserait pas ainsi enfermer sans essayer de rompre sur un point le cercle qu'on voulait former autour de lui.

Le 27 novembre les alliés se mirent en marche sur cinq colonnes. Mal informé sur la situation des Français, Kutusoff n'avançait qu'avec une grande circonspection. Apprenant que nous n'avions à Wirchau que des forces médiocres, il fit attaquer ce village et l'emporta. Il s'empara également de Rausnitz. C'était un premier succès qui augmenta la confiance des Austro-Russes, et les engagea à tenter décidément la grande opération imaginée par le général Weinrother et approuvée par le czar. Avec une extrême habileté, Napoléon augmenta encore cette confiance, en feignant une hésitation qu'il ne ressentait pas. Dès le 25 novembre il avait envoyé au czar, avec la mission secrète d'observer attentivement l'armée ennemie, et sous le prétexte de commencer une négociation, le plus délié de ses aides de camp, Savary. Alexandre ne donna qu'une réponse évasive et même peu polie, car il l'adressa au chef du gouvernement français et non pas à l'empereur. Ce dernier, d'ordinaire si chatouilleux sur les questions d'étiquette, affecta de ne pas se formaliser de ce manque de convenance, et renvoya immédiatement Savary à Olmutz, afin de proposer une entrevue au czar, tout en continuant ses observations stratégiques. Le czar refusa l'entrevue, mais consentit à envoyer à l'empereur un de ses aides de camp, Dolgorouki. On ne permit à ce jeune officier de pénétrer qu'aux avant-postes, et on ne lui laissa voir de nos régiments que ce qu'il fallait pour le tromper. Il n'aperçut en effet que des soldats se repliant dans toutes les directions, ou bien remuant la terre pour improviser des retranchements de campagne. Il en conclut que l'armée française avait déjà commencé son mouvement rétrograde, et qu'elle redoutait l'attaque des alliés. En réalité nos soldats se repliaient sur des positions depuis longtemps étudiées, et sur lesquelles Napoléon voulait attirer les Austro-Russes. Enhardi par la faiblesse apparente de notre armée, et tout fier de la confiance que lui témoignait son maître, Dolgorouki fit entendre à l'empereur un langage superbe. Le considérant déjà comme vaincu, il exigea, comme condition nécessaire de la paix, l'abandon de l'Italie, de la Hollande, de la Suisse, et la cession de la Belgique. L'empereur avait tout écouté froidement, et contenait son indignation. Il finit cependant par s'écrier qu'il ne céderait rien en Italie, « lors même que les Russes camperaient sur les hauteurs de Montmartre ». Cette déclaration termina l'entrevue, qui n'avait été de la part de Napoléon qu'une ruse de guerre destinée à augmenter la confiance des Austro-Russes. Dolgorouki revint à Olmutz plein de joie, annonçant à tous la prochaine victoire, proclamant bien haut les hésitations de Napoléon et la faiblesse de nos effectifs. Il n'y avait plus qu'à se battre. C'est ce qu'on désirait de part et d'autre, mais avec des arrière-pensées bien différentes.

Dès le 20 novembre, s'étant posté sur le plateau d'Austerlitz, où étaient alors cantonnées les divisions de Soult, Napoléon avait dit aux généraux qui le suivaient de bien étudier le terrain, car, sous peu de jours, ce serait un champ de bataille. C'est en effet à Austerlitz et aux environs qu'il avait résolu de livrer l'engagement décisif. De Brunn, où était le quartier général, partent deux routes : la première du nord au sud est celle de Vienne, la seconde de l'ouest à l'est est celle d'Olmutz. Un ruisseau, le Goldbach, grossi par les eaux de plusieurs étangs, Kobelnitz, Satschau, Menitz, coupe les deux routes. En avant du ruisseau sont jetées des hauteurs dont la plus considérable, le plateau de Pratzen, permet de déboucher à son choix ou sur la route de Vienne ou sur celle d'Olmutz. L'empereur, qui était arrivé le premier sur ce terrain, avait tout de suite compris les avantages de cette position et avait occupé le plateau; mais, par un profond calcul qui dénote de sa part une merveilleuse connaissance du cœur humain, et aussi une extrême confiance dans la solidité de ses troupes, il abandonna les hauteurs où il était déjà retranché. « Si je voulais empêcher les Russes de passer, dit-il à ses généraux, c'est ici que je me placerais, mais je n'aurais qu'une bataille ordinaire ; si, au contraire, je resserre ma droite sur Brunn et que les Russes abandonnent ces hauteurs, ils sont perdus sans ressources. » En effet, appelant à lui tous ses lieutenants, il se retira dans l'angle presque droit formé par les routes d'Olmutz et de Vienne, couvert sur son front par le Goldbach, et adossé à la forteresse de Brunn, qui assurait au besoin sa retraite par la Bohême. Sa gauche, couverte par des collines boisées très épaisses, était confiée à Lannes, qui s'était établi autour d'un mamelon, surnommé par nos soldats le Santon. A droite, appuyé sur les étangs, alors glacés, de Menitz et de Satschau, était Soult. Au centre, vers Girzikowitz et Puntowitz, Bernadotte et Murat. Avec sa garde et dix bataillons sous les ordres d'Oudinot, Napoléon commandait en personne la réserve. Enfin à l'extrême droite, dans une position tout à fait excentrique, était détaché Davout avec deux divisions, qu'il rabattrait au moment opportun sur la gauche des Russes. Sur tous les points les Français paraissaient donc sur la défensive : mais ils n'attendaient que la marche en avant des alliés pour commencer l'attaque.

Les Austro-Russes, de plus en plus persuadés qu'ils n'avaient qu'à marcher pour tourner l'armée française, commencèrent le 1er décembre une marche de flanc sur une longueur de quatre lieues, défilant le long de l'armée française, qui paraissait ne pas oser sortir de ses lignes. En plein jour et à découvert, ils abandonnèrent le plateau de Pratzen, et prirent la direction du sud, laissant dans leurs positions les Français toujours immobiles. Un petit corps de cavalerie se montra seul dans la plaine, mais se retira aussitôt, comme intimidé par la supériorité de l'ennemi. Les Austro-Russes tombaient en plein dans le piège terrible que leur tendait l'empereur. Celui-ci, comme il le dit à plusieurs reprises, aperçut ce mouvement avec une indicible joie : « Avant demain soir, s'écria-t-il, cette armée est à moi ! » Sa conviction sur ce point était si bien établie, qu'il n'hésita pas à annoncer à ses troupes, par une proclamation, la manœuvre qu'elles auraient à exécuter le lendemain. « Les positions que nous occupons sont formidables. Pendant que les Russes marcheront pour tourner ma droite, ils me prêteront le flanc. Je dirigerai moi-même tous vos bataillons. Je me tiendrai loin du feu si, avec votre bravoure accoutumée, vous portez le désordre et la confusion dans les rangs ennemis ; mais, si la victoire était un moment incertaine, vous verriez votre empereur s'exposer aux premiers coups. » Cette confidence faite à toute une armée et cette prédiction débitée avec tant d'assurance ont paru si extraordinaires, qu'on a prétendu que l'empereur avait eu connaissance du plan de Weinrother : mais qu'avait-il besoin de la trahison d'un agent subalterne pour pénétrer une faute qu'il avait lui-même suggérée !

Fiers de la confiance que leur témoignait un chef aimé, les soldats improvisèrent une fête militaire, qui devait être comme l'annonce de la glorieuse victoire du lendemain. Napoléon avait voulu visiter les bivouacs. Reconnu par les soldats, il fut aussitôt entouré et acclamé. « Tu n'auras pas besoin de t'exposer, lui dit un de ses vieux grenadiers, nous t'amènerons demain les drapeaux et l'artillerie russes pour célébrer l'anniversaire de ton couronnement ! » Cette harangue caractéristique ne démontre-t-elle pas que l'esprit républicain animait encore nos vieilles légions, et que beaucoup de soldats considéraient l'empereur comme un égal, favorisé par la fortune, mais librement choisi par eux ? Des bottes de paille furent aussitôt allumées, puis hissées sur des perches pour une illumination grandiose. En un instant des lignes de feu dessinèrent nos positions. Les alliés étonnés crurent un moment que Napoléon cherchait à se dérober par un stratagème emprunté à Hannibal. Ils furent vite détrompés lorsqu'ils entendirent les acclamations d'enthousiasme de nos soldats, augure de la victoire du lendemain, et plus d'un dut éprouver ces tristes pressentiments qui ne manquent jamais dans les circonstances graves de la vie.

A une heure du matin, le 2 décembre, Napoléon était déjà à cheval, attendant avec impatience les premiers rayons du jour. Murat,

LA VEILLE D'AUSTERLITZ.

Lannes, Bernadotte, Soult et Davout étaient venus prendre ses derniers ordres. Résister à droite et à gauche, enfoncer au centre, se rabattre sur les ailes ennemies, attaquer et déborder l'une, tourner et écraser l'autre, tel était le plan. Au moment où les maréchaux partaient au galop pour rejoindre leurs divisions, le soleil se levait radieux, dissipant les vapeurs qui obscurcissaient encore les bas fonds. « Soldats, dit l'empereur en passant sur le front de bandière de quelques régiments, il faut finir cette campagne par un coup de tonnerre ! » Les cris repétés de « Vive l'empereur! » lui répondirent.

Embusquée au fond de l'angle formé par les deux routes de

Vienne et d'Olmutz, l'armée française attendait immobile, mais fré-
missante d'impatience, le signal de la bataille. Elle voyait alors dis-
tinctement les Russes continuer leur marche de flanc. Ils avaient
évacué le plateau de Pratzen, et marchaient sur Telnitz et Sokolnitz,
afin de tourner notre droite. Buxhœvden, général brave, mais sans
grande capacité, avait été chargé d'exécuter cette manœuvre capitale
du plan de Weinrother. Sous ses ordres marchaient 30 000 hommes
environ, commandés par Kienmayer, Langeron, Doctoroff et Przi-
byszewsky. Ils devaient être appuyés par Kollovrath, dont les dernières troupes descendaient alors du plateau de Pratzen. Au centre,
vers Austerlitz, avec les deux empereurs, étaient la garde russe et le
corps autrichien de Lichtenstein. Kutusoff, le généralissime, les
accompagnait, mais triste, découragé, et prévoyant la catastrophe
prochaine. Le commandant de la droite russe, le glorieux vaincu
de Hollabrunn, Bagration, partageait ces funestes pressentiments.
« La bataille est perdue! » avait-il dit en recevant le plan de Weinrother.

Une canonnade violente se fit bientôt entendre à l'extrême droite
de l'armée française. C'était Buxhœvden qui abordait les villages
de Telnitz et de Sokolnitz. Il croyait n'y rencontrer que la division
Legrand, mais Davout, appelé en toute hâte sur le champ de bataille, allait bientôt le soutenir. A peine a-t-il vu la gauche ennemie
engagée dans les défilés de Sokolnitz à la suite de Davout qui les
entraîne peu à peu dans le piège, à peine a-t-il aperçu la colonne de
Kollovrath abandonnant le plateau de Pratzen pour rejoindre Buxhœvden, que Napoléon donne le signal. Aussitôt les soldats de
Soult se précipitent à l'assaut des hauteurs si imprudemment abandonnées. En un clin d'œil, guidés par Vandamme, Saint-Hilaire,
Thiébault et Morand, nos soldats tombent à la baïonnette sur Kollovrath et l'enfoncent. Ils renversent Miloradowitch qui se présente
pour le soutenir. Attaquée à revers, et n'étant appuyée par aucune réserve, l'infanterie russe est repoussée en désordre sur les
pentes du plateau sous les yeux même du czar, stupéfait de la catastrophe qui ruine son centre. « Nous étions 25 000 hommes à poil,
lisons-nous dans les curieux *Mémoires* du capitaine Coignet, et des
gaillards. Nos bataillons montèrent cette côte l'arme au bras, et,
arrivés à distance, ils souhaitèrent le bonjour à la première ligne

par des feux de bataillon, puis la baïonnette croisée sur la première ligne des Russes en battant la charge. La musique se faisait entendre sur l'air : « On va leur percer le flanc ; » les tambours répétaient : « *Rantanplan*. Tirelire en plan. On va leur percer le flanc. Que nous allons rire ! » Du premier choc nos soldats enfoncèrent la première ligne, et nous, derrière les soldats, la seconde ligne. C'est ainsi que nous fûmes maîtres du plateau de Pratzen. » Au même moment Bernadotte attaquait, en se portant sur le village de Blaziowitz, le corps de Lichtenstein, et Lannes, malgré les efforts de Bagration, enlevait Holubitz.

Quatre actions différentes étaient donc engagées à la fois ; mais, sur trois points, nous avions pris l'offensive, et nous étions déjà vainqueurs à Pratzen, à Blaziowitz et à Holubitz. Sur notre extrême droite seulement Buxhœvden continuait son mouvement d'attaque, mais Davout lui résistait, et la gauche russe, par conséquent, se trouvait de plus en plus engagée dans le piège où elle devait se trouver prise.

Alexandre avait sous la main une magnifique cavalerie, quatre-vingt-deux escadrons : au lieu d'en former une masse unique, dont l'impulsion eût été irrésistible, il la partagea en deux divisions, qu'il envoya l'une au secours de Bagration, l'autre au secours de Kollovrath et de Miloradowitch. Ces cavaliers, mal conduits, s'engagent au milieu de nos fantassins qui les criblent de feux et les écrasent. Quelques régiments chargent avec plus de succès les cavaliers de Murat, mais ils sont bientôt ramenés en désordre, car personne ne les soutient.

Kutusoff venait de recevoir une blessure à la tête. On se pressait autour de lui, demandant si la blessure était dangereuse. « Non ! » répondit-il ; et étendant la main vers Pratzen : « Voilà la blessure qui est mortelle ! » Il aurait bien voulu envoyer tous les renforts disponibles à l'assaut de ces hauteurs fatales, d'où surgissaient nos régiments pour se précipiter dans la plaine, mais l'armée austro-russe avait été surprise dans sa marche, et les divers corps d'armée, séparés par de trop longues distances, ne pouvaient arriver à temps. Une brigade russe pourtant, la brigade Kamenski, conduite par le prince Volkonski, réussit, après avoir rallié les débris de Kollovrath et de Miloradowitch, à remonter un instant sur le plateau de

Pratzen; mais, assaillie en tête et sur les flancs par toutes les divisions de Soult, elle fut bientôt rejetée dans les bas fonds de Birnbaum. Il était alors une heure de l'après-midi. Le centre de l'ennemi était anéanti, et, si les deux ailes combattaient encore, elles n'avaient plus ni communications ni moyens de se rejoindre. La bataille était perdue. Les souverains alliés ne pouvaient plus espérer qu'une chose : que la défaite ne se convertît pas en déroute.

Alexandre veut tenter un dernier effort. Il réunit toute sa garde et la lance de nouveau contre Pratzen. Deux de nos bataillons sont surpris par cette attaque imprévue et mis en déroute. Napoléon ordonne aussitôt à la cavalerie de la garde, conduite par Rapp, de rétablir le combat. Une mêlée corps à corps s'engage entre ces deux troupes d'élite. La lutte est vive, ardente, mais dure peu. Les Russes sont sabrés. Rapp fait prisonnier le prince Repnine, et le grand-duc Constantin ne doit son salut qu'à la vitesse de son cheval. C'est le moment qu'a choisi un peintre célèbre pour conserver le souvenir de la victoire. Bernadotte, profitant du désordre, ordonne alors un mouvement général en avant de ses divisions, et le centre russe, définitivement rompu, est rejeté sur Austerlitz après un affreux carnage. Lannes et Murat marchent sur Bagration, et le forcent à battre en retraite. Le centre de l'armée ennemie est détruit, et sa droite, coupée de la route d'Olmutz, tourbillonne sur elle-même, et ne sait plus dans quelle direction se replier.

Le succès le plus éclatant était remporté contre la gauche des alliés. Buxhœvden, poursuivant en aveugle le mouvement qui lui avait été prescrit, bataillait depuis quelques heures avec Davout. Il s'était même avancé dans la direction de Brunn jusqu'à Turas, presque sur nos derrières. Tout fier du prétendu succès qu'il venait d'obtenir, il ne s'était seulement pas inquiété de ce qui se passait au centre. Rappelé tout à coup en arrière, et par les ordres les plus pressants, il lui fallait refaire tout le chemin gagné depuis le matin, ayant à lutter non plus seulement contre Davout, qui reprenait enfin l'offensive et l'attaquait en queue, mais contre Soult, maître des hauteurs de Pratzen, et bientôt contre l'empereur, qui accourait avec la garde pour achever l'écrasement de ces infortunés. Des quatre divisions de Buxhœvden, la première, celle de Przibyszewski, est entourée à Sokolnitz et obligée de mettre bas les armes. La seconde,

celle de Doctoroff, est ramenée jusqu'à Augezd, mais coupée en
deux par Vandamme. Une moitié seulement parvint à rejoindre
Kutusoff. L'autre moitié est rejetée en désordre sur la troisième
et la quatrième division, Langeron et Kienmayer. Alors commence une scène de désordre indescriptible. Fantassins, artilleurs,

LE MARÉCHAL DAVOUT.

cavaliers essayent de s'échapper par les étangs de Satschau et de
Menitz, gelés depuis quelques jours. La glace se brise sous le poids
des voitures et des hommes. Napoléon fait diriger du haut de Pratzen le feu de ses batteries sur les étangs, et plusieurs milliers
d'hommes sont engloutis vivants. Le lendemain on entendait encore
les imprécations et les gémissements de ceux qui ne voulaient pas
mourir. Il ne restait qu'une issue à ces infortunés : l'étroite chaussée qui sépare les deux étangs. Doctoroff, Langeron et Kienmayer

y engagent les débris de leurs colonnes, et exécutent enfin leur retraite, avec une admirable fermeté, mais en essuyant des pertes immenses.

On a prétendu que Buxhœvden était l'unique auteur de ce désastre; mais il est prouvé que ce général n'eut d'autre tort que d'exécuter trop fidèlement la consigne reçue. Si, lorsqu'il entendit le canon tonner derrière lui, il avait aussitôt rabattu ses 30 000 hommes sur Kobelnitz et sur Pratzen, sans doute il n'aurait pas changé la défaite en victoire, mais il en aurait atténué les conséquences, et surtout il eût sauvé de la destruction le corps qu'il commandait; mais il avait reçu des ordres : il les exécuta. Pouvait-il prévoir que ses compagnons d'armes ne le soutiendraient pas dans son offensive et l'exposeraient ainsi à être écrasé par des forces supérieures! Le grand coupable était Weinrother, qui avait commis l'imprudence d'ordonner une marche de flanc en présence d'une armée concentrée entre les mains d'un chef habitué à profiter des fautes de ses adversaires.

Vingt mille tués ou blessés, autant de prisonniers, 270 canons, 400 caissons, un nombre infini de drapeaux, tels furent les trophées de cette foudroyante victoire. Nous les avions, il est vrai, payés par la mise hors de combat de 7 à 8000 des nôtres. « J'ai livré trente batailles comme celle-ci, disait Napoléon, mais je n'en ai vu aucune où la victoire ait été si décidée, et où les destins aient été si peu balancés. » Et, plein de reconnaissance pour ceux qui l'avaient aidé à vaincre : « Soldats, je suis content de vous. Vous avez couvert vos aigles d'une gloire immortelle. »

Les suites de la défaite devaient être plus graves que la défaite elle-même. Les alliés, qui n'avaient plus à leur disposition la route d'Olmutz, s'enfuyaient par celle de Presbourg, mais dans un désordre affreux. Les infatigables cavaliers de Murat s'acharnaient à leur poursuite, et Davout, qui avait rallié toutes ses divisions, les attendait déjà à Gœding sur la March pour leur barrer le passage. Un désastre était imminent et les deux empereurs allaient peut-être tomber entre nos mains. L'empereur François n'avait plus alors d'autre refuge que la Hongrie, où les archiducs Charles et Jean étaient désormais incapables de le défendre contre nous. Le czar, effrayé par les scènes d'horreur dont il avait été le témoin, et qu'il se repentait d'avoir provoquées, était déjà fatigué de son rôle de généralissime. Malgré les renforts que lui amenait Beningsen et qui n'étaient plus éloignés, il ne cherchait que l'occasion de se retirer avec honneur. Son allié, souverain presque sans États et général presque sans armée, la lui fournit en demandant une entrevue à son heureux vainqueur.

Cette entrevue fut immédiatement accordée. Elle eut lieu le 4 décembre au bivouac de Napoléon, à Scharwitz. « Je vous reçois dans le seul palais que j'habite depuis deux mois, » dit Napoléon à son hôte impérial, en le conduisant sous sa tente. « Vous en tirez si bien parti qu'il doit vous plaire, » répondit non sans esprit l'empereur d'Autriche. Les deux souverains s'entendirent facilement. Un armistice fut aussitôt conclu, en vertu duquel l'Autriche séparait sa cause de celle de la Russie. François sollicita également un armistice pour l'armée russe ; c'était le point délicat de la conférence, car les Russes étaient alors à peu près complètement cernés. Davout les attendait en tête à Gœding, et Murat les poursuivait en queue. « J'arrêterai la marche de mes colonnes, dit Napoléon, si Votre Majesté me promet que l'armée russe retournera en Russie. — C'est l'intention du czar, répondit François. Je puis vous l'assurer. D'ailleurs, dans la nuit, vous vous en assurerez par vos propres officiers. » Savary fut aussitôt envoyé vers le czar, alors arrivé à Gœding, et menacé par Davout. Alexandre venait d'envoyer au maréchal un billet par lequel il le priait de suspendre les hostilités, attendu que les deux empereurs étaient en conférence. Savary arriva très à propos pour confirmer la nouvelle de l'armistice, et demander au czar s'il voulait rentrer dans ses États avec son armée par journées d'étape. « Quelle garantie faut-il pour cela ? -- Sire, votre parole. — Je vous la donne. » Aussitôt Davout suspendit son mouvement et les Russes commencèrent leur retraite vers la Pologne.

La générosité de l'empereur était peut-être imprudente. Il est certain que le czar conservait l'amer ressentiment de sa défaite, et que, grâcié en quelque sorte par son heureux rival, il revenait en Russie fermement décidé à reprendre la lutte dans de meilleures conditions. Il avait si bien l'intention de rentrer bientôt en campagne qu'il dépêcha un courrier à Berlin pour presser la marche des Prussiens. D'un autre côté, si Napoléon avait voulu pousser jusqu'au bout la conséquence de ses succès, il risquait de prolonger la lutte en réduisant au désespoir les vaincus d'Austerlitz, et peut-être aurait-il engagé l'armée française, affaiblie par son succès même, dans une lutte nouvelle contre l'armée prussienne encore intacte et jouissant de son ancien prestige. Au contraire, en signant l'armistice de Scharnitz, il désarmait l'Autriche qui n'avait plus qu'à signer la paix, il reléguait le czar dans ses États, et il isolait la Prusse, réduite à demander grâce. Tout bien pesé, Napoléon n'eut donc pas tort de tendre la main à l'Autriche, et de laisser libre aux Russes le chemin de la retraite.

L'armistice, signé le 6 décembre, laissait à l'armée française tous les territoires occupés par elle. L'Autriche s'interdisait toute levée d'hommes en Hongrie et dans les États héréditaires. En outre, des plénipotentiaires, Talleyrand pour la France, Lichtenstein et Giulay pour l'Autriche, devaient se réunir pour traiter de la paix. Les négociations, commencées à Brunn, continuèrent à Presbourg. Elles aboutirent au traité qui porte le nom de cette ville, et qui fut signé le 26 décembre 1805.

Deux partis se présentaient : réduire l'Autriche à l'état de puissance secondaire en lui enlevant de nombreux territoires, et, par cela même, s'en faire une ennemie irréconciliable, ou bien la traiter avec ménagement, et, par cela même, nous gagner ses sympathies et conquérir son alliance. Talleyrand penchait ouvertement pour la politique de clémence. Napoléon voulait au contraire l'abaissement et la ruine de l'Autriche. Par malheur pour lui, par malheur pour la France, ce fut ce système de répression à outrance qui prévalut.

Talleyrand, dans un mémoire qu'il avait adressé à Napoléon avant la bataille d'Austerlitz, lui avait proposé de faire cesser à tout jamais les anciennes rivalités entre la France et l'Autriche, en distribuant les territoires de telle façon que les deux puissances n'auraient plus aucun point de contact ni en Allemagne, ni en Italie. L'Autriche aurait renoncé à ses possessions de Souabe et à Venise. Les enclaves de Souabe seraient données à nos alliés d'Allemagne, et de Venise on ferait un État indépendant. Comme compensation on permettrait à l'Autriche de s'étendre sur le Danube et d'occuper la Moldavie et la Valachie. Elle deviendrait de la sorte, et par la force des choses,

notre alliée naturelle, et les Russes, arrêtés dans leur ambition séculaire, seraient obligés de tourner vers une autre direction leur activité et leurs efforts. Il est certain que l'adoption de ce plan présentait de nombreux avantages, et qu'il eût assuré pour de longues
années la paix de l'Europe.

Napoléon ne comprit pas qu'il était habile de se montrer généreux
après la victoire. Au lendemain de la capitulation d'Ulm, il parlait
déjà des sacrifices territoriaux qu'il comptait imposer à l'Autriche.
Ses prétentions grandirent après Austerlitz. A la Souabe, au Vorarlberg, au Tyrol et au Vénitien, il voulait ajouter l'Istrie, le Frioul et
la Dalmatie, sans parler d'indemnités considérables; mais, comme
la Prusse était encore en armes, et pouvait d'un instant à l'autre se
jeter sur notre flanc, il n'osa pas faire connaître ses intentions
avant d'avoir désarmé la puissance dont l'intervention pouvait lui
être nuisible. Nous saurons plus tard comment il réussit non seulement à neutraliser, mais même à compromettre la Prusse, en lui
imposant une alliance presque déshonorante. A peine eut-il les
mains libres, qu'il se démasqua aussitôt vis-à-vis de l'Autriche, et
enjoignit à Talleyrand de se montrer impitoyable dans ses revendications. Pour toute concession il voulut bien réduire l'indemnité
de guerre. Effarés par ces exigences qui croissaient de jour en jour,
abandonnés par la Prusse et par la Russie, les plénipotentiaires autrichiens se courbèrent devant la dure loi de la nécessité, et signèrent
le désastreux traité de Presbourg, le plus humiliant qu'ait jamais
accepté l'Autriche.

La France gardait pour elle l'Istrie et la Dalmatie. Le Vénitien
était incorporé au royaume d'Italie, à condition que les deux couronnes de France et d'Italie ne seraient jamais réunies sur la même
tête après la mort de Napoléon. La Bavière acquérait Lindau, le
Vorarlberg, le Tyrol, Trente, Brixen, Aichstedt et une partie de
l'évêché de Passau; le Wurtemberg, cinq villes sur le Danube, Ho-
henberg, Nettenbourg et une partie du Brisgau; Bade le reste du
Brisgau, l'Ortenau et la ville de Constance. Les électeurs de Bavière
et de Wurtemberg étaient déclarés rois, et l'électeur de Bade grand-
duc. On leur accordait sur leur territoire la plénitude de la souveraineté, coup mortel porté à l'ancienne constitution germanique,
puisque se trouvaient ainsi détruits les liens de dépendance qui les

avaient jusqu'alors rattachés au chef de l'empire. Pour prix de ces sacrifices, la seule acquisition de la cour de Vienne était celle de l'électorat de Salzbourg, dont le titulaire, l'archiduc Ferdinand, était transféré à Wurtzbourg. En outre, la grande maîtrise de l'ordre Teutonique devenait héréditaire dans la personne de l'un des archiducs, qui serait désigné par l'empereur d'Autriche. Moyennant ces dures conditions, les États autrichiens seraient évacués dans deux mois par les troupes françaises, à l'exception de la place de Braunau, qui serait occupée un mois de plus.

L'Autriche perdait 2 785 000 âmes, à peu près le cinquième de son territoire, et treize à quatorze millions de florins de revenu. Elle était écartée de l'Italie, du Rhin, de la Suisse et de la Souabe; elle perdait toutes ses provinces maritimes. Investie et resserrée dans le bassin du Danube, coupée de ses communications militaires, isolée de l'empire germanique, elle avait été traitée comme une place conquise que l'on veut démanteler. Mieux aurait valu l'anéantir, car elle ne pouvait vivre dans la situation qui lui était faite, et la seule politique qu'elle pouvait suivre dorénavant était celle de la revanche. Elle n'avait jamais éprouvé contre la France qu'une inimitié de circonstance : c'était maintenant la haine nationale qui l'animait. Aussi bien, lorsqu'on connut les stipulations du traité, un frisson de désespoir secoua l'Autriche entière. L'archiduc Charles se fit l'interprète des sentiments de tous, lorsqu'il dit à ses soldats, en les congédiant : « Mes enfants, reposez-vous jusqu'à ce que nous recommencions. »

On se demande comment un homme d'État aussi pénétrant, un politique aussi profond que Napoléon n'a pas compris qu'il faisait fausse route en s'aliénant à tout jamais l'Autriche. L'empereur n'ignorait pas qu'il avait besoin d'un allié sérieux et solide, et, de gaieté de cœur, il renonçait à l'alliance autrichienne! Peut-être espérait-il trouver ailleurs un contrepoids aux haines si légitimes qu'il soulevait contre lui. Ce n'était pourtant pas la Prusse qui pouvait devenir cet allié indispensable. Napoléon la traitait alors avec un dédain et un sans-gêne, d'ailleurs justifiés par les circonstances, qui allaient bientôt déchaîner en Europe une guerre nouvelle. Comptait-il davantage sur les princes allemands, dont il venait de doubler le territoire et de grandir la dignité? Ces princes, il est vrai, l'accablaient de protestations et de remerciements, mais il n'était pas malaisé de reconnaître qu'ils n'agissaient ainsi que contraints et forcés. D'ailleurs leurs sujets ne cachaient pas leurs antipathies. Les princes eux-mêmes rougissaient, pour ainsi dire, de leur impérieux allié, et n'étaient les amis de Napoléon qu'à leur corps défendant. On en eut la preuve à propos des négociations matrimoniales alors entamées pour unir à des Bonaparte quelques-unes des princesses de leur famille. Les avances de l'empereur furent d'abord très mal accueillies. L'électrice de Bavière, dont on voulait marier la fille Augusta au vice-roi d'Italie, Eugène de Beauharnais, avait horreur de cette mésalliance. L'électeur de Wurtemberg, dont Napoléon réservait la fille à son frère Jérôme, feignait de ne pas comprendre les propositions, pourtant très significatives, qu'on lui adressait. L'électeur de Bade enfin, dont le petit-fils avait été fiancé à la princesse Augusta de Bavière, ne se souciait nullement de faire entrer dans sa famille une des nièces préférées de l'empereur, Stéphanie de Beauharnais. Après Austerlitz, les rôles changèrent. On ne sollicita plus, on exigea. Jérôme, qui pourtant avait déjà épousé à Baltimore une jeune Américaine honorable et distinguée, mais sans titres nobiliaires, fut remarié à la fille du nouveau roi de Wurtemberg. Le prince Eugène reçut l'ordre, qu'il exécuta comme une consigne, d'épouser la princesse Augusta de Bavière, et le fiancé de cette princesse, le petit-fils du nouveau grand-duc de Bade, fut uni de force à Stéphanie de Beauharnais. Ces unions de famille, obtenues l'épée à la main, comme aux époques barbares où les filles des rois servaient de rançon à leurs pères, n'étaient pas faites pour consolider l'alliance franco-allemande. Napoléon avait cru trouver des alliés : il n'avait réussi qu'à imposer ses volontés à une haute domesticité de princes et de rois qui sans doute avaient accepté ses bienfaits, mais qui déjà guettaient l'occasion de le trahir.

Pendant que Napoléon distribuait ainsi les territoires et réglait au gré de sa fantaisie les affaires matrimoniales des princes ses alliés, un de ses lieutenants renversait une antique dynastie et conquérait un royaume.

On sait que le roi de Naples, Ferdinand, et surtout que sa femme, Marie-Caroline, portaient à la France une haine aussi tenace qu'irréfléchie. Malgré le traité de neutralité signé le 21 septembre 1805

15

avec Napoléon, la cour napolitaine, apprenant le désastre de Trafalgar, crut le moment venu de satisfaire ses rancunes. Une escadre anglaise entra à Naples, bientôt suivie par un corps auxiliaire russe, dont le commandant, Lascy, fut aussitôt nommé général en chef des forces royales. La diversion napolitaine pouvait être redoutable : 60000 Napolitains bien conduits, soutenus par les Anglais et par les Russes, arriveraient facilement sur le Pô, attaqueraient les derrières de Masséna, et donneraient la main aux Autrichiens postés au delà de l'Adige ; mais on apprit coup sur coup la bataille d'Austerlitz, le traité de Presbourg et la retraite des Russes, et bientôt éclata comme un coup de foudre la terrible proclamation de Schœnbrunn (27 décembre 1805), véritable acte d'accusation contre la dynastie condamnée à la déchéance : « Depuis dix ans j'ai tout fait pour sauver le roi de Naples : il a tout fait pour se perdre... La dynastie de Naples a cessé de régner. Son existence est incompatible avec le repos de l'Europe et l'honneur de ma couronne ! »

La cour de Naples, isolée, avec le souvenir de ses trahisons et la conscience de son impuissance, tremblait d'effroi. Les Russes l'abandonnèrent les premiers. Aussitôt les Anglais évacuèrent leurs positions, non sans essayer de s'emparer par surprise de Gaëte, dont ils auraient voulu faire comme un second Gibraltar. Il ne restait plus à ces infortunés souverains qu'à s'enfuir de nouveau, sous la protection des canons anglais, dans l'île de Sicile.

Masséna, chargé de l'exécution du décret de Schœnbrunn, avait déjà mis en mouvement 45000 excellents soldats. Il amenait avec lui Joseph, le frère aîné de Napoléon, investi du titre de lieutenant-général. C'était le successeur désigné des Bourbons ; car l'empereur avait formé le projet de se créer comme une clientèle ou pour mieux dire une domesticité royale, et il avait choisi son frère pour devenir le premier de ces souverains vassaux, qui seraient comme les feudataires du nouvel empire d'Occident. Les Français ne rencontrèrent aucune résistance. Naples leur ouvrit ses portes le 14 février 1806. Toutes les villes firent leur soumission. Il n'y eut un semblant de lutte que dans les Calabres, où le général Reynier dispersa à Campotanense les troupes du général de Damas, et d'engagement sérieux qu'à Gaëte, dont le gouverneur, Hesse Philipstadt, défendit avec énergie les imposantes fortifications, et qu'il ne consentit à rendre qu'après avoir épuisé toutes les ressources de la place.

Il ne restait plus qu'à légitimer cette rapide conquête en donnant à Joseph le titre de roi. Le 30 mars 1806 un décret impérial annonçait à l'Europe surprise que, devenu par le droit de conquête maître de Naples et de la Sicile, Napoléon nommait roi de ces États Joseph Bonaparte, son frère. Tout en déclarant que la couronne des

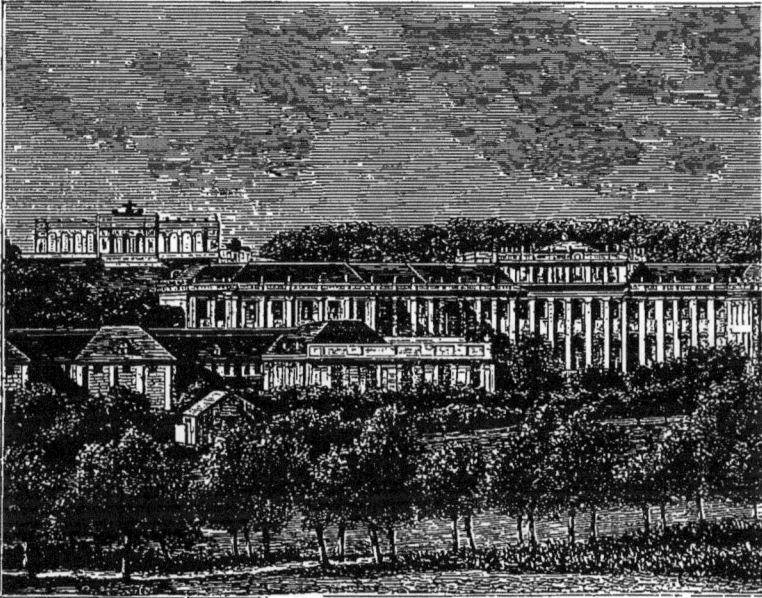

SCHŒNBRUNN.

Deux-Siciles serait à jamais séparée de celle de France et d'Italie, il maintenait à Joseph son droit de succession au trône de France. L'empereur se réservait en outre un million de revenus sur les domaines, et créait dans le territoire napolitain six grands fiefs de l'empire, Bénévent, Pontecorvo, Otrante, Gaëte, Reggio et Tarente, dont furent investis Talleyrand, Bernadotte, Fouché, Mollien, Oudinot et Macdonald.

La soumission du royaume de Naples n'était qu'apparente. L'île de Sicile n'avait même pas été entamée. Dans les Calabres, quelques bicoques, Scylla, Amantea, Maratea, tenaient encore, et, ce qui était plus grave, des bandes composées de soldats isolés, de paysans fanatiques, ou de malfaiteurs couraient la campagne, conduites par des chefs renommés, le marquis de Rodio, et surtout Michel Pezza, surnommé *Fra Diavolo*. Dans les défilés de leurs montagnes, embusqués derrière les buissons de leurs forêts, ces insurgés nous firent une guerre d'extermination, d'autant plus dangereuse qu'ils trouvaient partout des auxiliaires ou des complices. Il faudra, pour les réduire, recourir à d'odieuses mesures de vengeance et de répression.

En résumé, quel est le résultat de ces prodigieuses victoires? L'Autriche est réduite à l'impuissance, mais elle prépare sa revanche. La Russie est refoulée dans ses déserts, mais elle n'a pas renoncé à la lutte. La Prusse est humiliée, compromise, mais elle songe déjà à entrer en campagne. Le roi de Naples est privé de la moitié de ses États, mais les Calabres sont en feu. Les princes allemands poussent la servilité jusqu'à introduire dans leurs familles les parents immédiats de Napoléon, mais ils dissimulent leurs véritables sentiments. L'Angleterre enfin, victorieuse sur toutes les mers, poursuit le cours de ses triomphes. La paix de Presbourg n'est donc et ne peut être qu'une trêve passagère. Tout est encore à recommencer.

CHAPITRE X

Napoléon, malgré ses victoires et la prépondérance incontestable que ces victoires assuraient à la France, n'était pas encore tellement infatué du sentiment de sa toute-puissance, qu'il ne comprît la nécessité de consolider les résultats obtenus par une alliance solide. L'Autriche, battue et humiliée, ne pouvait être pour lui l'alliée dévouée dont il avait besoin. La Russie, malgré Austerlitz, n'avait pas encore déposé les armes. L'Angleterre était plus résolue que jamais à continuer la lutte. L'Espagne était impuissante; la Turquie trop éloignée; le Portugal, le Danemark ou la Suède trop faibles pour que l'empereur songeât à les faire entrer en ligne de compte dans ses calculs. La Prusse restait seule avec son prestige militaire, que n'avait pu détruire l'insuccès relatif des campagnes de 1792 à 1795, avec son armée de 200 000 hommes bien exercés et bien commandés, et que grandissait le souvenir des guerres de Frédéric II. C'est donc vers la Prusse que Napoléon devait concentrer les efforts et l'habileté de sa diplomatie pour l'attacher à l'alliance française, et dominer l'Europe de concert avec elle. Résolu à s'emparer à tout prix du roi Frédéric-Guillaume, il agit sur lui par tous les genres de séduction : promesses merveilleuses, prévenances délicates, caresses, proposition formelle de placer sur son front la couronne impériale, offres de territoire, rien ne fut épargné, pas même

la froideur affectée, bientôt suivie d'avances plus empressées. Tout
fut inutile.

Le roi Frédéric-Guillaume s'était en effet persuadé qu'il lui suffirait de rester neutre pour tenir la balance égale entre les belligérants
et les dominer tous par le besoin qu'ils auraient de son secours.
Nature molle et indécise, il croyait faire beaucoup pour la paix de
l'Europe en transmettant d'un cabinet à l'autre les vœux ou les
plaintes des intéressés. Il ne comprenait pas que l'indécision est en
certaines circonstances la plus déplorable des politiques, car elle
passe pour de la faiblesse et n'attire que des inimitiés. Mieux aurait
valu et pour lui et pour son royaume se déclarer franchement pour
la France ou contre la France. Dans le premier cas, il assurait à la
Prusse la prédominance dans l'Europe centrale ; dans le second, il
contribuait à briser la tyrannie militaire qui commençait à se former du côté de l'Occident. Mais le roi était incapable de prendre
une résolution définitive; non pas qu'il fût pusillanime, mais il
redoutait la guerre comme la plus affreuse des calamités, et croyait
sincèrement que son premier devoir était de ne recourir à ce remède
extrême qu'en désespoir de cause.

Le peuple prussien ne partageait pas les hésitations de son souverain. Nettement et dès le premier jour il avait affirmé ses sentiments
antifrançais. Dans l'entourage immédiat du souverain, il y avait
pour ainsi dire unanimité dans l'expression de cette défiance nationale. La reine Louise, jeune, belle, ardente, et qui exerçait un grand
ascendant sur son époux, s'était mise à la tête du parti qui voulait
la guerre. Le cousin du roi, le prince Louis, faisait en quelque sorte
parade de la haine qu'il nous portait. Le duc de Brunswick, Mollendorf, Hohenlohe, Blucher, Ruchel, tous les généraux, ne parlaient
que de leur désir de renouveler à nos dépens les exploits de Rosbach.
Les nobles, entichés de leurs privilèges, étaient naturellement les
ennemis de la France révolutionnaire, qui menaçait ces privilèges.
La bourgeoisie, très imbue de préjugés universitaires, nourrissait
contre ses voisins d'au delà le Rhin des sentiments de jalousie, qui
n'attendaient qu'une occasion pour se manifester. Le peuple enfin,
entraîné à la lutte par le souvenir des rivalités séculaires, et d'ailleurs trop peu éclairé pour comprendre ses véritables intérêts, buvait
à la délivrance du *Vaterland* et à la ruine de l'ennemi héréditaire. Il

était certes bien difficile au roi de conserver son calme au milieu de ces passions.

Dans ces conditions une alliance franco-prussienne était à peu près impossible. Napoléon avait pour lui l'indécision royale, mais contre lui le sentiment national. A défaut d'alliance, il aurait pu du moins obtenir la neutralité, car Frédéric-Guillaume ne demandait qu'à ne pas se départir du système qu'il considérait comme pouvant seul assurer la grandeur et la sécurité de la Prusse ; mais les ménagements n'étaient pas dans les habitudes de l'empereur, et par ses impatiences il rendit impossible même la neutralité.

En 1805, lorsque éclata la guerre de la troisième coalition, Napoléon, avant d'aller combattre les Autrichiens sur le Danube, tenta un dernier effort pour entraîner Frédéric-Guillaume et lui proposa, comme prix de son alliance, la cession définitive du Hanovre. Cette proposition comblait les vœux secrets du roi, car l'acquisition de cette province complétait l'unité territoriale de la Prusse, et lui assurait la prépondérance dans l'Allemagne du Nord ; mais le Hanovre appartenait à l'Angleterre, et, en y portant la main, on s'exposait à une guerre ouverte avec l'Angleterre et à une rupture avec la Russie. En outre, on avait à redouter les reproches de l'opinion publique, car rien ne justifiait cette annexion aux dépens d'un souverain ami et contre le droit des gens. Le roi consulta son ministre Hardenberg, qui lui démontra sans peine que la morale à l'usage des souverains différait de la morale à l'usage des petits bourgeois, et que ce n'était pas un vol que de travailler par cette annexion à la grandeur de la Prusse. Frédéric-Guillaume se laissa donc convaincre, et consentit à traiter à ces conditions. Napoléon croyait cette fois avoir engagé sans retour l'irrésolu souverain. Il lui envoya Duroc pour signer le traité définitif (septembre 1804); mais, au moment décisif, le roi recula, déclarant que sa résolution était de rester neutre. En même temps, et pour faire respecter cette neutralité, il ordonna la levée d'une armée de 80 000 hommes.

Cette déclaration tardive ne trompa personne. Napoléon, déçu dans son espoir d'entraîner à sa suite l'armée prussienne, en conçut contre Frédéric-Guillaume une vive irritation. Le czar et l'empereur d'Allemagne ne lui surent aucun gré de son refus, car ils avaient compté sur son entrée dans la coalition. Le roi de Prusse ne gagna donc à cette politique d'atermoiements que les dédains mal **déguisés** de l'empereur et les ressentiments de la Russie et de l'Autriche. Mieux aurait valu intervenir directement, et gagner le Hanovre à la pointe de l'épée.

Aussi bien, lors de la guerre de 1805, le roi de Prusse ne tarda pas à éprouver les inconvénients de sa prétendue neutralité. Après que le premier consul se fut emparé de Hanovre en 1803, aussitôt après la rupture de la paix d'Amiens, Frédéric-Guillaume lui avait demandé, comme une faveur, de réduire autant que possible les troupes d'occupation. Cette demande avait été accueillie, mais sous la réserve que le roi ne permettrait à aucune puissance d'entrer en Hanovre du côté des frontières prussiennes. Il en avait pris l'engagement. Or, en 1805, le czar annonça que, de concert avec l'Angleterre, il préparait une expédition contre le Hanovre, et en effet, malgré les représentations du cabinet prussien, il se disposa à envoyer un corps d'armée qui, partant de la Poméranie suédoise, envahirait le Hanovre. Comme cette province avait été placée pour ainsi dire sous la sauvegarde prussienne, et que Napoléon ne l'avait dégarnie de troupes que par égards pour le roi de Prusse, ce souverain était moralement obligé de la défendre contre toute agression étrangère. Dès le premier jour il était donc forcé de sortir de la neutralité à laquelle il avait déjà fait tant de sacrifices.

Une nouvelle difficulté se présenta bientôt. Était-ce mépris pour l'armée prussienne, était-ce plutôt persuasion que le roi, malgré ses protestations, était l'ennemi secret de la France et n'attendait qu'une occasion pour se déclarer ouvertement, toujours est-il que, le 19 septembre, un général russe, Buxhœvden, se présenta à Berlin, demandant pour les troupes du czar, qui accouraient au secours de l'Autriche, la permission de passer par le territoire prussien. Cette demande était une insulte à peine déguisée. Frédéric-Guillaume ordonna aussitôt à toutes les armées prussiennes de se diriger sur la Vistule, afin de défendre l'intégrité du territoire.

Napoléon aurait dû témoigner quelque reconnaissance de cette démonstration du roi Frédéric-Guillaume. Si même il avait eu l'habileté de profiter de cette faute commise par les alliés, il aurait pu à ce moment entraîner la Prusse dans son alliance, mais il n'avait que du mépris pour cette puissance vacillante et indécise, et il la traita

avec moins de ménagements encore que ne l'avait fait le czar, car,
sans même en demander l'autorisation, il fit traverser par Bernadotte, par Marmont, par Davout et par le général bavarois de Wrede
le territoire prussien d'Anspach. En moins de six jours, plus de
10 000 hommes manœuvrèrent sur ce territoire comme en pays
ennemi.

C'était une violation manifeste de la neutralité, et une atteinte
portée au droit des gens. A cette nouvelle, l'opinion publique, irritée
contre l'insolence des Russes qui n'avaient fait que demander à
passer par le territoire prussien, se retourna avec violence contre les
Français qui avaient traversé ce territoire sans même en informer
le gouvernement. Ce fut un déchaînement inouï de paroles et d'attaques passionnées contre la France. Frédéric-Guillaume n'aurait eu
qu'un mot à dire, et la Prusse tout entière se serait, à sa suite, ruée
contre les Français, car la nation avait vivement ressenti l'outrage
fait à l'honneur commun. Il en eut l'idée sur le premier moment,
car il demanda des explications à Duroc et à notre ambassadeur
Laforest, et, comme ces explications ne furent pas satisfaisantes, il
fit répondre par l'intermédiaire de son ministre Hardenberg
qu' « arrêté de tous côtés dans ses nobles vues, il ne pouvait prendre
d'autres soins que ceux de veiller à la sûreté de ses peuples. Il se
regardait dès à présent comme affranchi de tous les engagements
qu'il avait pris et se voyait obligé de faire prendre à ses armées les
positions nécessaires à la défense de l'État ». En effet Brunswick,
avec 50 000 hommes, s'établit dans la haute Saxe, Hohenlohe avec
60 000 dans la Franconie, et l'électeur de Hesse avec 20 000 dans la
Westphalie. Les troupes stationnées sur la Vistule furent rappelées
pour être dirigées sur le Rhin, enfin le libre passage à travers la
Silésie fut accordé aux Russes. Ce n'était pas encore la guerre,
puisque ces mesures étaient justifiées par les événements, mais elle
était imminente.

Sur ces entrefaites un véritable coup de théâtre précipita la crise.
Le czar Alexandre, informé de l'incident d'Anspach, et jugeant que
le moment était venu de s'emparer de Frédéric-Guillaume, venait
de quitter son armée et d'arriver à l'improviste à Berlin. Il y fut
accueilli avec empressement par la cour, avec enthousiasme par
l'armée, avec délire par la population. On jouait alors au théâtre le

Camp de Wallenstein de Schiller. Chaque vers patriotique, chaque allusion était applaudie avec frénésie, et l'auditoire entonnait des chants belliqueux. Le roi seul résistait encore, car il n'osait prendre sur lui la terrible responsabilité de la rupture; mais l'armée était sur pied, la nation était comme enfiévrée à la pensée de la prochaine vengeance; ses ministres, ses parents, sa femme le pressaient de se déclarer. L'infortuné souverain se laissa gagner, et, le 3 novembre 1805, signa la convention de Potsdam, mais en stipulant que cette convention resterait provisoirement secrète, et qu'elle n'aurait son effet que le 15 décembre.

Il était convenu que le roi de Prusse proposerait à Napoléon de remplir les conditions du traité de Lunéville, et de restituer tous les territoires annexés depuis cette époque. Il devait en outre consentir à la séparation des couronnes de France et d'Italie. S'il acceptait, la Prusse offrait sa médiation pour la paix; s'il refusait, la Prusse lui déclarait la guerre à partir du 15 décembre.

Alexandre, avant de quitter Berlin pour rejoindre son armée, demanda à visiter avec le roi et la reine le caveau où reposent les restes du Grand Frédéric. Saisi d'une émotion sincère ou jouée, nul n'a su le dire, le czar, embrassant le tombeau du héros prussien, et se jetant dans les bras de son successeur, lui jura une amitié éternelle. La scène était belle, mais elle passa pour concertée, et fut tournée en ridicule par ceux qui ne croient pas au sentiment en matière politique. Il se peut néanmoins que les deux souverains aient été sincères. L'un et l'autre voulaient à ce moment délivrer l'Europe de l'oppression militaire que Napoléon faisait peser sur elle, et si Frédéric-Guillaume, au sortir de cette entrevue, était allé prendre le commandement de son armée, non seulement bien des vies humaines auraient été épargnées, mais encore la Prusse, de même que la France, aurait évité des humiliations et des désastres.

La bataille d'Austerlitz en effet n'avait pas encore été livrée, et si les armées russe et prussienne, accourant à l'aide des Autrichiens, avaient concerté leurs efforts, Napoléon aurait été moins hardi dans ses manœuvres au centre de l'Europe. Ce fatal délai du 15 décembre remettait tout en question, car il était évident que de grands coups seraient portés avant cette époque. On a prétendu qu'en retardant ainsi son entrée en campagne le roi de Prusse avait voulu se ména-

ger une porte de sortie auprès de Napoléon. N'est-il pas plus probable qu'il est resté jusqu'au bout fidèle à son caractère irrésolu, et
qu'il a voulu ménager à la fois et ses nouveaux alliés en leur pro-
mettant son concours, et la France en lui donnant le temps d'agir ?

Le comte d'Haugwitz, porteur de l'ultimatum prussien, arriva au
quartier général français trois jours avant Austerlitz. Les armées
étaient en présence. Le choc était imminent. Il devait être décisif.
Le diplomate crut habile d'aller attendre à Vienne le résultat de la
bataille, afin de complimenter le vainqueur, et, le cas échéant, de
dicter les conditions de la paix. A peine eut-il appris le succès de la
France, qu'il courut féliciter Napoléon. « Voilà un compliment dont
la fortune a changé l'adresse, » répondit ce dernier. L'empereur ne
se contenta pas de cette épigramme. Désormais plein de mépris pour
le souverain qui ne lui paraissait plus digne d'estime et pour la
nation qui avait failli arrêter l'essor de ses triomphes, il ne voulut
plus voir dans Frédéric-Guillaume qu'un ennemi caché, et dans la
Prusse qu'une rivale à abattre. Seulement, comme il jugeait plus
utile à ses desseins d'avilir cet ennemi plutôt que de le réduire au
désespoir, il ne lui laissa plus que l'alternative d'être rayé de la liste
des souverains ou de se déshonorer en souscrivant à un déplorable
marché.

Il fit donc venir le comte d'Haugwitz et lui posa l'ultimatum suivant : guerre immédiate, et, en cas de défaite, partage de la Prusse,
ou bien alliance de la France avec garantie de l'annexion du Hanovre.
Haugwitz s'attendait à de tout autres conditions. Heureux de voir
que cette aventure se terminerait par un agrandissement de territoire,
et sans s'inquiéter de l'effet produit sur l'opinion par ce revirement
inattendu, il s'empressa de signer un nouveau traité, le 15 décembre,
le jour même où la Prusse avait promis à l'Autriche et à la Russie de
se déclarer en leur faveur.

Par ce traité la Prusse cédait à la France les principautés de Neu-
châtel et de Berg, ainsi que les duchés de Clèves et Wesel ; à la Bavière
Anspach, moyennant la rétrocession d'un territoire de 20 000 âmes.
Elle acquérait le Hanovre et toutes les provinces anglaises d'Allemagne. Elle perdait environ 400 000 sujets, mais on lui en donnait
en échange un million. En outre, les deux souverains se garantis-
saient la possession de leurs anciens et de leurs nouveaux États.

Certes ces conditions étaient avantageuses pour la Prusse, mais elle
ne les obtenait qu'aux dépens de ses alliés de la veille, au moment
précis où elle se disposait à envoyer ses soldats combattre à côté des
leurs. C'était une honteuse compromission, et mieux aurait valu
succomber les armes à la main que triompher en faisant litière
d'engagements solennels.

. Aussi bien jamais traité ne fut si mal accueilli. L'armée mortifiée
de poser les armes avant même de s'en être servi, la nation humiliée
du rôle équivoque joué par ses représentants, la cour froissée de la
rupture d'une alliance qu'elle avait désirée, la famille royale abaissée
par la duplicité apparente de son chef, le roi lui-même étonné et peu
fier d'un succès qu'il n'avait point recherché, tous furent d'accord
pour attaquer le traité et surtout le malencontreux auteur du traité.
Ne l'accusait-on pas d'avoir attendu à Vienne quand il fallait agir
à Brunn ; d'avoir transformé en compliments obséquieux des instructions qui auraient sans doute empêché ou tout au moins suspendu
le triomphe de la France ; de s'être prêté à des trafics inavouables,
et d'avoir compromis pour des avantages aléatoires l'honneur national ? Le vrai coupable n'était pourtant pas le comte d'Haugwitz,
à qui l'on ne saurait reprocher que d'avoir cédé trop vite aux injonc-
tions françaises, mais bien le roi, qui avait laissé passer le moment
favorable par ses délais intempestifs, et s'était acculé à la nécessité
d'être écrasé par Napoléon ou dominé par lui.

Telle était pourtant l'étroitesse d'esprit, ou plutôt l'aveuglement
des ministres prussiens, qu'au lieu d'accepter le traité sans le discuter,
ce qui mettait presque le beau rôle de leur côté, puisqu'ils semblaient ne céder qu'à la nécessité, ils ne consentirent à le ratifier
qu'avec des modifications qui en dénaturaient le sens, et par cela
même ils ne s'inclinaient plus devant le fait accompli. Ils voulaient
supprimer l'article concernant l'alliance offensive et défensive des
deux États, réclamaient en plus du Hanovre Brême, Lubeck et Hambourg, et exigeaient la renonciation du roi d'Angleterre à tous ses
droits sur le Hanovre. On se demande quel vertige entraînait à leur
perte les conseillers de la monarchie prussienne en les aveuglant
ainsi et sur leur propre position et sur la vigueur des résolutions
françaises.

Le comte d'Haugwitz, malgré les imprécations dont il avait été

chargé, reçut la délicate mission de porter à Paris le traité modifié
pour le soumettre à la ratification de l'empereur (14 janvier 1806).
Napoléon n'hésita pas. Dès ce jour toute alliance sincère entre la
Prusse et lui fut jugée impossible. La Prusse ne fut plus à ses yeux
qu'une puissance suspecte. Sans doute il consentait à ne pas rompre
avec elle ; il ne demandait même pas mieux que d'utiliser ses services,
mais comme on utilise ceux d'un subalterne ou d'un mercenaire. Il
commença donc par déclarer (4 février) : « que le traité de Vienne
n'ayant pas été ratifié dans le délai prescrit, il ne saurait le regarder
comme existant. Le nom de ratification ne peut d'ailleurs, en aucune
façon, convenir à l'acte auquel la cour de Berlin l'a donné, et par
lequel le traité se trouve altéré dans son texte de manière à rendre
hypothétiques et éventuels des engagements actuels et absolus. » Il
fit ensuite savoir qu'il consentait à reprendre les négociations, mais
sur de nouvelles bases. Donc tout était à recommencer, et la Prusse
se trouvait de nouveau dans l'alternative de s'attacher franchement
à l'alliance de la France ou de se déclarer nettement son ennemie.

Le roi Frédéric-Guillaume s'imagina qu'il pourrait à la fois
enlever à l'Angleterre le Hanovre tout en conservant son amitié, et
s'allier à Napoléon tout en rejetant ses propositions, car il semble que
les esprits faibles, quand ils sont obligés de prendre un parti,
adoptent les combinaisons les plus invraisemblables pour échapper
à leurs propres terreurs. C'est ainsi qu'il envoya le comte de Schu-
lembourg prendre possession du Hanovre à la tête d'une véritable
armée et annonça en même temps qu'il gardait cette province jusqu'à
la paix générale « sous sa protection et administration », comme si
les Anglais allaient consentir à se laisser déposséder sans protestation. En effet le comte de Munster, qui gouvernait le Hanovre au
nom de l'Angleterre, fit ressortir la scandaleuse contradiction qui
existait entre les actes actuels et les engagements antérieurs. On le
laissa protester, mais on n'en continua pas moins à occuper le pays :
en sorte que l'Angleterre eut beau jeu pour accuser le roi de duplicité. Pendant ce temps les négociations continuaient à Paris ; mais,
par un acte de faiblesse inexplicable, le roi rappelait dans leurs
cantonnements la plus grande partie de ses soldats, c'est-à-dire qu'il
semblait indiquer à l'avance qu'il subirait toutes les conditions qu'il
plairait au gouvernement français de lui dicter.

En effet Napoléon, voyant la Prusse brouillée avec l'Angleterre et compromise auprès des autres puissances, apprenant d'un autre côté que l'armée prussienne était remise sur le pied de paix, se décida à conclure un nouveau traité pour remplacer celui du 15 décembre 1805.

Cette nouvelle convention, signée à Paris le 15 février 1806, était bien plus onéreuse pour la Prusse que la précédente. Elle renonçait à l'indemnité que la Bavière lui avait promise en échange d'Anspach, et s'engageait à fermer à l'Angleterre les bouches de l'Elbe et du Weser. En outre, les troupes françaises ne quitteraient l'Allemagne qu'après ratification du traité. C'est tout ce que Frédéric-Guillaume avait gagné à refuser d'accéder aux conditions du 15 décembre! A vrai dire ce traité, dicté par le mépris et accepté par la nécessité, n'avait qu'une valeur relative. Napoléon, en imposant à un souverain, qu'il soupçonnait de trahison, les conditions qu'il ne lui demandait pas quand il le croyait capable de sincérité, était parfaitement convaincu que la Prusse lui échapperait dès qu'elle croirait pouvoir le faire avec avantage. La Prusse, de son côté, humiliée du rôle piteux qu'elle avait joué, méprisée par son allié d'un jour et par ses alliés de la veille, comprenait qu'il n'y avait qu'un moyen pour elle de sortir de cette impasse, la guerre, et elle s'y prépara.

Le traité signé le 15 février fut ratifié sans discussion le 9 mars, et exécuté tout de suite, mais avec un mépris des convenances internationales qui démontrait aux moins aveugles les véritables sentiments des parties contractantes. Ainsi les Français entrèrent à Wesel au jour fixé avec tant de précipitation, qu'ils forcèrent la garnison prussienne à se loger dans les villages environnants et à laisser provisoirement dans la forteresse ses munitions et ses provisions de bouche. Ils occupèrent même les territoires d'Elten, Essen et Werden, sous prétexte qu'ils faisaient partie du duché de Clèves, et s'y maintinrent malgré les réclamations du roi. Tout en se laissant ainsi traiter sans ménagement par la France, la Prusse faisait subir aux Anglais les mêmes traitements. Elle les expulsait du Hanovre, en alléguant qu'elle s'établissait dans l'électorat en vertu du droit de conquête, dont Napoléon s'était départi en sa faveur, et elle ordonnait la fermeture pour les vaisseaux anglais des fleuves et des ports de la mer du Nord. L'Angleterre ripostait en mettant l'embargo sur tous les navires prussiens qui se trouvaient dans les ports anglais et en bloquant ses côtes. En quelques semaines plusieurs centaines de navires furent ainsi confisqués, et le commerce extérieur ruiné. L'honneur prussien ne fut pas moins compromis par les accusations qui de Londres se répandirent dans l'Europe entière. La conduite du souverain fut présentée sous les plus noires couleurs. « Elle réunit, écrivait Fox, tout ce que la rapacité a d'odieux avec tout ce qu'il y a de méprisable dans la servilité... Le cabinet de Berlin est plus digne de pitié que de colère. Malgré son vif désir d'acquérir le Hanovre, il n'a été dans cette circonstance audacieux que par peur, conquérant que par faiblesse, et spoliateur d'un prince, son voisin et son parent, que par obéissance à une volonté étrangère. »

En guerre ouverte avec l'Angleterre, méprisé par la France, déconsidéré aux yeux de la Russie et de l'Autriche, le roi de Prusse n'allait, pendant longtemps encore, recueillir de sa faiblesse que de nouvelles humiliations. Le baron de Hardenberg, ministre des affaires étrangères, était devenu le chef du parti opposé à la France. Il avait eu le tort de ne pas assez dissimuler ses sentiments en laissant la légation française à Berlin dans un injurieux isolement. Napoléon avait déjà laissé entrevoir qu'il s'attendait à la retraite du ministre. Le 21 mars 1806 fut publiée au *Moniteur* une lettre par lui écrite le 22 décembre 1805 à l'envoyé extraordinaire d'Angleterre, lord Harrowby. Cette lettre était accompagnée de commentaires offensants pour le ministre prussien. Hardenberg, attaqué dans son honneur, répliqua, peut-être avec plus d'énergie qu'il ne convenait aux circonstances. Au lieu de soutenir un fonctionnaire qui n'avait fait que son devoir, Frédéric-Guillaume le sacrifia aux défiances de Napoléon. Hardenberg apprit, par la *Gazette de la Cour*, qu'il avait demandé sa retraite et obtenu un congé illimité. Il supplia son maître de lui épargner cet affront, mais le roi craignait la France et resta inflexible.

Ce ne devait pas être la dernière des humiliations infligées à ce malheureux souverain. La République Batave venait d'être transformée en royaume, et cette nouvelle couronne avait été donnée à un des frères de Napoléon. L'empereur ne daigna même pas en informer le roi de Prusse! Lorsque des négociations s'ouvrirent pour la paix entre la France et l'Angleterre, la restitution du Hanovre fut tout de suite demandée par les Anglais, et accordée en principe par Napoléon : la Prusse recevrait en échange la Poméranie suédoise ; mais on ne la consulta même pas sur cet échange de territoires.

La création de la Confédération du Rhin ne fut pas seulement pour la Prusse une humiliation, mais bien une menace directe. Napoléon avait imaginé de réunir en dehors de la Prusse et de l'Autriche, et pour acquérir les alliés dont il avait besoin dans l'Europe centrale, un certain nombre de princes allemands, qu'il prendrait sous son protectorat. Il forma donc deux collèges, l'un de rois, qui comprenait le prince primat de Ratisbonne, ancien électeur de Mayence, les rois de Bavière et de Wurtemberg, les grands-ducs de Bade, de Hesse-Darmstadt et de Berg, l'autre de princes, qui comprenait les Nassau-Usingen, les Hohenzollern-Sigmaringen, Salm-Salm, Salm-Kirbourg, Isenbourg, Arenberg, Lichstentein et Lyen. Les nobles incorporés dans les territoires de ces différents États perdaient leurs droits souverains. Rois et princes, unis sous le nom de Confédération du Rhin, notifièrent à la diète de Ratisbonne leur séparation du corps germanique (1er août), et aussitôt Napoléon se déclara leur protecteur. C'était une création factice et qui ne devait avoir d'autre durée que celle des triomphes impériaux, car Napoléon ne traita jamais ces prétendus alliés que comme des vassaux, et les princes allemands se lassèrent bientôt d'un patronage qui les réduisait à l'état de satellites.

La Prusse éprouva, en apprenant cette nouvelle, une véritable stupeur. Non seulement elle se trouvait exclue du corps germanique, mais les princes qui composaient autrefois sa clientèle se retournaient contre elle, et devenaient comme l'avant-garde de la France. C'en était trop pour sa fierté et pour sa sécurité. Elle se prépara sérieusement à la guerre.

Napoléon comprit qu'il était allé trop loin et trop vite. Avant de recourir à des mesures extrêmes, il résolut de faire une dernière tentative auprès de Frédéric-Guillaume. Le 22 juillet, l'ambassadeur de France à Berlin, en notifiant au roi de Prusse la création de la Confédération du Rhin, l'invitait à constituer une nouvelle confédération, dans laquelle entreraient tous les princes de l'Allemagne du Nord, et dont il serait le président. On l'engageait même à prendre, au lieu du titre de président, celui d'empereur, c'est-à-dire de reconstituer, au profit de la Prusse, l'empire germanique qui venait d'être dissous. Enfin on lui promettait, malgré les négociations entamées avec l'Angleterre, de conserver le Hanovre à la Prusse. Le roi se crut sauvé, et, dans l'élan de sa reconnaissance, accabla Napoléon de remerciements, dont la vivacité lui donna la mesure des terreurs éprouvées et des ambitions comprimées. Ce fut dans tout le royaume comme une explosion de joie. Bien que les auteurs allemands aient prétendu le contraire, l'idée de la grande patrie allemande n'était pas encore tellement répandue dans les masses, et la Prusse s'accommodait de cette extension de territoire, qui diminuait, il est vrai, le sol germanique, mais qui faisait d'elle, au détriment de l'Autriche, la puissance prépondérante de l'Europe centrale. Quelques hommes d'État prussiens rêvaient déjà la fondation d'un grand empire du Nord, et le roi, à l'ambition duquel s'ouvraient des perspectives indéfinies, était heureux de penser que sa prudence et son irrésolution allaient enfin trouver leur récompense. Déjà les princes du Nord auxquels il avait demandé leur adhésion, Saxe, Hesse, Brunswick, Mecklembourg, lui avaient répondu qu'ils entreraient volontiers dans la confédération projetée. Il semblait donc que la partie fût gagnée par Napoléon, car la Prusse, dont l'ambition serait satisfaite, ne se souviendrait plus des humiliations subies, et le roi, gagné par la reconnaissance à l'alliance française, romprait directement avec ses anciens alliés et inaugurerait une politique nouvelle, fondée sur les rapports d'amitié personnelle qui l'uniraient à Napoléon. Combien est-il fâcheux pour les deux pays que ces projets ne se soient pas réalisés, et que deux grandes nations, faites pour s'estimer et pour s'entendre, aient remplacé par la défiance et par la haine les sentiments qui auraient dû les animer l'une à l'égard de l'autre !

Il est vrai de reconnaître d'abord que Napoléon se donna les premiers torts en rendant impossible l'exécution du plan qu'il avait lui-même conçu, puis que Frédéric-Guillaume, de son côté, ou plutôt que le parti ennemi de la France, par ses maladresses et ses provocations, détermina une crise redoutable.

L'électeur de Hesse-Cassel, dont l'attitude fut singulière dans cette circonstance, aurait désiré certains accroissements de territoire, et il subordonnait à cette annexion son entrée dans la Confé-

16

dération du Nord. Afin de peser davantage sur les décisions de Frédéric-Guillaume, il lui laissa entendre que la France désirait
l'attirer dans la Confédération du Rhin, et lui proposait Fulde et
les autres territoires du prince d'Orange, beau-frère du roi. Frédéric-Guillaume eut le tort de ne pas vérifier ces allégations imagi-
naires. Ce fut un premier grief contre Napoléon.

Un second grief, plus réel, fut la défense formelle faite par Napoléon aux villes hanséatiques d'entrer dans la Confédération du
Nord. L'empereur négociait alors avec l'Angleterre. La restitution
du Hanovre était la condition indispensable de la paix. Napoléon
voulait avoir entre les mains une indemnité à proposer au roi de
Prusse, et c'est avec cette arrière-pensée qu'il déclara prendre sous
sa protection particulière Brème, Lubeck et Hambourg. Ce fut un
véritable crève-cœur pour Frédéric-Guillaume, qui avait cru sincèrement qu'une ère nouvelle de grandeur et de prospérité allait s'ouvrir pour la Prusse, et qui se heurtait tout à coup à des difficultés
qu'il croyait soulevées par la mauvaise foi ou la mauvaise volonté
de l'empereur à son égard. Son enthousiasme tomba aussitôt, et
l'ardeur des premiers jours fit place à ses irrésolutions habituelles.

À ce moment Napoléon, désireux d'en finir avec l'Angleterre,
pria son nouvel allié de donner une vive impulsion aux opérations
militaires. Frédéric-Guillaume recourut à des expédients dilatoires.
Aussi bien il était fort embarrassé. Pressé par son impérieux allié,
mais se défiant de lui, jaloux de maintenir la paix, mais comprenant qu'il ne pouvait éviter la guerre, soit qu'il subît l'alliance
française, soit qu'il acceptât celle des Anglais et des Russes, l'infortuné monarque donna des explications embarrassées. Aussitôt
Napoléon, qui le croyait d'accord avec le czar et l'Angleterre, bien
qu'en réalité il n'eût aucun engagement, distribua son armée en
Allemagne de manière à pouvoir agir immédiatement contre la
Prusse, et, pour mieux accentuer sa nouvelle attitude, annonça
qu'il traiterait en ennemi quiconque ferait passer des troupes armées, ou non armées, sur le territoire de la Confédération du Rhin.

Un nouvel incident acheva d'exaspérer l'opinion et de détruire
toute entente et toute confiance entre Paris et Berlin. Napoléon
avait entamé des négociations pour la paix à la fois avec la Russie
et avec l'Angleterre. La première avait rapidement abouti à un

traité signé le 20 juillet par le plénipotentiaire russe Oubril, et aussitôt envoyé au czar pour être ratifié. La seconde avait été menée plus lentement. La restitution du Hanovre à l'Angleterre en était en effet la condition préliminaire. Or Napoléon, au moment même où il garantissait à Frédéric-Guillaume, par l'intermédiaire de son représentant Lafforest, la possession de cette province, ne faisait aucune difficulté pour en promettre la restitution à l'Angleterre. Lucchesini, l'ambassadeur prussien à Paris, communiqua le fait à Berlin. Le roi refusa d'y croire, tant cette nouvelle lui paraissait invraisemblable. La négociation n'ayant pas abouti, le cabinet anglais, afin de mieux établir le sans-gêne inouï de Napoléon vis-à-vis de la Prusse, rendit publiques les stipulations échangées. De la part de Napoléon, Frédéric-Guillaume s'attendait peut-être à un coup de force, mais il ne croyait pas à la duplicité, et elle était prouvée, à la trahison, et elle était avérée. A la fois joué et méprisé, compromis aux yeux de tous et traité en subalterne, il lui fallait ou résigner sa couronne ou protester. La protestation, c'était la guerre : il s'y résigna.

Le parti de la guerre était alors tout-puissant à Berlin. La nation, inquiète, tourmentée à la pensée de son humiliation et d'ailleurs persuadée qu'elle n'avait pour vaincre qu'à paraître sur les champs de bataille, ne demandait qu'à marcher au combat. La reine Louise était allée aux eaux de Pyrmont, et, dans une espèce de congrès féminin, où figuraient la duchesse de Saxe-Weimar, sœur du czar, la princesse de Cobourg, épouse du grand-duc Constantin, et la princesse électorale de Hesse, s'était répandue en provocations qui avaient eu dans tout le pays un grand retentissement. Frédéric-Guillaume, qui ne s'était pas encore déclaré contre la France, avait même cru, à ce propos, devoir adresser quelques remontrances à la reine; mais à peine cette princesse avait-elle reparu à Berlin, que sa présence augmenta l'effervescence générale. Elle fut alors comme grisée par sa popularité, et s'apprêta à jouer le rôle d'une autre Marie-Thérèse. Elle se décore des couleurs du régiment qui portait son nom, se montre aux troupes, et excite leur ardeur pour des combats qui ne peuvent être et ne seront que des victoires. Ce fut surtout dans les corps privilégiés, gendarmes ou gardes du corps, que l'enthousiasme devint du délire. Quelques-uns de ces jeunes fous n'allèrent-ils pas aiguiser leurs sabres sur la porte de l'ambassade de France!

D'autres ne s'engagèrent-ils pas, par un serment solennel, à marcher droit contre Napoléon afin de délivrer plus vite l'Europe d'un tyran et la Prusse d'un rival! Le cousin du roi, le prince Louis, très populaire à cause du courage dont il avait donné des preuves sérieuses dans les dernières campagnes, joignait son influence à celle de la reine, et faisait descendre jusque dans les derniers rangs de l'armée l'ardeur qui l'animait. L'ancien compagnon de Frédéric II, le vieux duc de Brunswick, qui venait de remplir une mission de confiance à Saint-Pétersbourg, et que le souvenir de la malencontreuse campagne de 1792 aurait dû rendre plus circonspect, se répandait, lui aussi, en vaniteuses fanfaronnades, et, à son exemple, tous les généraux s'apprêtaient à écraser les Français.

« Les ministres eux-mêmes, à l'exception du comte d'Haugwitz dont l'attitude restait toujours réservée, ne cachaient pas leurs espérances. L'un d'entre eux, le ministre du commerce, Stein, avait même eu la hardiesse de faire remettre à son souverain, et cela dès le 10 mai 1806, un factum dirigé contre ce qu'il appelait les influences occultes, c'est-à-dire contre son collègue Haugwitz, et déclarait que « si Sa Majesté ne se décidait pas à opérer les réformes proposées, il fallait s'attendre à deux résultats inévitables : ou bien l'État se dissoudra de lui-même, ou bien il perdra son indépendance ». Comme Frédéric-Guillaume ne se pressait pas de faire connaître sa détermination, Stein revint à la charge, et le 2 septembre remit un second mémoire, à la confection duquel avaient collaboré la reine, le prince Louis, les généraux Ruchel et Blücher, et l'historien Jean de Muller. Stein y signalait comme les plus dangereux ennemis de la patrie le ministre Haugwitz et les conseillers Beyme et Lombard. « Sont-ils aux gages de Napoléon, ajoutait-il, la voix publique l'affirme; nous ne saurions le dire, car l'argent n'est pas le seul mobile qui pousse au mal. Ce qu'il y a de certain, c'est qu'ils sont de connivence avec lui pour perdre la Prusse, c'est qu'ils sont disposés à acheter la paix par des concessions déshonorantes, c'est que, la guerre une fois déclarée, ils prendront les mesures les plus maladroites et les plus molles pour en finir plus tôt, et, si vous prescrivez vous-même des préparatifs sérieux, si vous confiez l'armée à des généraux résolus, votre activité sera paralysée, vos généraux seront trahis infailliblement. »

Les passions de la cour avaient envahi la capitale. Hardenberg, le ministre disgracié, était devenu le héros du jour. Paraissait-il en public, il était salué par des acclamations. Le soir on jouait des sérénades devant son hôtel, et, au même moment, le peuple brisait à coups de pierre les vitres de la maison de son rival Haugwitz. Dans les réunions publiques, au théâtre surtout, on saisissait avec transport toutes les allusions à la prochaine guerre. Les journaux, qui jouissaient alors d'une liberté relative, ne prédisaient que faciles triomphes. Kotzebue, le poète, trompette quotidienne de la guerre, se faisait remarquer par l'exagération de ses philippiques. L'entraînement national fut tel, que le roi ne fut plus le maître de choisir l'heure du combat. Bien que la prudence la plus vulgaire lui imposât le devoir, avant de risquer cette partie formidable, de s'assurer des alliances, et d'attendre au moins le concours de la Russie, il se détermina à entrer seul en campagne. Le 30 août la garnison de Berlin quittait cette ville, sous les ordres de Brunswick, mais en tumulte, et avec une impatience de combattre qui menaçait d'aller jusqu'à la sédition. Elle croyait marcher au triomphe : elle courait à sa perte.

Le général Knobelsdorf avait remplacé à Paris, comme ambassadeur, Lucchesini, compromis par d'imprudentes dépêches. Ce fut lui qui présenta l'ultimatum de la Prusse. Le roi exigeait : « 1° que les troupes françaises qu'aucun titre fondé n'appelle en Allemagne repassent incessamment le Rhin, toutes sans exception, en commençant leur marche du jour même où le roi se promet la réponse de l'empereur, et en la poursuivant sans s'arrêter, car leur retraite instante, complète, est, au point où en sont les choses, le seul gage de sûreté que le roi puisse admettre ; 2° qu'il ne soit plus mis de la part de la France aucun obstacle quelconque à la formation de la ligne du Nord, qui embrassera, sans aucune exception, tous les États non nommés dans l'acte fondamental de la Confédération du Rhin ; 3° qu'il s'ouvrira sans délai une négociation pour fixer d'une manière durable tous les intérêts qui sont encore en litige. » Jamais sommation si insolente et si injuste n'avait été adressée à la France ! Le plus singulier, c'est qu'elle n'avait été précédée d'aucune négociation. Du jour au lendemain, et sans transition, on passait de la paix à la guerre. La Prusse ajoutait même une dernière exigence à toutes celles qui étaient énumérées dans l'ultimatum : elle réclamait une réponse pour le 8 octobre. « Maréchal, écrivit l'empereur à Berthier, on nous donne un rendez-vous d'honneur pour le 8. Jamais un Français n'y a manqué; mais, comme on dit qu'il y a une belle reine qui veut être témoin des combats, soyons courtois et marchons sans nous coucher pour la Saxe. » Il envoyait en même temps au Sénat l'ultimatum de la Prusse, et annonçait qu'il allait commencer les hostilités. Ce fut le seul manifeste de la France.

La Prusse ne se contenta pas de l'ultimatum. Le 9 octobre parut à Erfurth une longue exposition de ses griefs réels ou prétendus contre la France. Ce n'était pas seulement la nation française qui était attaquée, mais surtout la personne de son chef, particulièrement à propos de la mort du duc d'Enghien. Napoléon, qui ne négligeait jamais de mettre les apparences de son côté, crut devoir tenter une dernière démarche. Il répondit au manifeste d'Erfurth, et chargea un de ses officiers d'ordonnance, Eugène de Montesquiou, de porter sa lettre au roi de Prusse. En voici les passages essentiels :

« Si Votre Majesté m'eût demandé des choses possibles, je les lui eusse accordées; elle a demandé mon déshonneur, elle devait être certaine de ma réponse... Sire, Votre Majesté sera vaincue, elle aura compromis le repos de ses jours, l'existence de ses sujets sans l'ombre d'un prétexte. Elle est aujourd'hui intacte, et peut traiter avec nous d'une manière conforme à son rang; elle traitera, avant un mois, dans une situation différente. Je prie Votre Majesté de ne voir dans cette lettre que le désir que j'ai d'épargner le sang des hommes, et d'éviter à une nation qui, géographiquement, ne saurait être l'ennemie de la mienne, l'amer repentir d'avoir trop écouté des sentiments éphémères, qui s'excitent et se calment avec tant de facilité parmi les peuples. »

Montesquiou, arrêté aux avant-postes, ne put rejoindre Frédéric-Guillaume que le 14 octobre. Il était trop tard ! c'était le jour même où la monarchie prussienne s'effondrait à Iéna et à Auerstædt.

CHAPITRE XI

La Prusse avait commis une grave imprudence en commençant la guerre sans alliés. A vrai dire, elle avait laissé passer le moment favorable. C'était avant Austerlitz, alors que les armées russes étaient encore intactes et que la monarchie autrichienne n'était pas réduite aux extrémités, qu'il aurait fallu intervenir, et imposer sa médiation, au besoin par la force. En septembre 1806, au moment où s'engageaient les hostilités, la Prusse se trouvait isolée, et isolée par sa faute. Sans doute la Russie, l'Angleterre et la Suède étaient encore en guerre avec la France, et devenaient par cela même les alliés de la Prusse. En effet le rapprochement entre l'Angleterre et la Prusse fut tout de suite conclu, le roi de Suède promit son concours immédiat, et le czar non seulement annonça l'envoi de 70 000 hommes, mais encore écrivit que l'allié serait fidèle à l'allié et que l'ami marcherait en personne au secours de l'ami; mais l'Angleterre, rendue défiante par la politique louche et intéressée du cabinet prussien, ne consentait à aucun sacrifice pour lui venir directement en aide; la Russie avait dû, après Austerlitz, ramener en arrière ses régiments à moitié rompus, et elle n'était pas prête à reparaître sur de nouveaux champs de bataille; enfin le roi de Suède, Gustave IV, malgré ses rodomontades, n'était pas en mesure de prêter une aide efficace aux ennemis de la France.

Restait l'Autriche. Le comte de Stadion, qui dirigeait alors la politique autrichienne, était l'ennemi déclaré de la France, et un corps d'armée assez considérable se rassemblait en Bohême. La cour de Berlin crut pouvoir compter sur l'accession prochaine de l'Autriche à une nouvelle coalition, et sollicita vivement l'empereur François II de se déclarer contre l'ennemi commun. Il est certain que les vœux et les affections de la cour de Vienne étaient contre la France, mais l'Autriche avait conservé l'amer ressentiment de l'abandon de la Prusse dans la dernière campagne. En outre elle avait été durement traitée par Napoléon. Ses finances étaient ruinées, son armée épuisée et détruite. Elle se détermina à rester sur la réserve, et proclama sa résolution de garder une stricte neutralité.

La Prusse ne réussit à entraîner dans son alliance que les princes allemands du Nord. Encore la Saxe ne consentit-elle à incorporer son contingent dans l'armée prussienne que lorsque le prince de Hohenlohe eut envahi le territoire saxon et menacé Dresde. Quant à l'électeur de Hesse, bien que dévoué à la Prusse, il mit son armée sur le pied de guerre, mais ne voulut pas se joindre à l'armée prussienne, tant qu'un heureux début ne lui aurait pas démontré les avantages de la coopération.

La Prusse entrait donc seule en ligne contre le vainqueur d'Austerlitz. La Russie, la Suède et l'Angleterre lui avaient, il est vrai, promis leur concours, et la Saxe, avec quelques princes allemands, combattait à ses côtés, mais Napoléon n'avait-il pas pour lui, sans parler de son génie militaire, toutes les ressources de la France, de l'Italie, de la Hollande, de la Suisse, de la Confédération du Rhin! Certes la partie n'était pas égale!

La Prusse comptait sur son armée et sur ses généraux. Cette armée n'était-elle pas celle du grand Frédéric, organisée par lui, conduite par lui à tant de victoires, et ces généraux n'étaient-ils pas ses lieutenants et ses élèves? La France avait sans doute, depuis quelques années, remporté bien des triomphes, et les batailles gagnées par Napoléon étaient à tout le moins aussi nombreuses et aussi éclatantes que les batailles gagnées par Frédéric II. Mais ces victoires, la France les avait remportées sur des Autrichiens accoutumés à la défaite, sur des Russes à peine civilisés, et non pas sur les vainqueurs de Rosbach. Valmy n'avait été qu'une canonnade insignifiante. Aucune vraie bataille n'avait été engagée depuis quatorze ans entre Français et Prussiens. La question militaire n'était donc pas résolue, et la Prusse avait le droit d'espérer qu'elle ne serait pas inférieure à elle-même dans la prochaine lutte contre la France. Ainsi peut s'expliquer, par infatuation nationale, par vanité inconsciente, l'aveuglement qui précipitait la Prusse, seule et isolée, contre le vainqueur de l'Europe. Sans prendre garde aux changements apportés dans l'équilibre européen depuis 1789, ni à l'esprit nouveau qui avait poussé nos légions républicaines sur les champs de bataille de l'Italie et du Rhin, elle se croyait encore l'arbitre de l'Europe, et toute atteinte portée à sa prétendue prépondérance lui semblait une grave insulte. Aussi toutes les classes de la société avaient-elles accueilli avec un égal enthousiasme la rupture définitive. La Prusse croyait à de prochains triomphes. Elle ne soupçonnait même pas qu'elle courait à sa perte. Les peuples, ainsi que les individus, ont parfois de ces défaillances, mais elles coûtent toujours bien cher à ceux qui les éprouvent.

Chargé par le roi de Prusse des difficiles fonctions de généralissime, le duc de Brunswick avait imaginé la seule des combinaisons qui présentât quelque chance de réussite : il voulait prendre l'offensive et se jeter dans les cantonnements français avant que le mouvement de concentration ordonné par Napoléon fût achevé ! Dans ce système, l'aile gauche, commandée par le prince de Hohenlohe et grossie du contingent saxon, se porterait aux sources de la Saale, de l'Eger et du Mayn, c'est-à-dire à l'endroit où se réunissent le Fichtel Gebirge et le Thuringer Wald, pour déboucher, suivant les circonstances, ou en Franconie, ou en Thuringe. Le centre, commandé par le roi, envahirait la Franconie par Fulde, et la droite, sous les ordres de Ruchel, couvrirait les deux autres armées : il était déjà trop tard ! Aucune surprise n'était possible. Il fallut improviser un second plan.

Toujours dans la présomption que les Français ne cherchaient qu'à se maintenir sur la défensive en Franconie, Brunswick résolut de réunir les trois armées du roi, de Ruchel et de Hohenlohe en une seule et redoutable masse, qui pénétrerait dans la vallée du Mayn, en se couvrant à droite, du côté de la Hesse, par le corps de Blücher, et à gauche, dans le pays de Bayreuth, par le corps de Tauenzien. Sur ces entrefaites, le plan de Napoléon, qu'on n'avait même pas soupçonné, commença à se dessiner. Il fallut renoncer à l'offensive,

et adopter un troisième plan de campagne : c'est-à-dire qu'avant
d'avoir tiré un seul coup de fusil, l'armée prussienne était saisie en
flagrant délit de formation, et presque vaincue avant d'avoir combattu.

Brunswick se détermina donc à attendre les Français. L'armée
principale reçut l'ordre de se réunir à Erfurth, celle de Ruchel à
Gotha, celle de Hohenlohe à Hochdorf. On prévoyait si peu la défaite,
qu'aucune précaution n'avait été prise pour assurer la retraite. On
n'avait même pas fixé un rendez-vous aux troupes en cas d'insuccès,
et c'est à peine si les nombreuses forteresses qui hérissaient le sol du
Brandebourg, de la Poméranie et de la Silésie étaient mises en état
de défense. N'avait-on pas eu l'imprudence de laisser à leur tête des
officiers braves autrefois, mais vieillis, fatigués, incapables, au
moment du danger, d'organiser la résistance!

Le temps ainsi perdu par la Prusse en stériles manœuvres, Napoléon l'avait employé à concentrer son armée. Le 6 octobre il arrivait
à Bamberg et le 8, ainsi qu'il l'avait promis, il entrait en campagne.
Il avait formé le projet de renouveler la manœuvre de Marengo et
d'Ulm, c'est-à-dire de tourner les ennemis, en s'établissant entre
eux et l'Elbe, de couper leurs communications et de les séparer de
la capitale. Il s'agissait de pénétrer en Thuringe et de s'emparer de
la ville de Géra, qui servirait de pivot à un mouvement de conversion
de toute l'armée sur les derrières des Prussiens. Trois routes pa-
rallèles, celles de Bayreuth, de Cronach et de Cobourg, conduisent
à Géra. Toute l'armée française, près de 200000 hommes, dont
40000 cavaliers, s'y engagea. La droite, avec Soult et Ney, prit la
première route, celle de Bayreuth. Le centre avec Bernadotte,
Davout et Murat prit la seconde, celle de Cronach, et la gauche, avec
Lannes et Augereau, prit la troisième, celle de Cobourg. Les premiers engagements eurent lieu au centre. Dès le 8 octobre, Murat
chassait de Saalbourg un détachement prussien, et le lendemain
Bernadotte remportait un vrai succès à Schleitz contre Tauenzien.
Sur la gauche Lannes rencontrait à Saalfeld (10 octobre) l'avant-
garde de Hohenlohe, commandée par le prince Louis, et l'attaquait
aussitôt. Le prince, ignorant que Tauenzien avait été battu la veille
et forcé d'évacuer Schleitz, voulut défendre Saalfeld où se trouvaient
des magasins considérables. Voici comment un officier saxon qui

assistait à la bataille l'a racontée : « Figure-toi, sur une longueur de plus d'un mille, une chaîne de véritables montagnes, sillonnée de ravins escarpés, le tout couvert de bois, sous lesquels se dissimulent les masses ennemies. Nous vois-tu ensuite épars le long de ce rempart menaçant, à découvert sur l'étroit rebord de prairies qui le sépare de la Saale à laquelle nous étions adossés? De ce rempart les tirailleurs ennemis, parfaitement abrités, nous choisissaient à l'aise, sans qu'il fût possible de riposter à des gens invisibles, et ce divertissement se prolongea pendant plusieurs heures. Pendant ce temps les chefs français, bien placés pour discerner les points faibles de notre ligne, prenaient leurs dispositions en conséquence. Vers trois heures leurs colonnes fondirent sur nous comme une avalanche. En un clin d'œil nous nous trouvâmes coupés en trois tronçons, entourés d'un cercle de feu, et acculés à la rivière. On se défendit bravement, mais il fallut céder au nombre. Ce furent les Prussiens qui nous donnèrent l'exemple de la retraite, en se confiant aux nymphes de la Saale. » Le prince Louis s'était vaillamment comporté, mais, entraîné dans la déroute et continuant à se battre, il fut tué par un hussard, qui le prit pour un colonel. Lannes fit rendre au prince les honneurs militaires. On déposa son corps dans le caveau des princes de Cobourg à Saalfeld. Les Prussiens avaient perdu dans cette journée 7 à 800 tués, 1200 prisonniers et 33 pièces de canon. Ce qui était plus grave, c'était leur découragement. Le prince Louis avait été un des plus ardents promoteurs de la guerre; sa mort annonçait aux plus audacieux tout ce qu'offrait de périls cette guerre dans laquelle ils s'étaient engagés avec une si folle confiance. Quant aux soldats, leur ardeur s'évanouit subitement. Or une armée qui désespère de vaincre est bien près d'être vaincue.

Pendant ce temps Napoléon achevait son mouvement tournant, et arrivait à Géra. Continuant sa marche de flanc le long de la Saale, il envoyait Davout, puis Bernadotte à Naumbourg pour couper la route de Weimar à Berlin, lançait Murat sur la route de Leipzig, et s'avançait sur Iéna avec Soult, Ney, Augereau et Lannes : en sorte que toute l'armée française semblait adossée à l'Elbe, tandis que l'armée prussienne, obligée de faire face à l'ennemi, avait le dos au Rhin, et se trouvait par conséquent tournée. Brunswick comprit le danger et voulut le prévenir. Il marcha donc parallèlement à l'armée française, dont il était séparé par les escarpements de la Saale. Une première armée, commandée par Brunswick, prit la route de Weimar à Berlin par Freybourg, pour gagner Mersebourg et l'Elbe. Une seconde armée, commandée par Hohenlohe, masqua ce mouvement en gardant la position d'Iéna. Ces deux armées occupaient une étendue d'à peu près six lieues de terrain.

L'extension de leur développement fut cause qu'au lieu d'une bataille il s'en livra deux, à la même heure, mais sur des points différents. A Iéna l'empereur aura devant lui les Saxo-Prussiens de Hohenlohe, sous le commandement nominal du maréchal de Mollendorf. A Auerstædt Davout combattra l'armée où se trouvent le roi et le duc de Brunswick. Les Prussiens ont en ligne plus de 100 000 hommes et 20 000 chevaux. Napoléon, qui en réalité dispose de forces plus nombreuses, en amène à peu près autant sur le terrain.

Depuis Iéna jusqu'à Weimar, sur la rive gauche de la Saale, s'étend une plaine favorable aux évolutions de la cavalerie. Traversée par la large chaussée qui relie ces deux villes, elle est couverte de villages florissants, Closwitz, Cospoda, Holstadt, Issertædt, Vierzehnheiligen, derrière lesquels il était facile d'improviser la résistance; mais les soldats prussiens, bien que disciplinés, étaient déjà désorganisés. Une terreur panique faillit les disperser quelques heures avant la bataille. « Le prince de Hohenlohe allait se mettre à table, lisons-nous dans le récit d'un témoin oculaire, quand il s'éleva un violent tumulte. On criait que l'ennemi n'était plus qu'à une petite lieue! Cela était impossible, car nous avions des troupes sur toutes les routes aboutissant à la ville, et l'on n'avait aucun rapport qui concordait avec un pareil bruit. Il circula néanmoins, comme une traînée de poudre, parmi les soldats qui stationnaient autour et à l'intérieur d'Iéna, et l'effet en fut tel, que le prince fut obligé d'aller en personne mettre le holà. De tous côtés on criait que les Français arrivaient en force, qu'ils avaient déjà refoulé les avant-postes...; sur la route de Weimar se pressait une colonne de soldats de toutes armes, prétendant aller à la rencontre de l'ennemi auquel ils tournaient le dos. Enfin la panique était telle, qu'il fallut organiser des patrouilles d'officiers pour explorer les bois et les vignes.

On prétendait que tous les alentours d'Iéna fourmillaient déjà
de tirailleurs ennemis. Au bout d'une heure on reconnut qu'il n'y
avait nulle part de Français en vue, et que cette alerte provenait
seulement de quelques fuyards de Schleitz et de Saalfeld. »

Pendant que l'armée prussienne, dans le tumulte et la confusion
de cette panique, regagnait à grand'peine ses positions, Napoléon,
par une manœuvre décisive, préparait sa victoire du lendemain.
Nos soldats ne pouvaient déboucher dans la grande plaine d'Iéna à
Weimar que par un plateau qui dominait Iéna, le Landgrafenberg,
monticule de peu d'étendue, et qui suffirait à peine au déploiement
de quatre bataillons. Hohenlohe l'avait négligé à dessein, espérant
que les Français l'occuperaient, mais successivement, et de façon à
toujours être écrasés par des forces supérieures. Ses calculs furent
déjoués. Dès le 13 octobre Lannes fit occuper par une avant-garde
le Landgrafenberg. Napoléon s'y porta aussitôt et jugea d'un seul
coup d'œil les difficultés mais aussi tous les avantages de la position.

Pendant toute la nuit on répara et on élargit le chemin. Une
route fut tracée à travers le roc, et l'artillerie passa là où les Prussiens
n'avaient vu que d'impraticables défilés. Ce ne furent pas quatre
bataillons qui occupèrent le Landgrafenberg, mais le corps entier
de Lannes, soutenu en arrière par la garde impériale sous le commandement de Lefèvre. « Quand la garde survint, lisons-nous dans
les *Mémoires* de Ségur, Napoléon lui-même en dirigea les bataillons
en arrière de ceux de Lannes, et, de leurs rangs redoublés, il augmenta cette masse, dès lors forte de 25 000 hommes. Elle demeura
ainsi toute la nuit comme attachée et suspendue au flanc de cette
montée rapide. Les abords, à la sortie d'Iéna, en sont si difficiles,
qu'il fallut quelques travaux, sur la berge gauche de la grande
route, pour en ébouler l'escarpement. L'empereur mit tant d'empressement à accumuler dans cette nuit, et sur ce versant, ses moyens
d'attaque, que, vers dix heures du soir, je le vis encore, une chan-
delle à la main, éclairer nos artilleurs ; il les encourageait, il les
aidait à hisser leurs canons, à force de bras et de cordages, sur cette
butte si abrupte, pour aller prendre rang avec sa garde. » Lannes
devait être appuyé à sa gauche par Augereau, à droite par Soult et
Ney qui avaient reçu l'ordre de marcher toute la nuit pour arriver
sur le champ de bataille. Enfin Murat devait arriver avec sa réserve

de cavalerie. L'armée française tout entière, à l'exception des corps de Davout et de Bernadotte, était donc réunie sur cet étroit champ de bataille, où allaient se décider les destinées de la monarchie prussienne.

Le 14 octobre, dès quatre heures du matin, furent tirés les premiers coups de canon. L'empereur parcourut la ligne des troupes, et leur adressa quelques-unes de ces paroles vives et énergiques que comprenaient si bien les soldats. « L'armée prussienne est coupée comme celle de Mack à Ulm, leur dit-il, il y a aujourd'hui un an. Elle ne va combattre que pour s'ouvrir une retraite. Le corps qui se laisserait percer serait perdu d'honneur. Quant à cette belle cavalerie dont on parle tant, opposez-lui des carrés fermes et des baïonnettes. » — « En avant ! » répondirent les soldats.

Un brouillard intense couvrait alors les deux armées. Prussiens et Français s'abordèrent presque sans se voir, mais, de part et d'autre, l'acharnement fut extraordinaire. Lannes s'empara au centre des villages de Closwitz, Cospeda et Holstædt ; Augereau à droite déposte les Prussiens d'Isserstædt, et Ney, qui n'a encore que 3000 de ses voltigeurs, soutient pendant une heure entière l'effort de la ligne prussienne à Vierzehnheiligen. A ce moment le brouillard se dissipe et fait reconnaître aux deux armées qu'elles sont profondément engagées l'une dans l'autre ; mais Soult et Ney reçoivent des renforts incessants, et les premiers cavaliers de Murat arrivent sur le champ de bataille.

Napoléon trouve que le moment est venu, et ordonne à ses maréchaux de tenter l'attaque décisive. En un clin d'œil Soult enfonce la gauche de Hohenlohe ; Lannes et Ney réunis marchent au centre en renversant tous les obstacles, et Augereau s'empare définitivement d'Isserstædt. La bataille est gagnée sur tous les points. Hohenlohe n'a plus qu'à se mettre en retraite.

A ce moment arrive de Weimar le général Ruchel avec son corps d'armée, environ 20 000 hommes ; il aurait pu couvrir la retraite, mais il ne s'aperçut pas que les affaires étaient trop compromises pour être rétablies, et commit la grave imprudence d'attaquer de front les vainqueurs. En moins d'une heure ce corps était décomposé, presque anéanti, et Ruchel grièvement blessé. La cavalerie de Murat augmente la déroute en parcourant la plaine, en enfonçant et sabrant

les derniers bataillons qui résistent. Les fuyards vivement poursuivis
sont rejetés dans la direction de Weimar. Le soir même de la

WEIMAR.

bataille nos soldats victorieux entrent dans cette ville. Près de
20 000 prisonniers et presque toute l'artillerie tombent entre nos
mains. Jamais victoire n'avait été plus foudroyante.

Malgré son importance, l'avantage obtenu n'était encore que la moitié du succès du jour. Napoléon avait cru que toute l'armée prussienne combattait contre lui à Iéna. Il se trompait. Au même moment l'armée de Brunswick essayait de se frayer un passage dans la direction de l'Elbe, mais était arrêtée par l'héroïque résistance de Davout à Auerstædt.

L'empereur avait ordonné à Davout de s'emparer de Naumbourg sur la Saale, et de se rabattre par les défilés de Kösen sur Apolda, afin de tomber sur le flanc de l'armée prussienne. Davout n'avait avec lui que 27 000 hommes, dont 2000 cavaliers, mais commandés par d'incomparables lieutenants, Gudin, Friant et Morand. Il exécuta avec précision les ordres reçus, et s'empara des défilés de Kösen, à peu près une heure avant que la division prussienne Schmettau se présentât pour s'y établir : ce qui fut très heureux pour les Français, car, s'ils eussent été surpris dans ces défilés, ils n'auraient jamais pu en déboucher et auraient sans doute été fort malmenés.

Les Prussiens au nombre de 56 000, dont 12 000 de cavalerie, ne s'avançaient qu'avec lenteur. Le brouillard contrariait et retardait leur marche. Ils ne s'attendaient pas à rencontrer de la résistance. Aussi furent-ils tout étonnés de trouver les défilés occupés. Le roi, impatienté, chargea Blücher de balayer ce qu'il croyait n'être qu'une division séparée et fort aventurée de l'armée française; mais le général prussien se heurta à une résistance inattendue. C'était Gudin qui s'était porté en avant de Kösen, près du village d'Auerstædt, et, malgré l'effrayante disproportion des forces, n'hésitait pas à lutter contre l'armée prussienne tout entière.

Trois corps attaquèrent à la fois Gudin : ceux de Schmettau, de Wartensleben et d'Orange, pendant que, profitant du brouillard, vingt-cinq escadrons, sous les ordres de Blücher, tournaient la position, et s'ébranlaient à la fois pour nous enfoncer. Il y eut un moment critique. Davout s'était porté au milieu de ses soldats menacés. Un biscaïen lui enleva son chapeau et une touffe de cheveux. Il le fit ramasser, et, sans dire un mot, continua à former ses soldats en carrés, qu'il parcourait successivement en les encourageant à la résistance. « Le grand Frédéric, s'écria-t-il, a prétendu que c'étaient les gros bataillons qui remportaient les victoires. Il en a menti! Ce sont les plus entêtés, et vous le serez comme votre maréchal. » Ces paroles électrisèrent les soldats. Les escadrons de Blücher trouvent partout un feu meurtrier et s'enfuient en désordre ; mais le danger n'en était pas moins terrible, car l'infanterie prussienne n'était pas encore entamée, et, si Gudin continuait à supporter tout seul le choc de l'armée prussienne, il ne pourrait évidemment pas prolonger la résistance au delà des limites du possible.

A ce moment arriva sur la droite la division Friant. Une deuxième bataille s'engagea. Brunswick lança le prince d'Orange contre Friant, Schmettau et Wartensleben contre Gudin et conduisit cette seconde attaque en personne. Elle fut repoussée. Brunswick est blessé à mort. Schmettau lui succède : il est tué. Wartensleben est également mis hors de combat. Nos soldats blottis derrière les haies, les petits fossés, les saules et les jardins criblent de balles leurs ennemis, qui s'avancent comme à la parade, visant à conserver leur alignement et leurs distances. Privée de ses chefs, la ligne prussienne hésite, mais ne rétrograde pas, et, comme elle a l'avantage du nombre, Gudin allait succomber, lorsque enfin arriva sur la gauche la troisième division française, celle de Morand. L'arrivée de ces troupes fraîches est décisive. Les Prussiens sont partout enfoncés, mais ils ne battent pas encore en retraite, et le roi ordonne contre les nouveaux arrivants un mouvement de cavalerie, analogue à celui qui avait si mal réussi le matin. Cette fois ce n'est plus Blücher, mais le prince Guillaume qui conduit la charge. Aussitôt les soldats de Morand se forment en carrés, et repoussent toutes les attaques. Le prince Guillaume s'acharne. Arrêté par les baïonnettes croisées, fusillé à bout portant, mitraillé par nos batteries, il ne peut plus arrêter le désordre de ses escadrons, qui s'enfuient de toutes parts.

Davout a donc gagné deux batailles défensives. Jugeant que l'armée prussienne est démoralisée par ce double insuccès, et ayant alors toutes ses troupes en mains, il pense que le moment est venu de prendre l'offensive et de livrer une troisième bataille.

Au centre, avec l'infatigable division Gudin, il s'emparera de Tauschwitz et surtout des hauteurs d'Ekatsberg qui commandent la route de Freybourg et ferment la ligne de retraite de l'ennemi. Friant, à droite, par Poppel, Benndorf et Lisdorf marchera sur le même point. Morand, à gauche, prendra Rehausen, et rejettera

17

l'ennemi vaincu sur ses deux collègues. Ce triple mouvement s'exécute avec la précision d'une manœuvre préparée de longue main. Friant tourne l'aile gauche de l'ennemi, et enlève à la baïonnette, malgré la résistance du prince d'Orange, le village de Poppel. Morand s'empare de Rehausen et Gudin de Tauschwitz. A ce moment le roi de Prusse, qui pendant toute la journée s'était trouvé au plus fort des attaques, et avait même eu un cheval tué sous lui, veut tenter un dernier effort. Il conduit au feu les deux divisions de réserve, Arnim et Kunheim, les appuie de tout ce qu'il peut réunir de cavalerie, et reforme derrière cette nouvelle ligne toutes les divisions enfoncées, afin que l'armée, désormais réunie, exécute un mouvement d'ensemble contre les Français. C'est le moment décisif. Mollendorf avait été désigné par le roi pour succéder à Brunswick. Blessé à mort, il avait été remplacé par Kalkreuth. Au moment où ce dernier donnait le signal de l'attaque générale, Davout de son côté s'ébranlait avec ses trois lieutenants. Rien ne put résister à leur élan furieux. Le général Petit, avec quatre cents hommes d'élite de la division Gudin, brave, sans tirer un coup de fusil, le feu meurtrier des Prussiens, s'empare des hauteurs d'Ekatsberg, et prend une batterie de vingt-deux canons, qu'il tourne aussitôt contre les Prussiens démoralisés. Friant et Morand poursuivent leur hardie offensive, et bientôt Kalkreuth est obligé d'ordonner la retraite.

La nuit tombait alors sur le champ de bataille. La cavalerie française qui, malgré son petit nombre, avait rendu les plus grands services dans tout le cours de l'action, ramasse à la course prisonniers, canons et bagages. Tout à coup une inexprimable confusion s'empare des fuyards. Ils se mêlent, tourbillonnent sur eux-mêmes. Les rangs se rompent. Fantassins, cavaliers, artilleurs s'enfuient au hasard, et dans toutes les directions. Les vaincus d'Iéna venaient en effet de se heurter aux vaincus d'Auerstædt, et les deux armées ne présentaient plus que des bandes désordonnées, rompues, découragées. Le roi de Prusse lui-même, suivi d'un seul régiment et d'un bataillon de grenadiers des gardes, ne s'échappa que par de longs détours, et ne put trouver un refuge qu'à Sommersda, bien avant dans la nuit : 25000 tués ou blessés, 40000 prisonniers, 300 canons, 60 drapeaux, tels étaient les tro-

phées de cette double victoire, achetée par la perte de 12 000 de nos
soldats, dont le tiers appartenait à la division Gudin. Aucune des
journées de la Révolution n'avait encore offert une lutte aussi inégale
avec des résultats aussi éclatants.

Le succès eût été plus considérable, et il est probable que pas
un homme de l'armée prussienne n'aurait échappé au désastre, si
Bernadotte avait paru sur le champ de bataille. L'empereur lui
avait prescrit de se porter de Naumbourg sur Dornbourg, afin de se
rabattre sur Apolda et de prendre part à l'engagement. Le chef de
l'état-major, Berthier, en envoyant ses instructions à Davout, lui
avait écrit : « Si le prince de Ponte Corvo est avec vous, vous pourrez
marcher ensemble, mais l'empereur espère qu'il sera dans la position qu'il lui a assignée à Dornbourg. » Bernadotte, par une exac-
titude trop scrupuleuse, s'attacha à l'ordre qu'il avait reçu, et ne
voulut pas venir à l'aide de Davout, qui, supposant avec raison qu'il
trouverait l'ennemi en force au débouché des défilés, avait supplié
son collègue de lui prêter son concours. Il lui offrit même le commandement des deux corps. Bernadotte refusa et, par ce refus,
manqua une de ces occasions de gloire qui ne se présentent pas
deux fois dans la même existence. Était-ce crainte de se compromettre en n'exécutant pas à la lettre les ordres qu'il avait reçus?
Était-ce plutôt sentiment inexplicable de jalousie? Toujours est-il
qu'il resta immobile toute la journée, au lieu de se porter soit sur
les derrières de Brunswick à Auerstædt, soit sur le flanc de Hohenlohe à Iéna. Davout pendant l'action lui envoya de nombreux aides
de camp. Il les écouta avec politesse, mais n'ordonna pas une seule
manœuvre. Pourtant le canon tonnait à sa droite et à sa gauche, et
on voyait au loin dans la plaine les bataillons prussiens en désordre.
Quand la victoire fut déclarée, un des officiers d'ordonnance de
Davout, le capitaine Trobriand, lui fut envoyé avec prière instante
de contribuer au moins à assurer le succès de la journée. Bernadotte se contenta de demander le nom de ceux qui avaient péri, et
renvoya le capitaine en lui disant: « Retournez auprès de votre
maréchal, et dites-lui que je suis là et qu'il soit sans crainte. »
« Je crois inutile, lisons-nous dans le rapport du capitaine, de
vous répéter la réplique, un peu vive peut-être, que je fis à la dernière phrase de M. le maréchal, tant elle me causa de surprise et de

peine. » Napoléon fut plus que surpris quand il apprit la conduite de Bernadotte. « Cela est si odieux, dit-il, que, si je le mets à un conseil de guerre, c'est comme si je le faisais fusiller. Il vaut mieux n'en pas parler. » Bernadotte en effet, arrivant avec ses troupes fraîches sur l'un ou sur l'autre champ de bataille, aurait joué un rôle décisif. Il se contenta de ramener quelques bataillons égarés, qui vinrent se jeter au milieu de son corps d'armée.

Le succès de Davout était si grand, que l'empereur eut d'abord de la peine à y croire. Il aurait volontiers taxé son rapport d'exagération. Il croyait sincèrement que la majeure partie de l'armée prussienne s'était trouvée à Iéna. Aussi quelques lignes seulement du bulletin furent consacrées à l'affaire d'Auerstædt. Il y était dit que le maréchal Davout avait fait des prodiges. « Placé aux défilés de Kösen, en avant de Naumbourg, il a empêché l'ennemi de déboucher. Il s'est battu toute la journée et a mis en déroute plus de 60 000 hommes. Le corps d'armée s'est couvert de gloire. Au reste, tout le monde a rivalisé de zèle et de courage. » Lorsque plus tard la vérité fut connue, l'empereur ne rectifia pas son omission. Ce fut son tort. Accoutumé à absorber dans la sienne la gloire de ses lieutenants, il n'eut pas le courage de restituer à Davout la part légitime d'éloges qui lui revenait; mais il lui témoigna en toute occasion une grande estime, il combla de faveurs, de grades, de décorations les trois divisions Gudin, Friant et Morand, il donna plus tard à leur chef le nom glorieux de duc d'Auerstædt, et, quand les Français entrèrent à Berlin, il lui réserva, par un ordre du jour spécial, l'honneur de pénétrer le premier dans la capitale ennemie. Les compagnons d'armes du maréchal lui rendirent au contraire pleine et entière justice. A leurs yeux il passa pour le plus capable des lieutenants de Napoléon. « Quant à Davout, a écrit l'un d'eux, Ségur, homme de probité, d'ordre et de devoir avant tout, quoiqu'il eût bien servi jusque-là, et malgré le rang de maréchal qu'il avait atteint, il n'en était pas moins demeuré obscur. Il semblait qu'en lui l'empereur eût voulu récompenser des services privés, et qu'il avait moins consulté la renommée que le dévouement à sa personne. Telle était l'opinion. Mais, dans cette seule journée d'Auerstædt, Davout prouva qu'à son génie tenace il n'avait manqué qu'une occasion; qu'il n'y a point de grands hommes sans de grandes circon-

VUE PRISE DANS LE HARZ.

stances, et que c'est à leur vigueur à s'en emparer et à en profiter
que ces hommes-là se font reconnaître. »

Il ne fallait pas laisser aux vaincus le temps de se remettre et
de se réorganiser. L'empereur lança ses lieutenants dans toutes les
directions, avec ordre de poursuivre à outrance les fuyards. Le roi
de Prusse s'était enfui jusqu'à Stettin pour aller chercher au delà
de l'Oder ses dernières ressources. Il avait chargé Hohenlohe de
réunir à Magdebourg les débris d'Iéna et d'Auerstædt. Napoléon
fit marcher contre lui Murat, Ney et Soult, et dirigea les autres
corps sur l'Elbe, afin de précipiter l'entrée à Berlin. Il y a peu
d'exemples dans l'histoire d'une débandade aussi complète. Les
Prussiens avaient escompté la victoire, mais nullement la défaite.
Aussi n'avaient-ils pris aucune mesure pour assurer leurs derrières. La réserve était isolée et fort éloignée, les places fortes con-
fiées à des commandants qui n'avaient même pas le désir de se
défendre. De là tant de capitulations, soit de corps d'armée en rase
campagne, soit de citadelles qui étaient pourtant en état de soutenir
un siège régulier, et qui se rendirent à la première sommation.

Le lendemain de la bataille, Murat cernait Erfurth. Le même
jour Soult attaquait le maréchal Kalkreuth à Greussen et à Nord-
hausen, et ne lui laissait d'autre refuge que les montagnes du
Harz. Le 19 il arrivait devant Magdebourg, « la souricière où se
rendaient tous les hommes égarés de la bataille », et investissait
la place. Il pénétrait même dans les faubourgs, au moment où
l'arrière-garde de Hohenlohe y cherchait un refuge, et aussitôt la
plus grande confusion régnait dans cette agglomération de troupes
battues et démoralisées.

Pendant ce temps la seconde moitié de l'armée française s'apprêtait à passer l'Elbe. Bernadotte, jaloux de réparer sa faute,
atteignait à Halle la réserve de l'armée prussienne sous les ordres
du prince Eugène de Wurtemberg (18 octobre). Il attaquait aussitôt
cette place couverte par la Saale et par des marécages, et, grâce à
l'énergie des généraux Dupont et Drouet, remportait l'avantage sur
tous les points : 5000 prisonniers, 35 canons et des magasins considérables étaient les trophées de la journée. Bernadotte passait
aussitôt l'Elbe à Barby. Lannes, que suivait Augereau, le franchis-
sait à Coswig, et Davout à Wittemberg. Les trois corps de Lannes,

Augereau, Davout, la cavalerie de Murat, et la garde impériale commandée par Lefèvre et Bessières, formant désormais une seule masse, prenaient la direction de Berlin, et y entraient le 25 octobre : en sorte que dix jours après Auerstædt le corps qui avait eu l'honneur de la journée avait la satisfaction de pénétrer dans la capitale ennemie.

Hohenlohe, quand il apprit la défaite de Halle, le passage de l'Elbe et l'entrée des Français à Berlin, se sentit perdu. Il n'avait plus que trois partis à prendre : ou bien camper à Magdebourg et s'appuyer sur les fortifications étendues de la place pour prolonger la résistance jusqu'à l'arrivée des Russes, mais il n'avait ni assez de vivres, ni assez de munitions et s'exposait à un désastre ; ou bien s'ouvrir un chemin dans le Hanovre, y réunir les troupes prussiennes dispersées dans la province, et tenir campagne en Westphalie aussi longtemps qu'il le pourrait, mais il s'exposait à être pris entre les maréchaux qui le poursuivaient et les renforts amenés de France et de Hollande ; ou bien enfin, puisque la voie était encore libre, ne pas perdre un instant pour gagner la Poméranie, s'y reformer sous les murs de Stettin, et donner la main aux Russes, qui accouraient, et aux renforts qu'amenait le roi de Prusse. Ce dernier parti était évidemment le meilleur : il s'y arrêta.

Deux routes mènent de Magdebourg à l'Oder : la plus sûre et la plus courte est celle de Brandebourg et de Berlin, mais elle était déjà coupée par les Français ; la seconde plus au nord par Ratenau, Ruppin, Zehdenick et Prentzlow. Il s'y engagea ; mais, au lieu de marcher en une seule masse, et de bivouaquer en se faisant apporter des vivres par réquisition, ne s'avisa-t-il pas d'éparpiller ses troupes en les cantonnant dans les villages, système inconcevable quand on doit s'attendre à être forcé de s'ouvrir un passage les armes à la main ! Aussi bien, dans toute cette campagne, les Prussiens commirent la faute de vouloir tout ménager, en sorte « qu'on les vit mourir de faim, ainsi que le remarque Ségur, plutôt que d'oser toucher aux meules de grain et de fourrage près desquelles ils s'arrêtèrent ». Les Français, qui n'avaient pas ces ménagements, et n'hésitaient pas à recourir, pour se nourrir, aux réquisitions, étaient autrement prompts dans leurs mouvements. Avant Hohenlohe ils arrivèrent à Zehdenick, et coupèrent par conséquent, en occupant la seconde route, la retraite des Prussiens sur l'Oder. C'était l'infatigable Murat qui venait de se rabattre sur Hohenlohe et l'acculait ainsi à la nécessité ou de capituler ou de combattre à outrance. Battu une première fois à Zehdenick, Hohenlohe essaya de gagner par des chemins de traverse le défilé de Locknitz près de Stettin, où il serait enfin sauvé. Murat n'était pas homme à le laisser passer tranquillement. Il l'atteignit une seconde fois à Wichmansdorf, où il força le régiment des gendarmes de la garde à mettre bas les armes. C'étaient les officiers de ce corps qui avaient insulté l'ambassadeur de France. Ils expièrent durement leur arrogance par l'affront d'avoir capitulé en rase campagne! Poursuivant son succès, Murat atteint pour la troisième fois Hohenlohe à Prentzlow et le somme de se rendre (18 octobre). Convaincu que tout espoir est perdu de gagner le défilé de Locknitz où il croyait nos fantassins déjà arrivés, pris en tête par une division de cavalerie et en queue par deux autres, le prince mit bas les armes avec dix-sept bataillons et dix-neuf escadrons, comptant au moins 15 000 hommes, 60 canons et 45 drapeaux.

Trois divisions avaient échappé au désastre. Murat s'acharne après la première, l'atteint à Passewalk et la force de se rendre. En même temps son lieutenant Lasalle court à Stettin, somme cette place forte avec quelques hussards, et obtient d'un gouverneur imbécile la capitulation de cette grande citadelle, qui comptait 6000 hommes de garnison. La seconde division, poursuivie par le général Becker, capitulait à Anklam. La troisième, c'étaient surtout des cavaliers, commandée par Blücher, se rabat sur Neu-Strelitz et échappe à la honte d'une capitulation immédiate. Blücher réussissait même à appeler à lui le corps de Weymar, qui du Hanovre s'était réfugié dans le Mecklembourg, et reconstituait un semblant d'armée, avec lequel il n'hésitait pas à tenir la campagne. Il allait attirer contre lui des forces supérieures, sans éviter le sort de ses compagnons d'armes. Au moins faut-il lui savoir gré d'avoir espéré contre toute espérance, et d'avoir lutté quand tout semblait perdu.

Les trois corps de Murat, de Soult et de Bernadotte se réunirent en effet contre Blücher. Murat se chargea de le couper de Stralsund et de Rostock. Soult devait l'empêcher de gagner le bas Elbe, et Bernadotte le poursuivait en queue. Blücher se heurta d'abord

LUBECK.

contre Murat à Nossentin et à Criwitz. Rejeté sur Soult et repoussé
par lui, il voulut revenir sur le Havel; mais Bernadotte y était déjà
campé. Son unique ressource fut de se jeter dans Lubeck, ville
neutre et qui voulait garder sa neutralité. Aussitôt se réunissent
Murat, Soult et Bernadotte, et, dès le 6 novembre, les trois maréchaux se présentent aux portes de la ville. Un combat terrible s'engage dans les rues, de maison en maison, et dans les établisse-
ments publics. Lubeck, pendant quelques heures, souffre toutes les
horreurs d'une ville prise d'assaut : 8000 Prussiens sont tués ou
mettent bas les armes. Blücher réussit à s'enfuir avec les débris de
son armée, et gagne la Trave; mais il se trouvait acculé à la frontière du Danemark, et avait devant lui une armée danoise décidée
à faire respecter sa neutralité. Hors d'état de résister davantage, il
envoya un parlementaire aux maréchaux. La capitulation fut signée
à Ratkau, le 7 novembre. Tout fut déclaré prisonnier de guerre.
On comprit même dans la convention des détachements isolés, qui,
jetés sur les flancs de l'armée, avaient été comme oubliés dans la
rapidité de la poursuite. Ainsi fut consommée, à peu près en vingt
jours, l'entière destruction de tout ce qui avait combattu à Iéna
et à Auerstædt.

A Prentzlow Hohenlohe avait essayé un simulacre de résistance,
à Lubeck Blücher s'était sérieusement battu. En outre, les deux généraux avaient constamment eu à lutter contre des forces supérieures.
L'honneur militaire était donc sauf. Ce qu'il y eut de vraiment
honteux pour l'honneur de la monarchie prussienne, c'est la déplorable facilité avec laquelle ouvrirent leurs portes les nombreuses
citadelles éparses du Weser à l'Oder, à l'abri desquelles il eût été
pourtant facile de prolonger la résistance ou tout au moins d'arrêter l'élan furieux des vainqueurs. Erfurth donna l'exemple :
9 à 10 000 soldats y avaient cherché un refuge au lendemain d'Iéna.
Plusieurs milliers de blessés y étaient entassés, parmi lesquels Mollendorf et le prince d'Orange. Le duc de Saxe-Weimar, qui commandait un corps encore intact, celui qui avait manœuvré en
Hanovre, s'approcha de la place afin de rallier tous les soldats
valides et de tenir avec eux la campagne. Ils repoussèrent ses offres,
sous prétexte de fatigue. Ils ne réfléchissaient pas que, devenus
prisonniers de guerre, ils n'en seraient pas moins obligés de subir

ERFURTH.

de fortes fatigues, attendu qu'on n'aurait sans doute pas l'attention de les voiturer. D'ailleurs les bourgeois tremblaient de peur. Ils savaient que 25 000 quintaux de poudre étaient entassés dans une ancienne chapelle fort exposée, et craignaient de sauter. A la première sommation de Murat, la place se rendit (15 octobre).

Magdebourg n'ouvrit ses portes que le 8 novembre. Près de 22 000 hommes et un immense matériel étaient enfermés dans cette cité jadis héroïque, et à qui son glorieux passé imposait en quelque sorte l'obligation de résister. Le gouverneur, général Kleist, n'était ni un lâche ni un traître; mais c'était un homme malade, usé. En traitement aux eaux de Pyrmont quand éclata la guerre, il était péniblement venu reprendre son service. Quelques officiers inférieurs songèrent à le déposer. Ils auraient voulu à leur tête soit Wartensleben, mais il était grièvement blessé, soit Alvensleben, mais il refusa. Parmi ces officiers, se fit remarquer par son ardeur le lieutenant Schill, qui devait plus tard devenir légendaire par sa bravoure. Blessé à Auerstædt, il parcourait les rues de Magdebourg, enveloppé dans une couverture ensanglantée, et s'efforçait de ranimer l'enthousiasme. Mais Kleist avait perdu la tête. Il consentit à rendre la place avec 20 généraux, 800 officiers, 700 canons, un équipage de ponts et un immense matériel d'artillerie. Ségur raconte dans ses *Mémoires* que, lorsque Saint-Aignan, aide de camp de Ney, vint annoncer au quartier général la capitulation de Magdebourg, il fut accueilli par les imprécations de Caulaincourt et de Duroc, et, comme il s'étonnait de cette réception : « Sachez, lui répondit-on, que, si cette place se fût défendue, la paix était faite. » Napoléon, en effet, n'avait jamais songé, au début de la campagne, à dépasser Berlin; mais quand il eut remporté des succès inespérés, et lorsqu'il vit les citadelles les plus réputées tomber sans résistance entre ses mains, ce ne fut plus seulement la défaite des Prussiens qu'il médita, mais bien la conquête du pays entier.

Sur le Wéser, dans les deux places de Hameln et de Nieubourg, s'étaient réfugiés tous les détachements prussiens épars en Westphalie et en Hanovre. A l'approche de deux corps d'armée de renfort, l'un venant de Wesel sous les ordres du roi Louis de Hollande, l'autre venant de la Hesse sous les ordres du maréchal Mortier, ces deux places capitulèrent : la première le 20 et la seconde le 25 novembre. Le commandant de Hameln, Hammelberg, voulait résister. Les bourgeois lui forcèrent la main, et il signa sa honte.

Dès le 25 octobre, au moment où Davout entrait à Berlin, Lannes cernait la citadelle de Spandau, et sommait le commandant Beckendorf, un homme jadis brave, mais alors usé et fatigué, de se rendre. Un premier refus ayant amené quelques manifestations d'attaque, le commandant, après une seconde sommation, crut avoir assez fait pour l'honneur, et capitula. Son principal souci fut relatif à divers objets de basse-cour qu'il prétendait compris dans les effets que la capitulation l'autorisait à emporter.

Sur l'Oder, Stettin s'était rendu au lendemain de la convention de Prentzlow. La capitulation de Custrin, que rien ne motivait, fut plus honteuse encore. Le commandant de la place, un certain Ingersleben, ivrogne fieffé, avait vu arriver de tous côtés des fuyards et des blessés. Lorsque le roi et la cour traversèrent la ville, il se targua de fidélité, et pria le souverain de le percer de son épée, si jamais il capitulait. C'est le 26 octobre que Frédéric-Guillaume sortait de Custrin. Le soir du même jour, Ingersleben entrait en mystérieux pourparlers avec les Français. Quatre jours plus tard une avant-garde française se présentait inopinément et se logeait dans les faubourgs. Il était facile de la jeter dans le fleuve. Ingersleben s'enferma dans une casemate et s'enivra consciencieusement. Le 1er novembre, il passait l'Oder et revenait avec 250 Français commandés par le général Petit. Comme le pont était détruit, il eut la gracieuseté de leur envoyer des barques, afin qu'ils pénétrassent plus commodément et plus vite dans la citadelle. Était-il possible de pousser plus loin la complaisance et la lâcheté! Ingersleben fut plus tard condamné à mort, mais Custrin n'en était pas moins aux mains des Français, et dès lors ils pouvaient commencer le siège des citadelles silésiennes qui tenaient encore.

Ces capitulations de villes étaient plus honteuses que celles des corps d'armée. De l'excès de l'orgueil, les Prussiens étaient passés au délire du découragement. Jamais peuple n'avait été puni plus durement de son arrogance. La Westphalie, le Hanovre, le Brandebourg, la Hesse, la Saxe, la Poméranie étaient en notre pouvoir; la Silésie était entamée, la Prusse proprement dite menacée, et la Pologne prussienne commençait à s'insurger. Le roi Frédéric-

Guillaume, alors enfermé à Kœnigsberg, ne conservait avec lui que quelques débris de sa puissance militaire. Il est vrai que les Russes arrivaient à son secours, et que la guerre allait prendre un autre aspect et se compliquer de nouveaux intérêts.

Avant de suivre nos troupes sur ce nouveau terrain, voyons comment Napoléon organisa sa rapide conquête et pénétrons avec lui dans la capitale prussienne.

A Berlin, comme dans toutes les autres provinces, on avait passé de l'excès de la confiance à celui de l'affaissement moral. On ne voulait d'abord pas croire au désastre d'Iéna. On accusait même les juifs d'inventer et de propager de fausses nouvelles, afin de mieux cacher leurs tripotages de Bourse. Le doute ne fut bientôt plus permis. Voici comment un témoin oculaire, dont le naïf récit ne peut être suspecté de mensonge, a décrit les premières heures d'effarement : « Depuis qu'il n'y avait plus à douter de notre malheur, les paysans fugitifs ne cessaient d'affluer en ville, tandis que les gens riches émigraient avec ce qu'ils pouvaient emporter. C'était pitié de voir tous les chevaux de Berlin employés à charrier de vieux meubles et de vieilles femmes peureuses qui auraient pu rester chez elles sans courir aucune espèce de danger, tandis qu'une bonne partie du matériel de l'arsenal demeurait à la merci du vainqueur. On oublia aussi les trophées de la guerre de Sept Ans, l'épée même de Frédéric. Dans les cartons d'un ministère dont le chef avait été un des premiers à fuir, les Français trouvèrent la collection complète des meilleures cartes du royaume et le plan de toutes les forteresses. Au milieu de ce sauve-qui-peut général on n'avait aucun souci de ce qui n'était qu'à l'État. »

Le 25 octobre se présentèrent les Français. La porte de Brandebourg fut la première occupée par eux. Les hussards et la cavalerie entrèrent par la porte de Potsdam, et les fantassins par celle de Halle. Les Berlinois se portèrent aussitôt au camp, et témoignèrent une curiosité et un empressement que les Parisiens, plus soucieux de l'honneur national, n'ont pas imités, lorsque, dans une circonstance tout aussi douloureuse, l'armée allemande leur rendit aux Champs-Élysées, en février 1871, la visite d'octobre 1806. Le général Hullin entra tout de suite en fonctions comme gouverneur de la place. Davout ne fit son entrée que le lendemain 26 octobre. Il accueillit froidement mais avec dignité les corps constitués, et, pour mieux marquer qu'il voulait se comporter non pas en conquérant, mais en général favorisé par les circonstances, il leur confia la garde de la ville et leur permit de créer une sorte de garde nationale de nobles et de propriétaires.

Napoléon, après la bataille d'Iéna, avait successivement porté son quartier général à Weimar, Naumbourg, Halle, Dessau, Wittemberg et Potsdam. Sa première démarche, une fois arrivé à Potsdam, fut de visiter le caveau où repose, dans un cercueil de cèdre sans ornement, le cadavre de Frédéric II. « Il s'y rendit à pied et d'abord précipitamment, lisons-nous dans les *Mémoires* de Ségur ; mais, arrivé à ce temple, sa marche se ralentit : elle devint de plus en plus lente et posée, à mesure qu'il approcha des restes du grand roi auquel il venait rendre hommage. Il demeura ainsi près de dix minutes, immobile, silencieux, et comme absorbé dans une méditation profonde. » Avant de se retirer, il prit l'épée de ce prince, son cordon de l'Aigle Noir, sa ceinture de général, les drapeaux de sa garde dans la guerre de Sept Ans, et assigna à ces dépouilles opimes la seule destination qui pût en excuser l'enlèvement. « Je les destine, écrivit-il, à l'hôtel des Invalides de Paris. Les vieux soldats de la guerre de Hanovre accueilleront avec un respect religieux tout ce qui appartient à l'un des premiers capitaines dont l'histoire conservera le souvenir. »

De Potsdam, Napoléon alla visiter Spandau qui venait de capituler, puis il entra à Berlin le 27, à quatre heures de l'après-midi. « Je le vis de près, écrit un témoin oculaire. Le teint est olivâtre, l'ensemble des traits harmonieux, saisissant. Il faut être doué d'une rare énergie pour ne pas courber la tête sous ce regard. Sa physionomie, sérieuse jusqu'à l'austérité, s'illumine parfois d'un sourire étrange, je dirais volontiers fulgurant, car la sensation qu'il produit est analogue à celle de l'éclair. Je ne le vis sourire qu'une fois, quand ses yeux s'arrêtèrent sur un groupe de Berlinois qui, dans l'intérêt de la ville, mêlaient leurs acclamations à celles des soldats français. » Il se trouva, en effet, des gens pour applaudir à l'entrée du vainqueur ; il s'en trouva aussi pour illuminer le soir, surtout autour du château !

Napoléon était pourtant resté très froid. Il avait encore sur le cœur les manifestations injurieuses qui avaient eu lieu lors de la rupture. Ses premières paroles furent même menaçantes. Voyant à la tête de la députation des habitants le prince de Hatzfeld, qui depuis la fuite du roi remplissait les fonctions de gouverneur civil de Berlin : « Retirez-vous, lui dit-il durement, je n'ai pas besoin de vos services. » On venait, en effet, d'intercepter une correspondance secrète du prince avec les armées prussiennes. Napoléon alla même plus loin. Croyant utile de faire un exemple en frappant un des meneurs du parti de la guerre, il traduisit le prince devant une cour martiale. A cette nouvelle, la princesse de Hatzfeld désolée courut chez l'empereur pour implorer sa grâce. « Vous connaissez l'écriture de votre mari, répond Napoléon en lui tendant la lettre accusatrice. Eh bien! jetez-la au feu. Il ne restera rien qui l'accuse. » On a essayé de travestir cet acte de clémence en alléguant que le prince n'avait pas commis de crime qui pût entraîner une condamnation capitale ; mais il avait accepté des fonctions qui lui imposaient une discrétion absolue, et, en avertissant les Prussiens des mouvements de l'armée française, il s'exposait à la mort. Aussi bien, ce qui prouve que Napoléon ne jouait pas à ce moment le rôle d'Auguste dans *Cinna*, c'est que le prince et toute sa famille lui conservèrent une reconnaissance qui ne s'est jamais démentie.

Dès le lendemain de son arrivée, Napoléon rendait visite à tous les princes de la famille royale qui étaient restés à Berlin. C'était un acte de courtoisie vis-à-vis de personnes qu'il regardait comme étrangères à la guerre, mais qui ne fit que mieux ressortir la violence de ses invectives contre la reine et contre le parti dont elle avait excité les passions antifrançaises. Sous ce rapport, il se montra inflexible. « Je rendrai cette noblesse de cour si petite, s'écria-t-il dans un moment d'emportement, qu'elle sera obligée de mendier son pain. » Apercevant le comte de Neale dont la fille avait écrit des lettres pleines d'épigrammes contre lui, et tombées entre ses mains : « Eh bien! lui dit-il, vos femmes ont voulu la guerre. En voici le résultat. » Puis, se tournant vers l'ambassadeur turc : « Les femmes ont tort de se mêler des affaires publiques. Vous avez bien raison, vous autres, de les enfermer. »

Un des premiers soins de l'empereur fut de récompenser les soldats qui venaient de remporter des triomphes aussi éclatants. Le corps de Davout fut l'objet de récompenses toutes spéciales, mais bien méritées. Comme il devait aussi des témoignages de satisfaction à toute l'armée, il les lui exprima par une proclamation célèbre, en date du 6 novembre, et dont voici les principaux passages : « Soldats, vous avez justifié mon attente et répondu dignement à la confiance du peuple français. Vous avez supporté les privations et les fatigues avec autant de courage que vous avez montré d'intrépidité et de sang-froid au milieu des combats. La cavalerie a rivalisé avec l'infanterie et l'artillerie ; je ne sais désormais à quelle arme je dois donner la préférence ; vous êtes tous de bons soldats. Voici les résultats de nos travaux : une des premières puissances militaires de l'Europe qui osa naguère nous proposer une honteuse capitulation est anéantie. Les forêts, les défilés de la Franconie, la Saale, l'Elbe, que nos pères n'eussent pas traversés en sept ans, nous les avons traversés en sept jours et livré, dans l'intervalle, quatre combats et une grande bataille... Les Russes se vantent de venir à nous ; nous marchons à leur rencontre, nous leur épargnerons la moitié du chemin. Ils retrouveront Austerlitz au milieu de la Prusse ! »

Napoléon s'occupa ensuite de régler la situation des princes allemands qui avaient fait contre lui cause commune avec la Prusse. C'étaient le grand-duc de Saxe, l'électeur de Hesse-Cassel, le prince d'Orange et le duc de Brunswick.

Peu de jours après Iéna, le duc de Brunswick, au milieu des souffrances causées par ses blessures, avait imploré l'indulgence du vainqueur. Napoléon ne laissa pas échapper l'occasion de punir le signataire de la proclamation de 1792. Il déclara qu'il était tout disposé à traiter avec les égards qu'il méritait le maréchal prussien, mais qu'il serait inflexible pour le prince allemand. « S'il arrive que la maison de Brunswick perde la souveraineté de ses ancêtres, elle ne pourra s'en prendre qu'à l'auteur de deux guerres, qui, dans l'une, voulut saper jusque dans ses fondements la grande capitale, qui, dans l'autre, prétendit déshonorer deux cent mille braves, qu'on parviendra peut-être à vaincre, mais qu'on ne surprendra jamais hors du chemin de l'honneur et de la gloire. »

L'électeur de Hesse fut puni avec la même dureté. Jusqu'à la veille d'Iéna, ce prince aurait pu conclure un traité de neutralité et mettre son armée sur le pied de paix. Il n'avait consenti à désar-

18

mer qu'en apprenant la défaite des Prussiens, c'est-à-dire qu'il désarmait parce que le vainqueur n'était pas celui qu'il espérait. Napoléon déclara que la Hesse électorale serait considérée comme pays conquis.

Le prince d'Orange, beau-frère de Frédéric-Guillaume, fut également condamné.

Seul le grand-duc de Saxe trouva grâce aux yeux de Napoléon. Ses troupes cependant s'étaient battues contre les nôtres, à Saalfeld et à Iéna, mais contraintes et forcées. L'empereur, aussitôt après la victoire, avait renvoyé sur parole les prisonniers saxons, en leur annonçant qu'il venait délivrer leur pays. L'électeur avait rappelé ses troupes, s'était déclaré neutre et avait ouvert des négociations. Elles aboutirent à un traité signé à Posen le 11 décembre 1806, en vertu duquel il entrait dans la Confédération du Rhin avec quatre des princes de sa maison, Weimar, Gotha, Meiningen, Hildburghausen, et prenait le titre de roi. On ne s'étonnera pas de l'indulgence de Napoléon. Il avait besoin d'un allié sincère et dévoué en Allemagne. La Prusse lui échappait. Aussi songea-t-il à restaurer l'antique puissance saxonne, pour l'opposer avec avantage à la jeune monarchie brandebourgeoise. Il espérait neutraliser l'une par l'autre les deux maisons, et, grâce à ce conflit d'intérêts, dominer en Allemagne.

Napoléon n'aurait pas mieux demandé que de signer tout de suite la paix avec Frédéric-Guillaume, car il ne se dissimulait pas les dangers de l'intervention russe et craignait une attaque de l'Autriche sur son flanc. Des négociations furent entamées. Elles aboutirent à une suspension d'armes, en vertu de laquelle les troupes prussiennes se seraient retirées dans la Prusse royale et les Français seraient restés en possession des territoires conquis; mais les Russes arrivaient à marches forcées, et Frédéric-Guillaume ne voulut pas ratifier la trêve. Tout fut de nouveau subordonné à la fortune des combats.

Ce fut alors que Napoléon, comprenant qu'une occupation prolongée du territoire prussien devenait nécessaire, organisa une administration française des provinces conquises. Tous les fonctionnaires prussiens furent maintenus, mais à côté d'eux furent placés des agents français chargés de surveiller leurs opérations, et ils durent prêter serment de fidélité provisoire. C'est avec une docilité empressée, qui vraiment a lieu de nous étonner, que presque tous les fonctionnaires se soumirent à cette formalité compromettante, qui rendait problématique le retour de la dynastie. Peut-être faut-il attribuer cet excès d'obéissance au sentiment de lassitude qui s'était emparé des esprits au spectacle inattendu de la dislocation d'une grande monarchie.

Ayant ainsi tout réglé pour consolider les résultats de ses victoires, Napoléon quitta Berlin pour se rendre en Pologne, où allaient se livrer de nouveaux combats avec d'autres ennemis, les Russes. Nous le suivrons sur ce deuxième théâtre des hostilités.

CHAPITRE XII

La Pologne, où allaient se rencontrer dans une partie décisive les Français et les Russes, était encore toute remplie des souvenirs de sa vieille indépendance. Douze ans à peine s'étaient écoulés depuis que, pour la troisième fois, l'Autriche, la Russie et la Prusse, tristes complices d'un crime politique sans précédents dans l'histoire, s'étaient unies pour se partager les lambeaux de ce pays héroïque; mais les Polonais n'avaient cessé de protester contre le cri de désespoir poussé par leur héros national, Kocziusko, sur le champ de bataille de Maciejociwc, *Finis Poloniæ!* et ils croyaient si peu à la fin de la Pologne, qu'ils n'avaient jamais accepté qu'à titre provisoire les décisions des trois cours copartageantes. L'apparition du drapeau français sur les bords de la Vistule fut saluée par une immense acclamation. Les Polonais savaient que la France n'avait jamais reconnu le crime de lèse-nationalité qui les avait rayés de la carte de l'Europe; aussi, lorsque rentrèrent au lendemain d'Iéna tous les proscrits qui s'étaient battus à côté de nos soldats, et avaient payé de leur sang la dette de reconnaissance contractée vis-à-vis de la France, Dombrowski, Zayonschek, et tant d'autres, un frisson d'espérance secoua la Pologne entière. Tout se souleva. Les garnisons prussiennes furent désarmées par les habitants, plusieurs régiments se formèrent en quelques jours. Près de 12 000 volontaires accoururent isolément, à travers les armées russes. Lorsque

Davout arriva à Posen, il fut reçu au milieu des acclamations, et se laissa prendre à cet enthousiasme communicatif. Il écrivit aussitôt à l'empereur et le supplia de venir en toute hâte, afin de donner au moins une espérance aux Polonais. Leur misère, la rareté de leurs abris clairsemés dans ces plaines infinies, les sables et les boues, les interminables forêts de noirs sapins, il n'en tint aucun compte. Ainsi que l'écrivit un de ses compagnons d'armes, « on eût dit que, sous ses regards fascinés, tout cela s'était animé, peuplé, fertilisé à la chaleur des transports de joie qui l'accueillirent dans Posen! »

Napoléon écouta son lieutenant et se rendit de sa personne à Posen. Il fut aussitôt supplié de rétablir la Pologne.

Une grave question se posait : Fallait-il rétablir la Pologne dans son intégrité, ainsi que le réclamaient Koesziusko et les autres patriotes, ou bien ménager la Russie et l'Autriche, en ne prenant conseil que des circonstances? Il est certain qu'en proclamant la restauration de la Pologne, on avait pour soi, du jour au lendemain, toute une nation brave, habituée aux armes, et qui nous aurait été profondément dévouée, mais aussi on s'exposait à une guerre sans trêve ni merci contre les trois puissances copartageantes. Sans doute la Prusse était annihilée, mais la Russie était intacte, et l'Autriche devenait menaçante. Napoléon avait bien essayé d'associer l'Autriche à ce projet de restauration en la désintéressant. Il lui avait proposé d'échanger la Galicie contre la Silésie. C'eût été pour l'Autriche une merveilleuse occasion de rentrer en possession d'une province longtemps autrichienne et d'abandonner des sujets dont la fidélité n'avait de garanties que celles de la contrainte et de la force; mais l'Autriche, qui avait déjà une armée en Bohême, refusa ces avances. Il devenait évident qu'elle n'attendait qu'un prétexte pour se joindre à la Russie, et prendre à revers l'armée française.

Or Napoléon se trouvait alors à 400 lieues de ses communications, en plein pays ennemi. Les Russes marchaient contre lui. Frédéric-Guillaume n'avait pas encore posé les armes. Les Français, bien que victorieux, étaient fatigués, et la perspective d'un hiver à passer dans ces régions boueuses et malsaines ne les séduisait que médiocrement. Pour la première fois de sa vie, et bien qu'à l'apogée de sa gloire et de son génie, Napoléon hésita. Il ne voulut pas se prononcer d'une façon définitive sur le rétablissement de la Pologne. « Le trône de Pologne se rétablira-t-il, écrivait-il dans son *Bulletin*, et cette nation reprendra-t-elle son existence et son indépendance? Dieu seul, qui tient dans ses mains les combinaisons de tant d'événements, est l'arbitre de ce grand problème politique ; mais certes il n'y eut jamais d'événement plus mémorable ni plus digne d'intérêt. » La politique qu'il adopta fut donc tout à fait une politique de ménagements et d'expectative. Ainsi il rassura l'Autriche sur ses possessions de Galicie, et eut grand soin, quand il établit plus tard un gouvernement provisoire à Varsovie, de spécifier que ce gouvernement n'était établi que jusqu'à ce que le sort de la Pologne prussienne eût été fixé par la paix définitive. En même temps il montrait au pays une extrême bienveillance, et s'efforçait d'épargner aux habitants les charges de la guerre. Point de contributions extraordinaires! Point de réquisitions! Beaucoup de promesses et de caresses, mais aucun engagement formel. L'empereur tenait à réserver dans la question polonaise tout ce qui avait trait aux Autrichiens et aux Russes. Il voulait éviter les hostilités des premiers, et ne pas exaspérer les seconds, tout en laissant entendre aux Polonais qu'il prenait en main leurs intérêts. Cette attitude était digne et correcte. Elle était en même temps commandée par les circonstances, et il faut savoir gré à l'empereur d'avoir sacrifié ses sympathies à ses intérêts, qui étaient ceux de la France. Aussi bien les Polonais comprirent la situation. Ceux d'entre eux qui dépendaient de l'Autriche et de la Russie attendirent les événements; les sujets de la Prusse au contraire se prononcèrent avec énergie pour la France, et bon nombre d'entre eux vinrent grossir les rangs de nos soldats.

Au moment où vont de nouveau se heurter les belligérants, voici quelle était leur position respective. L'armée française était alors forte de 180 000 hommes, répartis en dix corps : trois occupés à des opérations excentriques, sept manœuvrant directement contre les alliés. Mortier gardait en arrière les côtes du Weser à l'Oder et surveillait les Suédois; Lefebvre assiégeait Danzig et le prince Jérôme réduisait les unes après les autres les citadelles silésiennes. Quant aux sept corps de la grande armée, ils étaient commandés à l'aile droite par Murat, Davout et Lannes qui menaçaient Varsovie, au centre par Soult et Augereau qui marchaient sur Modlin, à l'aile gauche par Bernadotte et Ney dont l'objectif était Thorn et Elbing. L'armée russe, forte de 80000 hommes, et commandée par Kaminski, occupait Varsovie et gardait les routes de Grodno et de Kœnigsberg. Les Prussiens commandés par Lestocq (ils étaient environ 30 000), gardaient la basse Vistule. L'hiver était arrivé. La neige couvrait la campagne, toutes les communications étaient interrompues. Il semblait que les belligérants allaient prendre un repos bien mérité ; mais Napoléon n'attendait qu'une occasion pour en finir avec les Russes par un coup d'éclat, et les Russes, de leur côté, ne demandaient qu'à en venir aux mains avec les vainqueurs d'Iéna ; non pas qu'il y eût haine déclarée entre les deux peuples ; au contraire ils s'estimaient et s'aimaient presque. Souvent aux avant-postes, au lieu d'échanger des balles, voltigeurs et cosaques causaient gaiement entre eux. C'était l'amour-propre militaire qui les poussait à l'action. Ils tenaient à montrer aux soldats de Napoléon qu'ils étaient toujours les soldats de Souvoroff. Il n'y avait pas entre eux de lutte nationale, mais une simple rivalité militaire.

A la fin de novembre, les Français franchirent la Vistule sur tous les points, et sans éprouver de résistance sérieuse ; Ney et Bernadotte à Thorn, Soult et Augereau entre Modlin et Wyssogrod, Murat, Davout et Lannes à Varsovie, où ils entrèrent le 30 novembre, après avoir refoulé quelques détachements russes aventurés sur la rive gauche du fleuve. Il peut sembler étrange que le maréchal Kaminski n'ait pas songé à défendre Varsovie ; mais il n'avait pas encore réuni tous ses soldats, et il préféra rester sur la défensive. Il divisa ses forces entre ses deux principaux lieutenants, Beningsen et Buxhofden : le premier prit son quartier général à Pultusk et le second à Ostrolenka. Ce fut contre eux que Napoléon, qui venait de rejoindre ses lieutenants à Varsovie, résolut d'agir.

D'après les ordres de l'empereur, Soult marcha sur Makow, afin de tourner les ennemis, que Lannes attaquerait de front à Pultusk, Davout et Augereau à Golymin. Les Russes résistèrent énergiquement à Pultusk, et Beningsen ne se retira sur Ostrolenka qu'après de brillants actes de valeur. A Golymin, Buxhofden fut battu plus sérieusement, mais la manœuvre de Soult sur Makow ne réussit pas. La pluie, la boue et la difficulté des chemins préservèrent les Russes d'un désastre (26 décembre). Beningsen, qui venait de succéder à Kaminski, découragé et affaibli par l'âge, battit en retraite, mais lentement, se défendant pied à pied. Il avait néanmoins perdu 10 à 12 000 hommes, 80 canons et 1200 voitures de bagages. C'était pour lui un grave échec, mais ce n'était pas une défaite accablante : aussi s'empressa-t-il de présenter comme une victoire cette série d'engagements, et les Russes le crurent sur parole quand ils apprirent que Napoléon suspendait son offensive et prenait décidément ses quartiers d'hiver. Aussi bien l'opération était manquée. On avait espéré envelopper une armée russe, et elle échappait. Il ne restait plus qu'à attendre le printemps. Le temps en effet était devenu déplorable. Nos soldats, épuisés par des marches continuelles, murmuraient de ce pays de boue, de ce ciel toujours pluvieux. « Le lendemain, écrit à ce propos le capitaine Coignet dans ses curieux *Mémoires*, nous partîmes pour prendre à droite dans des sables et des bois, et voilà un temps affreux, neige, pluie et dégel. Voilà le sable qui plie sous nos pieds, et l'eau qui surnage sur le sable mouvant. Nous enfoncions jusqu'aux genoux. Il fallait prendre des cordes pour attacher nos souliers sur le cou-de-pied, et, quand nous arrachions nos jambes de ce sable mouvant, les cordes cassaient et les souliers restaient dans la boue détrempée. Parfois il fallait prendre la jambe de derrière pour l'arracher comme une carotte, et la porter en avant, puis aller rechercher l'autre avec ses deux mains, et la rejeter aussi en avant, avec nos fusils en bandoulière pour pouvoir nous servir de nos mains. Et toujours la même manœuvre pendant dix jours. Le découragement commençait à se faire sentir dans les rangs des vieux soldats. Il y en eut qui se suicidèrent dans le transport des souffrances. » Napoléon ne voulut pas forcer la nature et résolut de donner à son armée un repos bien mérité. Seulement, comme il était résolu à prévenir un retour offensif de l'armée russe, il ordonna des travaux considérables sur tous les points qui pouvaient faciliter le passage de la Vistule depuis Praga jusqu'à Thorn, resserra sa droite et son centre entre l'Omulew, la Narew et l'Oukra, et étendit sa gauche des sources de l'Alle et de la Passarge jusqu'à Elbing. Sur les derrières de cette gigantesque ligne d'opérations, Mortier, Lefebvre et Jérôme continuaient à surveiller les Suédois, à assiéger Danzig, et à conquérir la Silésie place par place.

Les forteresses silésiennes n'opposèrent qu'une médiocre résistance. Dès le 19 novembre Czenstockau avait été surpris par un
détachement français et quelques Polonais de nouvelle levée. Le
2 décembre, après un mois de siège seulement, Glogau ouvrit ses
portes. La garnison était composée en grande partie de soldats polonais, qui désertèrent en masse. Ce qu'il y eut de plus honteux fut
l'attitude des gentilshommes silésiens des environs, qui, foulés par
nos soldats, députèrent quelques-uns d'entre eux au gouvernement
pour le prier d'abréger une résistance qui les ruinait.

Schweidnitz, la plus redoutable citadelle de la province, aux fortifications de laquelle Frédéric II avait fait travailler pendant treize
ans, aurait dû tenir au moins pendant quelques mois; mais elle
avait pour commandant un certain major de Haak, véritable Falstaff
au physique comme au moral, qui n'aimait que son repos. En outre,
les bourgeois étaient si mal disposés à se défendre, que dès le
10 novembre, avant même qu'un seul Français eût paru sous les murs
de la ville, le conseil de ville rédigeait cette honteuse proclamation :
« Si l'ennemi pénètre dans nos murs, nous parviendrons sans doute
à l'adoucir par un accueil amical. Nous nous appliquerons à satisfaire ses besoins dans la mesure de nos moyens. Il ne manquera pas
de nous respecter comme de bons et dignes bourgeois qui savent se
tenir à leur place et s'accommoder aux nécessités de la situation. Celui
d'entre nous qui, par un faux patriotisme, se laisserait entraîner à
quelque tentative de résistance, serait un insensé, traître envers
ses concitoyens et envers lui-même. Savez-vous la meilleure manière
de sauvegarder nos biens, notre vie et notre santé ? C'est de rester
bien tranquilles, d'éviter jusqu'à la moindre apparence d'immixtion
illicite dans les mesures de défense, qui sont du ressort exclusif de
l'autorité militaire. » Le commandant se montra aussi brave et aussi
attaché à son devoir que les bourgeois de Schweidnitz. Il se retran-
cha derrière les instructions de son supérieur hiérarchique, le général de Lindener, qui lui avait permis de capituler « quand il sera
évident qu'on ne pourra pas conserver la place plus longtemps, rai-
sonnablement », et capitula avant même que la brèche eût été
ouverte.

Breslau résista jusqu'au 7 janvier 1807. Le peuple et les bourgeois voulaient se défendre. Le sentiment de la dignité nationale

commençait à se soulever. On avait appris que le comte Puckler essayait d'organiser une Vendée silésienne. Déjà des bandes avaient paru, par malheur commandées par des aventuriers, un certain Negro, voleur de grand chemin, un Wœlfersdorf, vrai reître ivrogne et pillard. En outre, des officiers sérieux et vraiment dignes de ce nom, le major Putlitz et le prince de Plœss, étaient aussi entrés en campagne. Les commandants de Breslau, Thiele et Lindener, au lieu d'encourager ce mouvement qui aurait pu se généraliser, laissèrent battre ces hardis partisans. Putlitz fut fait prisonnier, et Plœss vaincu ou plutôt écrasé à Strehlen. La garnison de Breslau paraissait bien disposée, mais les généraux n'utilisèrent pas sa bonne volonté. Ils capitulèrent. Les gravures du temps montrent les soldats brisant leurs fusils sur les pavés et ébréchant leurs sabres pour ne laisser aux vainqueurs que des débris. Ils donnaient un exemple que nos propres soldats auraient bien fait d'imiter en 1870-1871.

A vrai dire il n'y eut dans toute la Prusse que quatre villes qui maintinrent haut et ferme le drapeau national : Kosel, Graudenz, Colberg et Danzig. Les trois premières ne furent même jamais occupées par les Français. A Kosel commandait le major Neuman. Il répondit noblement au général bavarois de Roi qui lui adressait une sommation, et soutint un bombardement de quinze jours qui détruisit une partie de la ville. Mort pendant le siège, il fut remplacé par Putkammer, qui fut obligé de souscrire, mais seulement le 18 juin 1807, à une capitulation conditionnelle, mais que la paix survenue dans l'intervalle le dispensa d'exécuter. Le commandant de Graudenz, Courbière, descendant des réfugiés protestants français, répondit à la dernière sommation qu'on lui adressa après Friedland :

« Vous me dites qu'il n'y a plus de roi de Prusse : eh bien ! je suis roi de Graudenz, et je ne cède pas mon royaume. » Colberg eut aussi la gloire de voir jusqu'à la fin flotter sur ses murs le drapeau national. Un simple capitaine marin, Nettelbeck, devint le héros de la défense. Il avait pris part dans son enfance aux trois sièges soutenus par la ville contre les Russes en 1758, 1760 et 1761 : aussi avait-il improvisé un système de résistance, en utilisant les marais et les canaux qui rayonnent autour de la place. Colberg était d'ailleurs ravitaillée par les Anglais et par les Russes, et son comman-

dant, le général Gneisenau, était décidé à ne pas se laisser dépasser
en héroïsme par ce vieux loup de mer qui aurait dit, comme Guiton
à La Rochelle : « Le premier qui prononcera ce mot damnable de
capitulation, je lui passe mon épée au travers du corps. » Le maréchal Mortier se décida à investir et à assiéger sérieusement Colberg.
Lorsque commença le bombardement, Gneisenau et Nettelbeck
se multiplièrent. Des gravures, très répandues en Prusse, montrent
Nettelbeck, avec son chapeau à cornes et sa houppelande grise, rame-
nant au combat des soldats qui s'enfuient, en leur donnant de l'eau-
de-vie, avec ces paroles narquoises : « J'ai décidément l'idée qu'on
a plus besoin de toi ici que là-bas. La ville, c'est mon affaire ! »
Pressé et bombardé à outrance par Mortier, Colberg vit tomber les
uns après les autres ses ouvrages extérieurs, et fut réduit aux abois.
Gneisenau allait être forcé de capituler, lorsque survint l'armistice
du 2 juillet.

Bien que défendue par une armée entière, la ville de Danzig fut
moins heureuse : mais Danzig fut assiégée également par une armée
entière, et les opérations de ce grand siège font partie intégrante de
la campagne que nous avons à exposer.

En effet, pendant que tombaient les unes après les autres les dernières forteresses prussiennes, les Russes, abandonnant brusquement leurs quartiers d'hiver, venaient de rentrer en campagne. Ils
espéraient surprendre les Français peu accoutumés au climat, ils
avaient d'ailleurs reçu des renforts et étaient excités jusqu'au fanatisme par des proclamations, où le czar les appelait à détruire « les
athées qui s'élevaient contre Dieu et la patrie ». Leur nouveau général en chef, Beningsen, appartenait à l'école de Souvoroff et prétendait comme lui qu'il ne connaissait que trois moyens de vaincre,
attaquer, puis attaquer, et encore attaquer. Audacieux jusqu'à la
témérité, il avait formé un plan bien conçu, et qui aurait réussi sans
l'incroyable solidité de nos régiments. Il voulait pénétrer entre Bernadotte, alors posté à Elbing, et Ney, que le défaut de vivres et sa
grande activité avaient poussé jusqu'à Heilsberg. Acculant le premier
à la mer, il franchirait alors la Vistule, débloquerait Danzig, Graudenz et Colberg qui tenaient encore, et, appuyé sur ces places, repor-
terait le théâtre de la guerre en Brandebourg, et forcerait Napoléon
à évacuer la Pologne. Ce plan hardi faillit réussir.

Laissant sur la Narew, pour menacer Varsovie, trois divisions commandées par le général Essen, Beningsen se porta avec les sept divisions qui lui restaient, environ 80 000 hommes, contre Ney, fort aventuré à Heilsberg. Le général prussien Lestocq suivait ce mouvement et s'apprêtait à rallier la grande armée russe. Ney était perdu si Beningsen était tombé sur la queue de son corps, disséminé dans un espace de quatre à cinq lieues, en colonnes par régiment; mais il fit un long détour pour gagner sa tête et le refouler sur sa ligne de retraite. Grave faute, car il se démasquait, et donnait à Ney le temps de se concentrer. Quant à Bernadotte, averti de l'approche des ennemis, il les attendit de pied ferme à Mohrungen, et, le 25 janvier, repoussa jusqu'à Liebstadt l'avant-garde des Russes; puis, débordé par des forces supérieures, il battit en retraite, mais lentement, sur Lubermuhl et Osterode.

Cette retraite n'avait pas été ordonnée par Napoléon, mais elle rentrait dans le plan qu'il venait de former pour anéantir l'armée russe. Bien que contrarié de ce mouvement offensif au milieu de l'hiver, l'empereur en avait aussitôt tiré parti. Il avait en effet résolu de se porter sur les derrières de l'armée russe entraînée à la poursuite de Bernadotte, de couper ses communications, et de lui livrer une bataille décisive. Laissant Lannes sur la Narew pour couvrir Varsovie contre Essen, prescrivant à Bernadotte de reculer jusqu'à Thorn, et d'attirer Beningsen sur la basse Vistule, il concentra le reste de son armée, les corps de Davout, Murat, Augereau et Soult, rallia Ney et dessina aussitôt son mouvement sur les derrières de l'armée russe (1er février). Le 3 février, il se trouvait à Allenstein, et Beningsen, donnant tête baissée dans le piège, s'acharnait après Bernadotte et courait en aveugle à sa perte. Un hasard malheureux fit manquer cette belle combinaison. L'officier qui portait à Bernadotte les dépêches de Berthier tomba entre les mains de l'ennemi sans avoir eu le temps de détruire ses dépêches. Aussitôt Beningsen, comprenant le danger de sa situation, rappelle Lestocq déjà fort aventuré sur la basse Vistule, repasse la Passarge et regagne ses communications, en sorte que les Français le trouvèrent sur ses gardes, rangé en bataille à Ionkovo, la droite appuyée sur la Passarge, et la gauche à l'Alle.

Napoléon, furieux de sa déconvenue, veut au moins profiter de la présence des Russes pour leur livrer bataille. Soult, à droite, reçut l'ordre de se porter sur Gutstadt et Bergfried, de manière à déboucher sur les derrières de Beningsen, pendant qu'il sera attaqué en face par Augereau et Ney. Le 3 février, Soult emporte Gutstadt et Bergfried après un furieux combat, et occupe la route de Heilsberg ; mais les Russes se dérobent pendant la nuit en sacrifiant des arrière-gardes. Le lendemain 4, Murat les atteint à Deppen et leur fait éprouver de nouvelles pertes ; le surlendemain 5, Ney tombe sur Lestocq à Waltersdorf et le met en pleine déroute. Le 6, nouveaux engagements : Murat est vainqueur à Gross-Glandau et Hof, et Davout à Heilsberg. L'armée de Beningsen est donc en pleine déroute, et il semble qu'elle prend la direction de Kœnigsberg, pour livrer un combat décisif sous les murs de cette place.

Le 7 février, à Preussisch-Eylau, terrible combat entre l'avant-garde française commandée par Soult et Murat et l'arrière-garde russe commandée par Bagration et Barclay de Tolly. Les Russes ne cèdent le terrain que pied à pied. C'est seulement à dix heures du soir qu'ils sont chassés d'une église et d'un cimetière placés sur un monticule, et dont Barclay de Tolly avait fait une sorte de camp retranché. Napoléon, appréciant l'importance de la position, s'y établit avec sa garde pour y passer la nuit, et fait bivouaquer en avant d'Eylau une des divisions de Soult (Saint-Hilaire). Le reste de l'armée s'établit en arrière de la ville. Murat vint annoncer que les Russes continuaient leur mouvement de retraite, et nos régiments fatigués, épuisés par ces longues marches au milieu des glaces et des neiges, sans magasins, sans cantonnements, se dispersèrent dans les maisons d'Eylau et des villages voisins pour y prendre quelques heures de repos.

Le réveil fut terrible ! On avait commis une grave faute en croyant Murat sur parole et Beningsen en fuite. Il aurait fallu s'emparer de la hauteur bornant la vue de la plaine. Avec son instinct militaire, Napoléon voulait s'y établir, ou tout au moins reconnaître la situation. Les maréchaux l'en dissuadèrent, car les boulets pleuvaient sur ce mamelon. « On m'a fait faire l'empereur, disait plus tard Napoléon, lorsque, dans de telles circonstances, un général doit toujours être prêt à se faire tuer ! » C'est en effet derrière ce mamelon que les Russes se reformaient silencieusement, et, décidés à faire face aux Français, se préparaient à l'action du lendemain en organisant une attaque irrésistible contre Eylau.

De grand matin, et précédées par près de 500 bouches à feu qui firent pleuvoir un ouragan de fer sur cette malheureuse cité, les masses russes se mirent en mouvement. Il y eut un moment de surprise, et même de panique. « Dès les premiers coups, lisons-nous dans les *Mémoires* de Ségur, chacun se précipitant hors des maisons, toutes les issues s'obstruèrent d'une foule de valets effarés, d'officiers et de soldats s'entassant, s'étouffant l'un l'autre, dans leur emportement à vouloir rejoindre, tous à la fois, leurs différents postes. C'était un tumulte de voix confuses, d'efforts impuissants et d'imprécations auxquelles s'ajoutaient les hurrahs, les coups de lance des Cosaques, l'écroulement des maisons, les cris des blessés, et le rugissement des boulets traversant cette foule entassée, qu'ils sillonnaient de trouées larges et sanglantes. » Si les Russes avaient eu plus d'élan, ils pouvaient profiter de ce premier succès pour achever de désorganiser l'armée, et la victoire était à eux; mais Napoléon et ses lieutenants avaient déjà réparé le désordre et prenaient, bien que surpris, leurs dispositions pour une action décisive.

Eylau est situé dans une plaine légèrement ondulée, mais la ville est dominée de trois côtés par des mamelons entre lesquels se trouvent plusieurs lacs. Ces lacs étaient alors gelés et couverts de neige. On manœuvra sur leur surface, sans seulement s'apercevoir du danger que l'on courait. Français et Russes avaient en ligne des forces à peu près égales, 70 à 80 000 hommes de chaque côté; mais les Russes étaient rassemblés dans un espace de terrain qui eût semblé ne pouvoir en contenir que 30 000, et ils avaient une grande supériorité d'artillerie. Leur droite était commandée par Toutsckof, leur centre par Doctorow, et leur gauche par Osterman Tolstoï. Les Français étaient beaucoup plus dispersés : Murat, Soult et Augereau étaient seuls sur le champ de bataille, Davout manœuvrait à droite pour déborder la gauche de l'ennemi, et Ney à gauche cherchait à exécuter le même mouvement. Le premier soin de Napoléon fut d'envoyer l'ordre à Davout et à Ney de le rejoindre à tout prix sur le champ de bataille; mais il n'était pas probable que Davout arrivât avant le milieu du jour, et il était à craindre que Ney ne fût déjà trop éloigné pour pouvoir prendre part à l'action. L'ennemi avait donc,

au début de la journée, une incontestable supériorité, et il faillit
être victorieux.

Le combat commença par un duel d'artillerie. Le corps de Soult
et la garde, obligés de supporter le premier effort de l'ennemi,
commençaient à être ébranlés, lorsque l'empereur se décida, en
attendant l'arrivée de Davout et pour gagner du temps, à lancer
contre le centre de l'ennemi le corps d'Augereau tout entier. La

CHARGE D'EYLAU.

neige tombait alors à gros flocons, et produisait une obscurité si
épaisse, que la tête des colonnes d'Augereau, perdant son point de
direction, se porta trop à gauche et se trouva engagée entre le centre
et la réserve de l'ennemi. Assailli de toutes parts, battu en brèche
par une formidable batterie, subitement démasquée, de 40 canons,
et ne pouvant se former en carrés, le corps d'Augereau fut disloqué,
écrasé, à moitié détruit. Le massacre fut horrible. Les Russes poussent des hurrahs et se croient déjà vainqueurs.

Napoléon, qui voit le danger, réunit alors toute sa réserve de cavalerie, sous les généraux Klein, Milhaud, Grouchy et d'Hautpoul, et la lance avec Bessières et Murat contre le centre ennemi. En un clin d'œil, deux lignes d'infanterie sont rompues, et la troisième ne résiste qu'en s'adossant à un bois ; mais les Russes se reforment sur-le-champ, font face en arrière, et nos cavaliers sont obligés, pour revenir, de s'ouvrir, le sabre à la main, un nouveau passage dans leurs rangs.

A ce moment, une des colonnes russes qui avaient repoussé Augereau, 4 à 5000 hommes environ, emportée par un excès d'audace ou égarée par le brouillard, arrive jusqu'au cimetière d'Eylau, où se trouvait l'empereur. Napoléon à ce moment était à pied. Caulaincourt lui fit promptement avancer un cheval, mais il dédaigna cette précaution et le renvoya. Il fouettait la terre de sa cravache, et jetant à ces Russes, au ciel, aux officiers qui l'entouraient un regard irrité : « Quelle audace ! » s'écria-t-il à plusieurs reprises. Puis, reprenant son calme et se plaçant en tête de sa vieille réserve, dont il contenait l'indignation, il se contenta de détacher en avant, à cinquante pas de lui, un bataillon de ses grenadiers sous Dorsenne leur général. Ce fut à cette distance que ce bataillon déployé, immobile, et dévorant des yeux la colonne russe, l'attendit. On vint dire à Dorsenne de commencer le feu, mais lui, soit calcul, soit exaltation d'orgueil : « Non, répliqua-t-il hautement. Grenadiers ! l'arme au bras, la vieille garde ne se bat qu'à la baïonnette ! » En effet, pendant que les grenadiers arrêtaient les Russes, l'escadron de service auprès de l'empereur les chargeait en face, et Murat détachait contre eux une brigade de cavalerie, qui les prenait en flanc. En un instant, la colonne est sabrée, dispersée, anéantie.

Le désastre d'Augereau est donc en partie réparé, mais les Russes tiennent ferme sur leurs positions et rien encore n'est décidé. Tant que Davout et Ney ne seront pas arrivés sur le champ de bataille, tout ce que Napoléon peut faire c'est de s'y maintenir, et tout doit rester en suspens. Aussi bien il y eut comme un arrêt dans la lutte. On eût dit que les deux adversaires reprenaient leurs forces pour un nouvel engagement. Ce fut Davout qui arriva le premier. Avec ses trois divisions Gudin, Friant et Morand, toujours aussi braves que le jour d'Auerstædt, il avait enlevé les villages de Serpalten et

Klein-Saussgarten, et arrivait à Kutschitten, sur les derrières de l'armée russe, ce qui décidait la victoire en notre faveur, lorsqu'un incident imprévu vint tout remettre en question. Le corps prussien de Lestocq, poursuivi par Ney, avait échappé au maréchal en sacrifiant des arrière-gardes, et accourait sur le champ de bataille. Averti du danger de l'aile gauche des Russes menacée par Davout, Lestocq passait derrière leurs lignes, repoussait Davout de Kutschitten et reprenait l'avantage. A vrai dire, il sauvait l'armée russe d'un désastre en permettant à Beningsen ou bien de se maintenir sur ses positions pour livrer le lendemain une seconde bataille, ou bien de se retirer en bon ordre dans la direction de Kœnigsberg.

Sur ces entrefaites arriva Ney, qui, furieux d'avoir manqué Lestocq, se jeta avec impétuosité sur la droite des Russes, et les chassa des villages de Schloditten et de Schmoditten. En vain Beningsen essaya de les reprendre. Ses colonnes furent repoussées et mises en déroute. L'intervention de Ney, quoique tardive, n'en était pas moins décisive. Toute l'armée française était désormais réunie, et, si la bataille recommençait le lendemain, Ney et Davout aux deux ailes, Napoléon au centre, n'avaient plus qu'à marcher au-devant les uns des autres en passant sur le ventre des Russes, pris de la sorte entre trois feux.

Il était alors dix heures du soir. On n'entendait plus sur ce champ de bataille si vivement disputé que les gémissements des blessés. Napoléon avait fait allumer des feux de bivouac sur toute la ligne, comme pour annoncer à l'ennemi qu'il était résolu à continuer la lutte; mais il était fort indécis. Il paraîtrait même que le soir de la bataille il réunit ses maréchaux et donna ordre à Davout de se replier derrière Eylau. Ce dernier assistait alors aux préparatifs des Russes, qui commençaient leur retraite. Il prit sur lui de ne pas exécuter l'ordre reçu et ce fut ainsi que nous restâmes maîtres du champ de bataille. Mais Beningsen battit fièrement en retraite, défilant toute la nuit pour ainsi dire sous le canon de Ney, qui n'osa pas l'attaquer, et se retira sur Kœnigsberg, répandant partout le bruit de sa victoire. Ce n'était de sa part qu'une forfanterie, mais Eylau ressemblait si peu aux grands succès auxquels Napoléon s'était habitué, qu'il en fut lui-même comme découragé, et songea non pas

19

seulement à reprendre ses quartiers d'hiver, mais même à se retirer
derrière la Vistule. « Il y a eu hier, écrivait-il à Duroc, à Eylau,
une bataille fort sanglante. Le champ de bataille nous est resté;
mais, si on a de part et d'autre perdu beaucoup de monde, mon
éloignement me rend ma perte plus sensible. Il est possible que,
pour avoir des quartiers d'hiver tranquilles, je me porte à la rive
gauche de la Vistule. »

Quels étaient en effet les trophées de la victoire? Six mille blessés
restés sur le terrain, seize drapeaux et vingt-quatre canons.
Nous avions acheté la gloire de rester maîtres du champ de bataille
par des pertes effroyables et près de 40000 morts ou blessés jon-
chaient la plaine. L'empereur, qui, suivant son habitude, la parcourut pour distribuer des récompenses et des encouragements, fut
vivement frappé par l'affreux spectacle que présentaient les alentours
d'Eylau. « Qu'on se figure, écrivait-il dans le *Bulletin*, sur un espace
d'une lieue carrée, neuf à dix mille cadavres, quatre à cinq mille
chevaux tués, des lignes de sacs russes, des débris de fusils et de
sabres, la terre couverte de boulets, d'obus, de munitions, vingt-
quatre pièces de canon auprès desquelles on voyait les cadavres des
conducteurs tués au moment où ils faisaient des efforts pour les
enlever. Tout cela avait plus de relief sur un fond de neige. »

Aussi bien la meilleure preuve qu'Eylau n'était pas un de ces succès foudroyants qui terminent une campagne, c'est que l'issue de la
bataille trompa les calculs des adversaires. Napoléon avait espéré
jeter l'armée russe dans la Baltique et s'emparer de Kœnigsberg, et
il était obligé de s'arrêter. Beningsen s'était flatté de nous repousser
au delà de la Vistule, et il était forcé de se réfugier sous le canon de
Kœnigsberg. Il est vrai que le champ de bataille nous était resté,
mais pas pour longtemps, car nos troupes l'abandonnèrent pour
regagner en arrière leurs cantonnements, et ce mouvement de recul
ressembla à une retraite. « Je fus chargé de suivre le général Colberg
qui couvrait la retraite, lisons-nous dans les *Mémoires* du général
de Fezensac. Nous partîmes donc les derniers. La route était couverte de voitures, de chariots de toute espèce qui restaient enfoncés
dans la neige. Beaucoup de blessés réfugiés dans ces voitures nous
conjuraient vainement de ne pas les abandonner. Le général envoya
un officier pour recommander tous ces malheureux au bourgmestre

d'Eylau et au commandant de l'avant-garde russe, dont les Cosaques occupaient déjà la ville. »

Eylau fut si bien une bataille indécise que les lieutenants de Beningsen, Doctorow et Tolstoï, le supplièrent de recommencer la lutte, et que les prétendus vainqueurs ne songèrent qu'à reprendre leurs quartiers d'hiver. Il est vrai que Napoléon voulut un moment rappeler à lui Bernadotte et Lefebvre pour continuer la campagne ; mais, à l'exception du corps de Ney, l'armée avait tellement souffert qu'il jugea plus prudent de lui accorder du repos, et d'attendre pour reprendre l'offensive la capitulation de Danzig. Bernadotte et Soult furent ramenés au cantonnement sur la Passarge, Ney s'étendit de Gunstadt à Allenstein, Davout sur l'Omulew, la garde et le quartier général à Finkenstein, les dépôts à Thorn. Le corps d'Augereau avait été dissous. Quant à Lefebvre, il investit et pressa vigoureusement Danzig, Mortier bloqua Colberg et observa les Suédois. Enfin Brune, avec un nouveau corps d'observation de 30000 hommes, la plupart Hollandais ou Italiens, garda les bouches des fleuves allemands.

Restait le corps de Lannes, laissé en observation sur la Narew, pendant que le gros de l'armée opérait contre Beningsen. Lannes malade avait été remplacé momentanément par Savary. Le général russe Essen, à la tête de 22000 hommes, marcha contre lui. Français et Russes se rencontrèrent à Ostrolenka (16 février). Savary avait reçu très à propos 9000 hommes de renfort, troupe d'élite commandée par Oudinot. Il culbuta l'ennemi sur tous les points, lui tua 1300 hommes et lui fit autant de prisonniers. C'était un glorieux succès. Savary aurait pu en profiter pour poursuivre ses avantages ; mais l'empereur était déterminé à garder la défensive, et, bien que vainqueur, Savary resta en observation sur la Narew.

Cette terrible campagne de quatre semaines n'avait donc amené aucun résultat décisif. Sans doute les attaques russes avaient été partout repoussées, mais les Russes s'étaient fait démolir et n'avaient pas fui. En outre ils étaient dans leur pays, ils recevaient des renforts incessants, ils combattaient pour leur patrie, et, croyaient-ils, pour leur religion, tandis que les Français, isolés à l'extrémité de la Prusse, obligés, pour vivre dans une contrée pauvre, de tout faire venir et parfois de très loin, étaient exposés aux hasards d'une seule défaite. Ils sentaient les dangers de leur position et ne cachaient pas leur mécontentement. Napoléon, bien que victorieux, était certainement exposé à plus de périls en restant ainsi sur la défensive que lorsqu'il conduisait ses troupes à l'ennemi, mais cette défensive lui était imposée par les circonstances, et d'ailleurs il avait tiré un parti extraordinaire du repos forcé qu'il subissait, en renforçant son armée et en la préparant ainsi à des triomphes plus éclatants, et cette fois décisifs.

Le premier soin de l'empereur avait été d'assurer le bien-être matériel de ses soldats. Il suffit de parcourir sa correspondance avec ses lieutenants, et surtout avec l'intendant général Daru, pour être convaincu que ce fut sa plus grande préoccupation. « Vous ne sauriez employer trop de rigueurs pour nous approvisionner, car tout est là ! — 8 mars. » — « La situation dépend des vivres : Je suis victorieux si j'en ai, mal si j'en manque. — 12 mars. » Il demande sans cesse des boulangers, des infirmiers, des chirurgiens. A l'égard des boulangers restés en arrière, « manque-t-il donc de femmes, s'écrie-t-il, ou bien avez-vous peur que, comme dans les guerres de Perse, les boulangers prussiens empoisonnent le pain ? — 3 novembre. » Jamais ordres ne furent exécutés avec autant d'empressement et de fidélité. De l'Elbe à la Vistule tout afflua au quartier général. Routes couvertes de voitures, canaux chargés de barques, subsistances et fourrages arrivant en masse et de tous les côtés à la fois. Cette partie de l'Europe où campaient les armées françaises présentait alors l'aspect d'une grande foire. Bien qu'heureux de l'activité déployée par l'intendance, l'empereur feignait de ne pas être satisfait. « Comment n'ai-je pas 3 000 000 de boisseaux d'avoine sur le canal depuis Custrin jusqu'à Bromberg ? Comment n'ai-je pas à Bromberg 400 000 pintes d'eau-de-vie ? Enfin comment n'y ai-je pas 100 000 quintaux de farine et 50 000 quintaux de blé ? — 3 mai. » L'empereur ne dédaignait pas les plus petits détails : « Nous arrivons à une saison où il y aura des fièvres. Prenez des mesures efficaces pour vous procurer de grandes quantités de quina. N'épargnez pas l'argent pour faire acheter des médicaments. Que les hôpitaux ne manquent pas de vin. Achetez-en. — 12 mai. »

Jamais peut-être Napoléon ne déploya plus d'activité et ne montra plus d'empire sur lui-même que dans ces longs et interminables quartiers d'hiver passés à Osterode et à Finkenstein, dans l'incertitude de l'avenir, si loin de la France, et exposé à tous les hasards d'une bataille, qui, même équivoque, équivalait pour lui à un désastre. « Pour le connaître tout entier, a écrit un des hommes qui furent admis dans son intimité et partagèrent avec lui l'honneur d'avoir dirigé la France et l'Europe dans ces premiers mois de 1807, l'administrateur Bignon, il faudrait le voir le même jour, dans les mêmes heures, discutant toutes les questions relatives à la guerre, depuis les plans de campagne, l'artillerie, le génie, la composition de l'armée et ses mouvements, jusqu'à la chaussure et la giberne du soldat; réglant toutes les parties de la marine, depuis les combinaisons générales, l'expédition et le retour des escadres, jusqu'à l'armement de la dernière de ses chaloupes canonnières; parcourant toutes les parties de l'administration, depuis la direction du ministère de l'intérieur jusqu'à la réparation de l'église de village; toutes les parties de la politique, depuis ses négociations avec les États les plus puissants jusqu'aux soins à prendre pour s'assurer des États les plus faibles; enfin traitant ces diverses matières et une foule d'autres avec la même connaissance de l'ensemble et des détails, avec la même fidélité de mémoire, la même netteté d'idées que si chacun des départements ministériels eût été pour lui l'objet d'une étude exclusive. »

Les hostilités, malgré la rigueur de la température, n'avaient jamais été entièrement suspendues. Jérôme et Vandamme achevaient de soumettre la Silésie. Mortier en Poméranie resserrait les Suédois autour de Stralsund, les battait à Auklam (8 avril), et leur imposait un armistice que Napoléon s'empressait d'accepter, afin de ramener la Suède et son souverain Gustave IV à son alliance naturelle. Sur la basse Vistule enfin l'intérêt se concentrait autour de Danzig, assiégé par Lefebvre et défendu par Kalkreuth, et une véritable campagne s'engageait pour faire tomber ce dernier rempart de la Prusse.

Danzig est situé sur la rive gauche de la Vistule, au confluent de la Motlau, dont les eaux entretiennent l'inondation autour de son enceinte. Entourée au nord, à l'est et au sud par des terrains marécageux, cette place serait inabordable sans les hauteurs sablonneuses qui la dominent à l'ouest. Ces hauteurs avaient été couronnées par des ouvrages avancés, le Hagelsberg et le Bischofsberg, qui formaient dans cette direction comme une seconde enceinte. Les ouvrages de Danzig étaient tous en terre et présentaient, au lieu d'escarpes en maçonnerie, des talus gazonnés, dont le pied était garni de fortes palissades d'une énorme dimension, obstacle très sérieux, car le boulet pouvait les déchirer, mais non les arracher. Sur les talus on avait disposé de grosses poutres, retenues par des cordes, qui devaient, au moment de l'assaut, rouler sur l'assiégeant. Enfin, à tous les angles rentrants de l'enceinte, avaient été construits des blockhaus, en gros bois, recouverts de terre, et presque impénétrables au boulet. Des munitions en quantité immense, et des vivres suffisants pour nourrir plus d'une année la ville et la garnison, augmentaient la confiance de ses défenseurs. Enfin, grâce à deux îles, Nehrung et Holm, elle communiquait d'un côté avec la mer, de l'autre avec Kœnigsberg, et un fort détaché de premier ordre, Weichselmunde, barrait l'entrée du fleuve. En sorte que la garnison assiégée pouvait ou bien être secourue, ou bien se retirer, à son choix. Cette garnison était d'environ 18 000 hommes, dont 14 000 Prussiens. Elle était commandée par le maréchal Kalkreuth. Un ingénieur célèbre, Bousmard, dirigeait la défense.

Le maréchal Lefebvre, chargé par l'empereur du commandement des troupes de siège, ne possédait aucune des connaissances nécessaires pour diriger cette difficile opération. C'était un soldat d'une bravoure à toute épreuve, mais d'une ignorance qu'il était le premier à reconnaître. Il taxait volontiers de « grimoire » les calculs des ingénieurs, et ne connaissait qu'une manière de prendre la place, monter à l'assaut à la tête des grenadiers. L'empereur lui avait adjoint deux officiers du plus grand mérite, l'ingénieur Chasseloup-Laubat et le général d'artillerie Lariboisière. Comme le quartier général n'était qu'à une trentaine de lieues de Danzig, il se réservait d'intervenir pour résoudre les difficultés, et, en somme, conservait la haute direction du siège.

La première opération consistait à isoler Danzig, afin de la réduire à ses seules ressources. Il fallait pour cela s'emparer des îles de Nehrung et de Holme, et faire tomber le fort Weichselmunde. L'occupation du Nehrung fut confiée au général Schramm et exécutée avec adresse et vigueur (20 mars). L'île de Holme ne fut enlevée que le 7 mai. Le fort de Weichselmunde se maintint jusqu'au dernier jour, mais sans pouvoir conserver ses communications avec la place.

Chasseloup commença aussitôt les opérations du siège. Il avait résolu de ne dessiner qu'une fausse attaque contre le Bischofsberg et de concentrer ses efforts contre le Hagelsberg ; mais nous n'avions pas encore de grosse artillerie pour répondre aux feux de la place, et les travaux d'approche n'avançaient que lentement, car le sol était formé d'un sable fin, peu consistant, que bouleversait le choc des boulets ; le temps était détestable, tantôt neigeux, tantôt pluvieux ; enfin parmi les assiégeants il n'y avait de bons soldats que les Français, et, comme ils étaient peu nombreux et obligés de se multiplier, ils étaient épuisés de fatigue. Il nous est difficile de suivre dans leurs détails les combats quotidiens qui éprouvaient l'ardeur et la constance des deux armées. D'un côté de fréquentes sorties, souvent prévues, et presque toujours malheureuses ; de l'autre une suite de progrès menaçants, mais toujours achetés par des actions très vives. Plus d'une fois Lefebvre marcha lui-même à la tête des colonnes et se jeta dans la mêlée. Cependant la grosse artillerie arriva peu à peu, au fur et à mesure que tombaient les forteresses silésiennes. Les batteries s'installèrent et commencèrent à couvrir la ville de feux. L'instant décisif approchait et l'impatience était grande.

C'est à ce moment que le roi de Prusse et le czar se décidèrent à tenter un effort pour sauver Danzig. Ils savaient que, tant qu'ils conserveraient cette place, ils tiendraient en échec Napoléon et rendraient précaire son établissement en Pologne. Deux moyens se présentaient : ou bien attaquer Napoléon et le débusquer de ses positions sur la Passarge, ou bien expédier par terre et par mer de puissants renforts. Il y avait bien un troisième moyen : débarquer en Poméranie, ou même à Danzig, une armée anglaise. Mais les Anglais ne songeaient pas à venir en aide à leurs alliés. Mettre le pied sur le continent les effrayait. Ils préféraient employer leurs troupes à prendre des colonies. Les deux souverains comprirent qu'ils ne pouvaient compter que sur eux-mêmes. Ils n'auraient pas mieux demandé que de reprendre l'offensive et de rentrer directement en campagne contre Napoléon, mais le défaut de vivres les retenait. A grand'peine parvenaient-ils à nourrir leurs soldats. Depuis quelques semaines les chevaux n'avaient plus pour nourriture que le chaume qui couvrait les huttes des paysans. Ils crurent plus sage de n'envoyer à Danzig que des troupes de renfort, environ 10 000 hommes, qui tenteraient de forcer la ligne d'investissement en reprenant le Nehrung et l'Holme, et, s'ils réussissaient, se joindraient à la garnison de Danzig pour exécuter une sortie générale. Kaminski, le fils de l'ancien généralissime, fut chargé de conduire l'opération contre l'île de Holme, en partant de Weichselmunde, qui était toujours au pouvoir des alliés, pendant que Bulow ferait un mouvement analogue contre le Nehrung. Les deux expéditions échouèrent.

Le 15 mai, Kaminski, qui avait débarqué sans encombre à Weichselmunde, essayait de percer les lignes françaises. Schramm résista avec énergie, mais il allait être accablé par des forces supérieures, lorsque parurent sur le champ de bataille des renforts conduits par Oudinot et par Lannes, que Napoléon venait, par une heureuse prévoyance, d'envoyer à Lefebvre. Les Russes furent enfoncés et obligés de se retirer sous le couvert de Weichselmunde, laissant 3000 d'entre eux sur le champ de bataille. Au même moment Bulow, qui avait débarqué dans l'île de Nehrung, était arrêté par les généraux Beaumont et Albert, repoussé et poursuivi dans un espace de huit à dix lieues avec perte de 1200 hommes.

Cette double victoire hâta la reddition de la place. D'ailleurs le maréchal Mortier venait d'arriver avec le corps d'armée qui avait manœuvré en Poméranie contre les Suédois, et le nombre des assiégeants se trouvait ainsi doublé. Les tentatives pour dégager la place ayant été infructueuses, les travaux pour rendre l'assaut praticable étant achevés, Lefebvre adressa à Kalkreuth une dernière sommation. Le maréchal prussien avait fait son devoir. Il déclara qu'il ne rendrait la place que si on lui accordait les conditions qu'il avait lui-même accordées en 1793 à la garnison française de Mayence, à savoir la faculté de sortir avec les honneurs de la guerre, et avec le seul engagement de ne pas servir contre les Français avant une année. Lefebvre prit les ordres de l'empereur. Trop exiger en un pareil moment eût été un mauvais calcul. Napoléon souscrivit aux conditions posées, et Danzig ouvrit ses portes le 26 mai, après cinquante et un jours de tranchée ouverte. Au même instant, Kaminski remontait sur les bâtiments qui l'avaient amené, et le fort de Weichselmunde ouvrait aussi ses portes. On trouva à Danzig 980 canons, des magasins de vivres encore considérables, surtout du blé et du vin, mais toutes les munitions de guerre avaient été consommées.

Le siège de Danzig eut une importance considérable. C'est, à vrai dire, le seul grand fait de guerre qui lie la campagne d'hiver à celle d'été dans la guerre de Prusse. En outre, il fut remarquable par plusieurs traits d'héroïsme. Le soldat Fortunas renouvela le dévouement d'Assas. Surpris par un détachement ennemi dans l'île de Holm, il fut fait prisonnier. Les Russes qui le conduisaient tombèrent à leur tour dans une embuscade. « Ne tirez pas, nous sommes Français, » crièrent les officiers russes. « Tirez, mon capitaine, ce sont des Russes ! » et il tombe percé de coups. Un capitaine, Tardivelle, s'empare d'un poste dangereux, et s'y maintient sous la mitraille d'une batterie. Aussi, pendant le siège, l'armée reconnaissante ne donna pas à ce poste d'autre nom que celui de maison Tardivelle. Un chasseur du 12ᵉ léger, François Vallé, proposa d'aller, avant l'assaut, couper les cordes qui retenaient d'énormes poutres disposées pour rouler sur les assaillants. Il se saisit d'une hache, et, à la vue des deux armées, gravit les escarpes gazonnées, coupe les cordes et n'est atteint d'une balle qu'en terminant cet acte d'héroïsme. L'importance du service rendu méritait une récompense éclatante. L'empereur nomma Lefebvre duc de Danzig. C'était le premier titre de ce genre qu'il décernait. Peut-être n'était-il pas fâché d'essayer ce nouveau genre de récompense en l'attribuant pour la première fois à un soldat brave et loyal, mais arrivé à cette haute situation après avoir franchi tous les échelons de la carrière militaire. Chasseloup, Lariboisière, Schramm, les officiers et les soldats qui s'étaient distingués, surtout ceux du génie, reçurent aussi des gages éclatants de la reconnaissance impériale.

La bonne saison était arrivée. Les troupes reposées étaient pleines d'ardeur et ne demandaient qu'à marcher. Napoléon ordonna qu'à partir du 1ᵉʳ mai tous les corps sortiraient des villages où ils étaient cantonnés, et camperaient à portée les uns des autres. En dix ou quinze jours furent improvisés des camps, protégés par des ouvrages en terre et d'immenses abattis. Les soldats, grâce à leur réunion en masse, eurent bientôt retrouvé leur énergie. Les Russes, de leur côté, avaient pris leurs dispositions pour rentrer en campagne. Les deux armées s'étaient rapprochées. Elles manœuvraient sous les yeux l'une de l'autre. Des deux côtés on s'attendait à une reprise soudaine des hostilités, et on se tenait sur ses gardes. Un jour toute la division Dupont courut aux armes. On entendait en effet des bruits confus qui semblaient provenir d'une troupe nombreuse en marche. Ce n'étaient que des cygnes sauvages qui jouaient dans les eaux de la Passarge. De graves événements étaient donc proches, et la partie décisive allait bientôt se jouer.

CHAPITRE XIII

FRIEDLAND. — TRAITÉ DE TILSIT.

Pendant que se reposaient les soldats, les diplomates n'étaient pas restés inactifs. L'Autriche, qui seule de toutes les grandes puissances du continent jouissait de l'inappréciable avantage de n'être en guerre avec aucune d'entre elles, avait alors un beau rôle à jouer. Elle aurait pu proposer, et au besoin imposer sa médiation; elle aurait également pu s'allier à la France : mais le ministre qui dirigeait la politique autrichienne, le comte de Stadion, ennemi déclaré de la France, ne sut pas sacrifier ses préjugés à l'intérêt de son pays. Il repoussa toutes les propositions de Talleyrand pour entrer dans l'alliance française. Il ne voulut même pas de la Silésie, que les Habsbourg avaient tant regrettée, et pour laquelle ils avaient soutenu tant de guerres. Persuadé que rien n'était stable dans ce remaniement perpétuel de territoires, il lui répugnait d'acheter la Silésie au prix d'une guerre contre ses anciens alliés. Guerre pour guerre, il préférait la déclarer à la France, et essayer de lui reprendre les provinces héréditaires d'Italie ou du Tyrol, dont la possession lui tenait tant au cœur. Il est vrai que la prudence lui interdisait toute manifestation intempestive. Il avait besoin d'une défaite de la France. Au besoin il se serait contenté d'un demi-succès. En attendant, il avait ordonné des armements extraordinaires, et l'armée autrichienne campée en Bohême n'attendait pour se jeter sur les derrières des Français que l'issue du duel engagé. L'Autriche en un mot s'apprêtait à profiter des circonstances, mais elle ne cachait pas ses préférences, et souhaitait un désastre pour nos armées.

L'empereur Napoléon, dans ses loisirs de Finkenstein ou d'Osterode, avait longuement réfléchi sur la politique générale, et tous ses plans reposaient sur une alliance solide et sérieuse avec une des grandes puissances européennes. Il avait fini par se persuader de la nécessité d'une entente ou avec la Russie, ou avec l'Autriche. On ne communiquait plus avec la Russie que par des trompettes aux avant-postes, et les deux peuples étaient sur le point d'engager une bataille décisive : il ne fallait donc point songer pour le moment à l'alliance russe. Restait l'Autriche, et l'empereur voulut être fixé à son égard. « Il faut, écrivait-il à Talleyrand, que tout cela finisse par un système avec la Russie ou par un système avec l'Autriche. Pensez-y bien. Arrêtez vos idées, et obligez l'Autriche à s'expliquer définitivement avec vous. »

Le cabinet autrichien se trouva fort embarrassé. Il ne lui était plus possible de se dérober, et de répondre par des compliments ou par des protestations à des offres sérieuses. Il imagina une démarche très habile, qui lui permettait, pour l'instant, de prolonger le *statu quo*, et qui lui assurait, pour l'avenir, le moyen de profiter des événements : il offrit à la France sa médiation auprès des cours belligérantes. L'Autriche de la sorte se ménageait un moyen d'entrer à volonté dans la lutte, et de s'y conduire d'après les événements, atténuant la victoire de Napoléon, ou l'accablant s'il était vaincu. En outre, elle pouvait garder la neutralité qui lui était si chère, et elle se réservait pour une intervention suprême.

Napoléon aurait voulu retarder l'entrée en scène de l'Autriche; d'un autre côté, repousser la médiation était impossible : c'eût été s'exposer à précipiter les résolutions de François II en le forçant à se déclarer. Il répondit donc qu'il acceptait, mais en ajoutant qu'il craignait très fort « que la puissance qui jusqu'ici paraissait s'être fait un système d'asseoir sa puissance et sa grandeur sur les divisions du continent, ne cherchât à faire sortir de ce moyen de nouveaux sujets d'aigreur et de nouveaux prétextes de dissensions ». Les alliés furent moins habiles : Canning, le nouveau ministre des affaires étrangères de l'Angleterre, répondit qu'il acceptait en principe la médiation, mais qu'il subordonnait cette acceptation à celle de la Prusse et de la Russie. Le roi de Prusse, qui n'avait plus d'illusions sur les succès à obtenir par la coalition, opina pour la paix ; mais le czar, pensant que le gain d'une bataille suffirait pour rendre à Frédéric-Guillaume ses provinces perdues, et pour décider l'Autriche, ne voulut rien entendre avant d'avoir essayé une fois de plus la fortune des combats. Ce refus mécontenta l'Autriche, qui perdait ainsi l'occasion de terminer la guerre à son avantage, soit directement si Napoléon était vaincu, soit par une paix dont elle serait l'arbitre s'il conservait la supériorité. Au contraire il fit grand plaisir à l'empereur, qui s'était donné les apparences de la modération, et qui de plus retardait les Autrichiens. La médiation n'avait donc pas abouti, et, de part et d'autre, on s'apprêtait à reprendre les hostilités avec la plus grande énergie.

Alexandre et Frédéric-Guillaume, afin de resserrer leur alliance, et d'affirmer une fois de plus qu'ils ne déposeraient les armes que lorsque la tyrannie militaire de la France serait brisée, signèrent à leur quartier général de Bartenstein (mai 1807) une nouvelle convention, en vertu de laquelle ils s'engageaient à ne négocier avec l'ennemi que d'un commun consentement. D'autres traités furent signés avec la Suède et avec l'Angleterre. Sans parler des subsides que cette dernière puissance promettait de fournir à la Prusse et à la Suède, elle s'engageait à débarquer en Poméranie un corps de 20 000 Anglais, qui, joints à 10 000 Prussiens et à 15 000 Suédois, formeraient sur les derrières de Napoléon une armée respectable, d'autant plus à craindre pour lui qu'on ne soupçonnerait pas son existence, à cause de l'armistice signé par Mortier avec les Suédois. L'Autriche, blessée dans son amour-propre et dans ses intérêts, refusa d'adhérer à la convention de Bartenstein.

Les deux souverains étaient donc réduits à lutter contre la France avec les débris des forces prussiennes, environ 30 000 hommes, avec les Suédois, le corps anglais de Poméranie, et l'armée de Beningsen, environ 100 000 hommes, mal habillés, presque affamés, mais pleins d'enthousiasme et ne demandant qu'à marcher en avant. Beningsen, pour se donner un bon appui en première ligne, avait construit à Heilsberg, sur les deux rives de l'Alle, un camp retranché redoutable, composé de cinq grands ouvrages fermés de trois côtés, et de seize batteries retranchées. Le gros de l'armée se trouvait entre cette ville et Bartenstein, la droite sous Tolstoï entre Launen et Siegbang; un corps à gauche gardait les communications avec Essen, toujours vers Ostrolenka. Les Cosaques de Platow couvraient tout le front. En arrière, Kœnigsberg était devenu un immense dépôt de munitions et de vivres; 100 000 fusils, récemment débarqués de Pétersbourg et de Londres, devaient servir à armer les Prussiens et à remplacer les pertes résultant des chances de la guerre. Plus de cent bâtiments, chargés de subsistances, encombraient le port. Les alliés occupaient donc une excellente position défensive, et, comme d'imposants renforts leur arrivaient de toutes les provinces russes, la prudence la plus élémentaire semblait leur imposer la nécessité de se maintenir à tout prix sur la défensive. Napoléon était si bien persuadé qu'ils ne quitteraient par leurs positions, qu'il avait formé son plan pour les attaquer, et fixé au 10 juin l'ouverture des hostilités. Par une témérité singulière, ce fut Beningsen qui prit l'initiative, et entra le premier en campagne (4 juin).

L'armée française avait reçu de puissants renforts, et elle avait sur les alliés toutes les supériorités, même celle du nombre. Voici quelle était à la fin de mai la position occupée par nos dix corps d'armée. Sur nos derrières, et destinée à garder l'Allemagne, était l'armée du maréchal Brune, près de 80 000 hommes, Français, Allemands, Italiens, Espagnols, mais qui pouvaient, en cas de besoin, être renforcés par 25 000 vieux soldats tirés des côtes de France. Sur la basse Vistule, à Dirschau et à Marienbourg, se tenaient, avec 35 000 hommes, Mortier et Lannes, formant par conséquent la gauche de la grande armée. A droite, sur la Narew et l'Omulew, Masséna commandait 36 000 soldats. Au centre, derrière la Passarge, de Hohenstein à Bransberg, étaient cantonnés Ney, Davout, Soult et Bernadotte, près de 100 000 hommes de troupes incomparables, et animées du meilleur esprit. Entre la Passarge et la Vistule, dans une région semée de lacs et de marécages, Napoléon campait au milieu de sa garde, 8 à 9000 soldats d'élite, et un peu en arrière, dans les plaines d'Elbing, étaient répandus les 25 000 cavaliers de Murat. En ne tenant compte ni des blessés, ni des traînards, en négligeant même les corps de Brune et de Masséna, près de 160 000 soldats se trouvaient donc réunis, sous la direction de l'homme qui a le mieux su manier ces masses énormes. Ces soldats étaient tous reposés, bien nourris, vêtus convenablement, bien pourvus d'armes et de munitions. On ne comprend vraiment pas que Beningsen, qui était resté immobile tant que Danzig tenait encore, ait osé assaillir Napoléon sur des positions longuement étudiées. Il aurait mieux fait d'attendre les Français sur la Pregel, puis, une fois cette ligne perdue, de se replier sur le Niémen et de là s'enfoncer dans les profondeurs de l'empire ; mais il se croyait tenu d'honneur à ne pas prolonger davantage son inaction, et pensait que le tempérament de ses troupes se prêtait mieux à l'offensive. Il prévint donc Napoléon et devança de cinq jours le mouvement de l'armée française.

De tous les corps de l'armée française, celui de Ney était le plus exposé, car il occupait une position excentrique, à Guttstadt, sur l'Alle. Beningsen ignorait que le maréchal, en cas d'attaque, avait sa retraite assurée, et que tous les autres corps connaissaient leur point de concentration. Se bornant contre les autres maréchaux à de simples démonstrations, il se porta donc contre Ney avec la plus grande partie de ses forces. S'il eût commandé à des troupes moins solides, Ney aurait été fort compromis, car il fut attaqué de trois côtés à la fois, à Guttstadt, à Wohlfersdorf et à Altkirchen. Reconnaissant bientôt qu'il avait affaire à des forces triples ou quadruples des siennes, il battit en retraite dans la direction de Deppen, et arriva le soir du 5 juin à Auckendorf. Cette première journée avait été fort disputée. Celle du 6 fut une vraie bataille. Les Russes, qui croyaient avoir été vainqueurs la veille, renouvelèrent leur attaque avec furie, mais ils ne tardèrent pas à comprendre que le mouvement en arrière de Ney était un calcul, et non une défaite, car l'intrépide maréchal ne se laissa entamer sur aucun point. Il se replia sur la Passarge et arriva en bon ordre à Deppen, sans avoir perdu ni un canon, ni un drapeau. Les fausses attaques des Russes à Lomitten et à Spanden contre Soult et Bernadotte n'avaient pas eu plus de succès. L'armée française n'avait été entamée nulle part ; elle se trouvait au contraire plus forte que jamais, car les différents corps s'étaient rapprochés les uns des autres, et Napoléon venait d'arriver pour prendre la direction suprême. Aussi Beningsen, voyant son plan manqué, se mit-il à son tour en retraite.

Le 7 juin, les positions de Wohlfersdorf et d'Altkirchen étaient reprises par les Français; le 9, ils enlevaient Guttstadt, franchissaient la Passarge, et séparaient les Russes des Prussiens de Lestocq, qui filaient le long du Frischehaff sur Kœnigsberg. Le 10, l'armée de Beningsen était de nouveau installée au camp retranché de Heilsberg, et y attendait l'arrivée des Français.

Murat et Soult, les premiers arrivés, commirent la faute de ne pas attendre le reste de l'armée, et engagèrent tout de suite l'action. Elle fut chaudement disputée. Les divisions Legrand, Carra Saint-Cyr et Saint-Hilaire se trouvèrent même un instant compromises. Si l'empereur n'avait envoyé au secours de Saint-Hilaire deux régiments de sa garde avec Savary, cette division risquait fort un désastre. Le maréchal Lannes parut enfin à l'extrême droite, et lança un de ses lieutenants, Verdier, contre les redoutes russes, mais elles ne furent pas enlevées. L'unique résultat de tant d'efforts fut de placer les Français au pied des retranchements ennemis; 10000 Russes et 7000 Français avaient été mis hors de combat dans ce sanglant engagement. Napoléon, qui n'avait pas cru que les Russes lui tiendraient tête, arriva tard sur le champ de bataille. Il se montra satisfait de l'énergie des troupes, mais beaucoup moins de leur empressement à s'engager, et résolut d'attendre au lendemain pour livrer, mais cette fois avec toutes ses forces réunies, une seconde bataille à Beningsen, s'il persistait à défendre la position d'Heilsberg.

Partagé entre la satisfaction d'avoir tenu tête aux Français, et la crainte de s'exposer à un désastre s'il avait à résister à toute l'armée désormais réunie, Beningsen prit le parti d'abandonner Heilsberg, et de se rapprocher de Kœnigsberg. D'ailleurs, le maréchal Davout commençait à le déborder sur la gauche, vers Grossendorf, et il n'était que temps de battre en retraite. Après avoir enlevé d'Heilsberg tout ce qu'il pouvait emporter, Beningsen se retira donc par la rive droite de l'Alle, afin de prendre position sur le Prégel; mais Napoléon était décidé à le poursuivre à outrance, à le séparer de ses communications avec Kœnigsberg, et à profiter pour l'accabler du premier faux mouvement qu'il ferait pour regagner cette place, qui était sa base d'opérations.

L'empereur ayant imaginé de marcher sur Kœnigsberg, tout en maintenant Beningsen, Murat, Soult et Davout, formant l'aile gauche, se dirigèrent contre cette ville, mais de façon à pouvoir se rabattre sur le centre. Le centre et la droite, composés des corps de Lannes, Mortier, Ney et Bernadotte, marchèrent sur Eylau. Le 11 et le 12, tous les corps s'ébranlèrent à la fois pour occuper les positions assignées. Le 13, Napoléon arriva de sa personne à Eylau. Ce n'était plus cette vaste plaine à l'aspect lugubre, dont la conquête avait coûté si cher. Des bois verdoyants séparaient de riants villages. De jolis lacs étalaient le miroir de leurs eaux à l'endroit même où avaient galopé cavaliers et artilleurs. Napoléon, qui s'attendait à une seconde bataille sur ce terrain déjà connu, s'y arrêta, et prit aussitôt ses dispositions pour recevoir les Russes.

Beningsen s'avisa tout à coup de passer l'Alle à Friedland, c'est-à-dire à l'endroit où les sinuosités de cette rivière la rapprochent le plus de Kœnigsberg. Il avait l'espoir de surprendre les Français dans leur marche de flanc. De fait, Lannes et Mortier longeaient alors la rive gauche de l'Alle, suivis, mais à une longue distance, par Ney et par Victor, qui remplaçait provisoirement Bernadotte blessé. Si Beningsen parvenait à prévenir nos troupes en marche sur Kœnigsberg, si surtout il pouvait battre les uns après les autres nos corps d'armée, au fur et à mesure qu'ils se présenteraient à Friedland, il pouvait réparer par ce coup d'audace ses mauvaises combinaisons et ressaisir l'avantage. L'idée était bonne : l'exécution fut défectueuse.

Friedland est situé sur la rive gauche de l'Alle, qui décrit autour de la ville une sorte de coude dominé par des hauteurs en amphithéâtre. La plaine comprise entre l'Alle et ces hauteurs est partagée en deux moitiés inégales par un ruisseau, dit le ruisseau du Moulin. Trois routes partent de Friedland : la première, à l'ouest, passe par les villages de Posthenen et de Georgenau ; la seconde, au nord-ouest, est la grande route de Kœnigsberg par le village d'Heinrichsdorf ; la troisième, au nord, longe la rive droite de l'Alle et atteint Wehlau sur la Prégel. Beningsen arriva le 13 au soir à Friedland : et fit tout de suite construire trois ponts pour faciliter les communications de son armée, car il espérait arriver à temps pour surprendre les Français dans leur marche et pour leur infliger des désastres successifs. En effet, son avant-garde, environ trente escadrons de cavalerie, rencontra à Friedland même un des régiments de Lannes, le 9e hussards, que le maréchal avait envoyé en reconnaissance, le maltraita et l'obligea à s'enfuir jusqu'à Georgenau. Ce premier

20

engagement était d'un heureux augure pour l'armée russe, et Bening-sen pensait déjà qu'il n'avait qu'à précipiter sa marche pour écraser le premier des corps français qu'il rencontrerait, celui de Lannes. En effet, pendant toute la nuit, les Russes passèrent les ponts de Friedland, et se déployèrent en bataille en face des hauteurs de Sortlack sur leur extrême gauche, de Posthenen au centre, de Hein-richsdorf à leur droite. On était alors aux jours les plus longs de l'année. A trois heures du matin on y voyait déjà assez pour com-mencer les manœuvres. Beningsen donna le signal de l'attaque.

Le maréchal Lannes n'avait à ce moment que 10000 hommes environ sous ses ordres. Il porta le gros de ses forces à Posthenen, fit occuper seulement par deux bataillons de tirailleurs le bois de Sortlack et disposa le reste de ses hommes sur la route de Friedland à Heinrichsdorf; mais il n'avait pas assez de monde pour s'établir dans ce village, et la circonstance était grave, car il importait de ne pas laisser les Russes maîtres de la grande route qui conduit à Kœnigsberg. A vrai dire, ce n'était qu'une avant-garde qui osait accepter la bataille contre toute une armée. Beningsen, persuadé que la fortune lui présentait l'occasion inattendue d'écraser un corps français tout en rentrant à Kœnigsberg, résolut de ne pas la laisser échapper. Il dirige aussitôt sur Heinrichsdorf quatre divisions d'in-fanterie commandées par Gortschakoff, et presque toute sa cavalerie sous Uvarow. Contre Posthenen et Sortlack est lancé Bagration avec la garde impériale. Une division tout entière est laissée de l'autre côté de l'Alle, pour recueillir l'armée en cas de malheur, ou pour décider la victoire si on avait un commencement de succès.

Lannes était fort compromis, car il allait avoir toute l'armée russe sur les bras. Heureusement des renforts lui étaient arrivés. Il pouvait dès lors disposer de 30000 hommes. A sept heures du matin, un furieux combat s'engage à Heinrichsdorf. Le village est pris, repris, et finit par rester entre nos mains : succès fort impor-tant, car nous étions ainsi les maîtres de la route de Kœnigsberg. Au même moment, un autre combat s'engageait autour du village et du bois de Sortlack. Les Russes finissent par s'établir au village et les Français à la lisière du bois. Beningsen ordonne de les en débus-quer; mais les soldats d'Oudinot et de Verdier résistent avec énergie, et bientôt les Russes, persuadés que, dans ce bois mystérieux, son cachées des masses profondes, n'osent plus en approcher. Beningsen tente alors un nouvel effort pour s'ouvrir la route de Kœnigsberg, et lance toute sa cavalerie dans la plaine d'Heinrichsdorf. Nos soldats, qui venaient d'apprendre l'arrivée en ligne du maréchal Mortier et savaient que Napoléon accourait à leur aide, luttent avec une incroyable énergie et finissent par rester maîtres de la plaine. Il était alors midi, et Lannes avait réussi à prolonger cette lutte de 30 000 hommes contre 75 000; mais ses soldats se fatiguaient, ils se voyaient assaillis par des troupes constamment renouvelées, et commençaient à éprouver ce flottement, cette hésitation, qui est le signe avant-coureur des catastrophes prochaines. Il était grand temps que Napoléon arrivât avec le reste de l'armée.

Dès les premiers coups de canon, Lannes avait envoyé ses aides de camp à l'empereur pour le prévenir qu'il avait à supporter le choc de toute l'armée russe. Ils avaient rencontré Napoléon qui arrivait au galop sur le champ de bataille, le visage radieux, disant à tous que c'était un jour heureux pour lui, l'anniversaire de Marengo, et précipitant la marche de ses soldats sur Friedland. Il arriva à Posthenen en même temps que Ney. « Hâtez-vous, Sire, lui dit Oudinot, dont l'habit était percé de balles et le cheval couvert de sang; mes grenadiers n'en peuvent plus; mais donnez-moi du renfort, et je jette les Russes à l'eau. » Jeter les Russes dans l'Alle, telle était la manœuvre qui s'imposait. Beningsen avait commis l'imprudence de livrer une grande bataille avec une rivière à dos. Il allait être durement puni de sa faute.

A la première inspection du terrain, Napoléon forma son plan. « On ne surprend pas deux fois de suite un ennemi en pareille faute, s'écria-t-il, il faut sur-le-champ en profiter! » Il s'agissait d'occuper à tout prix Friedland, le seul endroit par où les Russes pouvaient opérer leur retraite. C'est à Ney qu'il confia la mission difficile d'enlever cette ville, malgré la résistance désespérée que ne manqueraient pas de lui opposer les Russes. L'unique moyen pour réussir était de porter tous ses efforts sur la droite, et de suspendre l'action sur la gauche; toutefois de simuler un combat dans cette direction, mais de ne le pousser à fond que lorsque Friedland et les ponts de cette ville seraient enlevés, et qu'on n'aurait plus qu'à jeter les Russes dans la rivière. « Voilà le but, dit-il à Ney, en lui montrant

Friedland. Enfoncez-vous à tout prix dans cette masse, tête baissée, sans songer à vos flancs ni à vos derrières. Je suis là, et l'armée, pour y veiller ! »

Ney partit au galop pour disperser ses troupes en avant du bois de Sortlack. « Cet homme est un lion ! » s'écria l'Empereur, frappé de son attitude martiale. En effet, au signal donné par vingt pièces de canon qui tirent à la fois de Posthenen, Ney, précédé d'une nuée de tirailleurs, s'avance avec les deux divisions Marchand et Bisson, enlève le village de Sortlack, et commence à refouler les Russes dans l'étroit espace compris entre l'Alle et le ruisseau du Moulin. Les Russes avaient accumulé sur ce point leurs réserves d'artillerie. Sans parler des batteries qu'ils avaient en face, les Français recevaient encore sur le flanc le feu des canons disposés sur la rive droite de l'Alle. Il y eut un moment critique, car nos troupes étaient accablées par ces feux convergents. Des files entières de soldats étaient emportées. La cavalerie de la garde impériale russe, commandée par le général Kollogribow, profita de l'hésitation des Français pour les charger, et ramena en arrière la division Bisson. Par bonheur, le général Dupont aperçoit ce commencement de désordre, et vole au secours de Ney. Napoléon ordonne à ce moment de rassembler tous les canons disponibles et de les ranger en masse sur le front de Ney afin de lutter contre les feux supérieurs des Russes. Le général Sénarmont accourt au grand trot, porte ses pièces à plusieurs centaines de pas en avant des fantassins de Ney, et ouvre un feu terrible contre les Russes accumulés en un espace étroit. Il a bientôt fait taire les canons ennemis sur la rive droite de l'Alle, et, poussant toujours en avant, cause d'affreux ravages dans les rangs ennemis, qui se resserrent de plus en plus. Ney appuie le mouvement, et bientôt arrive aux premières maisons de Friedland, par la route d'Eylau. Dupont, de son côté, après avoir culbuté la garde impériale russe dans une brillante rencontre, tourne Friedland, et l'aborde par la route de Kœnigsberg. Les Russes sont alors rejetés sur les ponts de l'Alle, que Sénarmont couvre de mitraille. C'est à grand'peine si quelques débris des divisions rompues parviennent à traverser la rivière. Ney et Dupont se réunissent au milieu de Friedland en flammes, et se félicitent de ce glorieux succès.

Pendant ce temps, la droite des Russes était attirée sur la route

de Kœnigsberg par Lannes et Mortier. Gortschakoff, apprenant que
Friedland est au pouvoir des Français, recule à la hâte, afin de
reprendre cette ville et de s'ouvrir une retraite. Il y trouve Ney et
Dupont. Un nouveau combat s'engage et Friedland reste en notre
pouvoir. Gortschakoff est alors ramené dans la plaine sans issue qui
lui a servi de champ de bataille, et cette fois l'armée française tout
entière marche contre lui. Une colonne russe, commandée par le
général Lambert, parvient à se sauver par la route de Wehlau et la
cavalerie essaye de la suivre ; mais tous les fantassins, qui ne veulent
pas tomber entre nos mains, se jettent dans l'Alle. Quelques-uns
sont assez heureux pour trouver des gués et s'enfuient isolément,
le plus grand nombre se noie, toute l'artillerie tombe entre nos
mains.

Il était alors dix heures du soir. On se battait depuis trois heures
du matin. Nos soldats, épuisés de fatigue, renoncèrent à la poursuite. Aussi bien les résultats obtenus étaient immenses. Jamais
encore Napoléon n'avait remporté de victoire plus éclatante. L'armée russe était brisée. 25000 hommes tués, blessés ou noyés couvraient les rives de l'Alle. Nous n'avions eu que 1500 tués et
4000 blessés. Beningsen ne pouvait plus tenir la campagne. Si Murat
et la cavalerie française eussent été disponibles, il est probable que
la défaite se serait convertie en déroute, et que l'armée russe aurait
été disloquée et anéantie, de même que l'armée prussienne après
Iéna et Auerstaedt.

Dès le lendemain de Friedland, Napoléon organisa la poursuite.
Les Russes avaient marché avec tant de rapidité, que dès le 15 ils
étaient à Wehlau sur la Pregel, dont ils coupèrent tous les ponts.
Le 16, ils s'établirent un peu en arrière, à Petersdorf, attendant
pour se retirer sur le Niémen qu'ils fussent rejoints par les généraux
Kaminski et Lestocq, incapables de défendre plus longtemps Kœnigsberg. Le 18 et le 19, ils franchissaient le Niémen, et détruisaient
au loin tous les moyens de passage. Ils avaient perdu dans la poursuite quelques milliers de prisonniers et divers convois de vivres.
Acculés à la frontière de l'empire, et réduits à la nécessité de se
battre non plus pour leurs alliés mais pour eux-mêmes, les Russes,
qui d'ailleurs avaient le sentiment de leur valeur et qui l'avaient
prouvée sur les trois champs de bataille d'Eylau, de Heilsberg et de

Friedland, commençaient à trouver qu'il était temps de signer la paix. Les officiers surtout ne cachaient pas leur mécontentement, et disaient tout haut qu'il était déplorable de se sacrifier à la lâcheté prussienne ou à l'ambition anglaise. Ils étaient fort injustes pour les Prussiens, qui s'étaient fort honorablement conduits dans la seconde partie de la guerre, mais leurs récriminations contre les Anglais n'étaient que trop fondées. Il est certain que les Anglais auraient pu faire d'utiles diversions en descendant à Stralsund ou à Danzig; mais ils n'avaient pas envoyé un seul homme sur le continent, et ils avaient même marchandé leurs subsides. Le sentiment populaire s'exaspérait contre eux. Les deux souverains vaincus partageaient les rancunes de leurs soldats, et commençaient à croire à la nécessité de signer la paix, sans tenir compte de leur égoïste alliée, l'Angleterre.

Un événement d'ailleurs prévu précipita le dénouement. Kœnigsberg se rendit. Pendant qu'une moitié de l'armée française combattait à Friedland, la seconde moitié, sous les ordres de Murat, Soult et Davout, marchait contre la dernière citadelle prussienne, refoulant devant elle les divisions Kaminski et Lestocq. Ayant appris le désastre de Friedland, ces deux généraux évacuèrent la ville et se mirent aussitôt en retraite sur le Niémen, vivement poursuivis par Davout et Murat. Soult arriva devant Kœnigsberg, et la menaça d'un assaut. La capitulation fut immédiatement signée. Les Français trouvèrent dans cette ville d'immenses approvisionnements, des blés, des vins, 160000 fusils encore embarqués sur les bâtiments anglais qui les avaient transportés, et aussi plusieurs milliers de blessés, dont un grand nombre attendant leur guérison depuis Eylau. Les villages voisins en étaient également encombrés. Il ne restait plus à Frédéric-Guillaume de tous ses États que la ville de Memel, où s'était réfugiée la reine et sa famille, et les places de Kosel, Graudenz et Colberg, où flottait encore le drapeau national, grâce à l'héroïsme des garnisons qui les défendaient. Jamais royaume ne fut plus complètement à la merci du vainqueur, jamais souverain ne fut dépossédé avec plus de rapidité que le roi de Prusse.

Un homme d'État, que ses convictions et son passé rendaient l'ennemi de la France, Joseph de Maistre, fut tellement frappé de cette prompte décadence qu'il se crut autorisé à annoncer la ruine prochaine de la Prusse. « Avant de connaître la bataille du 14 juin, écrivait-il à son ami le comte d'Avaray, j'avais écrit sans balancer à notre ami commun : rien ne peut rétablir la puissance de la Prusse. Vous voyez que je ne m'étais pas trompé. Les plus grands observateurs l'avaient prédit. Instruit par eux, il y a longtemps que j'ai prévu et annoncé cette catastrophe... Cet édifice fameux construit avec du sang, de la boue, de la fausse monnaie et des feuilles de brochures, a croulé en un clin d'œil, et c'en est fait pour toujours. Il a duré moins que l'habit de l'architecte, car le dernier habit de Frédéric II est à Paris en fort bon état, et il survivra longtemps à la monarchie prussienne. Lorsqu'on a porté au Sénat l'épée du grand homme, Fontanes a prononcé un fort beau discours dont on a cité cette phrase : « Grand exemple pour tous les souverains qui seraient tentés de fonder leurs empires sur des bases aussi fausses. »

La prédiction de Joseph de Maistre ne s'est pas encore réalisée. La Prusse est debout, plus puissante que jamais ; mais le colosse n'a-t-il pas des pieds d'argile !

Le 19 juin, les coureurs français arrivaient sur les bords du Niémen, et s'amusaient à poursuivre quelques Kalmoucks armés de flèches, quand se présenta aux avant-postes un officier du prince Bagration, demandant un armistice au nom de Beningsen. Cette demande fut accueillie avec plaisir par Napoléon, qui, bien que victorieux, était, depuis près d'un an, éloigné de Paris, et éprouvait le besoin d'y rentrer. D'ailleurs il n'ignorait pas ce qui se passait dans les rangs de l'armée russe, et peut-être espérait-il trouver en Russie cet allié dont il avait besoin, et qu'il n'avait pu rencontrer ni en Autriche, ni en Prusse. Un armistice fut donc signé à Tilsitt, le 22 juin, entre les armées russe et française, et bientôt après, par l'entremise du maréchal Kalkreuth, pour les Prussiens. Le Niémen jusqu'à Grodno, le Bober jusqu'à son confluent avec la Narew, et la Narew jusqu'à Pultusk et Varsovie devaient séparer les belligérants. Fidèle à ses habitudes de prudence, Napoléon fit aussitôt occuper par ses troupes les positions assignées par l'armistice. Masséna s'établit à Bialystock, Ney à Gumbinnen, Mortier, Lannes, Bernadotte, Davout, Murat et la garde à Tilsitt, Soult à Kœnigsberg. Tous les régiments de marche devaient continuer à s'acheminer sur la Vistule, comme si la guerre continuait encore. En un mot aucune précaution n'était négligée pour assurer de nouveaux triomphes, si les négociations n'aboutissaient pas. Ce fut dans cette attitude imposante que Napoléon attendit l'ouverture des négociations, et que, suivant sa coutume, il adressa à l'armée une de ces pompeuses proclamations, qui étaient la meilleure et la plus recherchée des récompenses, car elles passaient à la postérité.

« Soldats,

» Le 5 juin nous avons été attaqués dans nos cantonnements par l'armée russe. L'ennemi s'est mépris sur les causes de notre inactivité. Il s'est aperçu trop tard que notre repos était celui du lion : il se repent de l'avoir troublé.

» Dans les journées de Guttstadt, de Heilsberg, dans celle à jamais mémorable de Friedland, dans dix jours de campagne enfin, nous avons pris 120 pièces de canon, 7 drapeaux, tué, blessé ou fait prisonniers 60 000 Russes, enlevé à l'armée ennemie tous ses magasins, ses hôpitaux, ses ambulances, la place de Kœnigsberg, les 300 bâtiments qui étaient dans ce port, chargés de toute espèce de munitions, 160 000 fusils que l'Angleterre envoyait pour armer nos ennemis.

» Des bords de la Vistule nous sommes arrivés sur ceux du Niémen avec la rapidité de l'aigle. Vous célébrâtes à Austerlitz l'anniversaire du couronnement, vous avez cette année dignement célébré celui de la bataille de Marengo, qui mit fin à la guerre de la seconde coalition.

» Français, vous avez été dignes de vous et de moi ! Vous rentrerez en France couverts de lauriers, après avoir obtenu une paix glorieuse qui porte avec elle la garantie de sa durée. Il est temps que notre patrie vive en repos, à l'abri de la maligne influence de l'Angleterre. Mes bienfaits vous prouveront ma reconnaissance et toute l'étendue de l'amour que je vous porte.

» Au camp impérial de Tilsitt, le 22 juin 1807. »

Deux jours plus tard, le 24 juin, le czar fit demander une entrevue à l'Empereur. Elle fut immédiatement acceptée et fixée au len-

ENTREVUE DU NIÉMEN.

demain 25. Napoléon voulut que les moindres détails de cette entrevue fussent réglés comme une cérémonie d'apparat. Il fit placer un large radeau à égale distance des deux rives du Niémen. Un pavillon richement décoré fut construit sur le radeau pour recevoir les deux monarques. A une heure de l'après-midi, en présence des deux armées rangées le long du fleuve, et les saluant de leurs acclamations, Napoléon et Alexandre s'embarquèrent. Les deux souverains, en s'abordant, s'embrassèrent avec effusion, puis entrèrent dans le pavillon préparé pour les recevoir. « Je hais les Anglais autant que vous, aurait dit le czar. — En ce cas, la paix est faite! » aurait répondu l'Empereur. Dans ce premier entretien, qui dura plus d'une heure, Napoléon et Alexandre cherchèrent mutuellement à se gagner et y réussirent. Napoléon avait besoin d'un allié. La Russie pouvait devenir cet allié : aussi ouvrit-il à son interlocuteur des perspectives indéfinies de gloire et de puissance. Alexandre de son côté était fatigué de la guerre, fatigué surtout de l'égoïsme anglais. Jeune, ambitieux, il voulait dominer en Orient, comme son heureux rival dominait en Occident; mais il avait besoin de son appui. Aussi déploya-t-il, pour le gagner, toutes les souplesses et toutes les séductions félines du génie slave. Afin de régler plus vite le différend qui les séparait, et pour traiter, sans l'intermédiaire de leurs ministres, les grandes questions qu'ils venaient de soulever sans les approfondir, Alexandre et Napoléon convinrent de s'installer ensemble à Tilsitt et de négocier directement. Ils se séparèrent après s'être donné de nouveaux témoignages de sympathie, et en comblant de prévenances et de compliments les personnes de leur suite.

Frédéric-Guillaume ne pouvait être plus longtemps laissé de côté. Il avait été convenu qu'il assisterait à la seconde entrevue. En effet, le 26 juin, et toujours sur le radeau du Niémen, le czar amena son malheureux allié, et les trois souverains continuèrent leur entretien. La conversation ne pouvait être longue, car le roi de Prusse, vaincu par Napoléon et protégé par Alexandre, jouait un rôle humiliant. Il n'assistait à la conférence que pour recevoir de la main du czar ce que l'Empereur voulait bien lui restituer. Son attitude fut correcte, mais froide. Il s'attacha pourtant à se disculper du reproche d'avoir trahi ses engagements. Napoléon eut le bon goût de rejeter sur l'Angleterre les malheurs de la Prusse, et promit que la France vic-

torieuse ne tirerait pas les dernières conséquences de ses victoires.
Il venait ainsi de s'engager à respecter la dynastie tout en diminuant
le royaume. Mieux aurait valu détruire tout à fait la Prusse, ou bien
s'en faire une alliée sérieuse et dévouée, en la rétablissant avec générosité dans son ancienne grandeur.

Conformément à sa promesse, Alexandre vint s'établir à Tilsitt.
Frédéric-Guillaume devait le rejoindre sous peu. Napoléon alla à la
rencontre de son nouvel ami, le reçut avec des égards infinis, et le
pria de prendre auprès de lui tous ses repas, puisqu'il n'avait pas sa
maison auprès de lui. Le lendemain, ils passèrent en revue la garde
impériale française, et ces vieux soldats, bronzés au feu de tant de
batailles, répondirent aux flatteries intéressées du czar par les cris
mille fois répétés de : « Vive Alexandre ! » Le czar et l'Empereur ne
se connaissaient que depuis deux jours, et leur intimité naissante
avait fait de tels progrès, qu'ils n'hésitèrent pas à se confier les
gigantesques projets qu'ils avaient l'un et l'autre formés, et se
promirent leur appui mutuel pour se partager et pour dominer
l'Europe.

Nous ne pouvons entrer dans le détail des négociations qui précédèrent le traité de Tilsitt. Il nous suffira d'en tracer les principaux
linéaments. Il y a trois parts à faire dans ce traité : ce qu'on pourrait
appeler le traité public, le traité secret et le traité occulte.

La guerre de Prusse avait été une guerre de passion : ce fut une
convention dictée par la passion qui la termina. Au lieu de détruire
la Prusse, on la démembra, c'est-à-dire qu'on s'en fit une ennemie
irréconciliable, alors qu'il aurait été facile de se l'attacher par des
bienfaits. Ce fut une des erreurs capitales de Napoléon. Mieux aurait valu et pour lui, et pour la France, et pour l'Europe, faire disparaître la Prusse du nombre des nations, ou bien lui rendre son
importance. En la diminuant de moitié, on exaspérait son ressentiment, on exaltait son ambition, on s'exposait à des luttes séculaires
de revendication. Les demi-mesures ne valent jamais rien, pas plus
en politique que dans la vie sociale. Pour achever l'humiliation, ce
ne fut que « par égard » pour le czar que l'Empereur consentit à
rendre au roi de Prusse le Brandebourg, la Poméranie, la Silésie et
la Prusse. Toutes les autres provinces entre le Rhin et l'Elbe, ainsi
que les provinces polonaises, étaient confisquées. Les premières

formaient avec la Hesse, le Brunswick et une partie du Hanovre le
nouveau royaume de Westphalie, qui fut donné à Jérôme Bonaparte.
Les provinces polonaises formèrent le grand-duché de Varsovie, qui
fut donné au duc de Saxe, investi du titre royal. Danzig fut déclaré
ville libre. Les duchés d'Oldenbourg et de Mecklembourg furent
restitués à leurs possesseurs, mais sous la condition que les ports
auraient garnison française jusqu'à la paix générale. Les États prussiens ne seraient évacués qu'après l'entier acquittement des contributions frappées sur le pays. De neuf millions et demi d'habitants,
la monarchie prussienne se trouvait réduite à cinq millions! Le
czar essaya quelques timides observations en faveur de son ancien
allié. Napoléon lui répondit que, s'il n'avait pas tenu à lui com-
plaire, il aurait enlevé à Frédéric-Guillaume jusqu'à la Silésie pour
la donner soit à la Saxe, afin d'en faire une grande puissance, soit
à l'Autriche en compensation des Gallicies. Le roi et la reine de
Prusse essayèrent également d'arracher quelques concessions à leur
impitoyable vainqueur. Ils insistèrent pour conserver au moins
Magdebourg, la clef de l'Elbe, qui devenait leur frontière. Napoléon
résista à toutes les sollicitations. En démembrant ainsi la Prusse, il
espérait pouvoir lui substituer deux monarchies nouvelles, la Westphalie et la Saxe, destinées, selon toute vraisemblance, à lui rester
attachées. C'était un nouvel équilibre allemand qu'il entendait
fonder de la sorte ; mais ses prévisions ne devaient pas se réaliser et
le traité de Tilsitt ne devait jamais être qu'une trêve passagère.

Au traité public étaient joints des articles additionnels, destinés à
rester secrets, et dont même aujourd'hui on ne possède pas le
texte authentique. Ils stipulaient la cession à la France des bouches
de Cattaro et des îles Ioniennes ; la reconnaissance de Joseph Bonaparte comme roi de Sicile, à charge par Napoléon de fournir au
roi dépossédé une indemnité telle que les îles Baléares ou Candie ;
la promesse, en cas d'annexion du Hanovre au royaume de Westphalie, d'une indemnité territoriale pour la Prusse, et un traitement
viager aux chefs dépossédés des maisons de Hesse, Brunswick et
Nassau-Orange.

Le traité occulte était le plus important. Il contenait l'engagement
de la part de la Russie et de la France de faire cause commune en
toute occasion. C'était un renversement complet de l'équilibre euro-

péen. A vrai dire les deux souverains s'étaient partagé l'Europe. Voici comment Alexandre avait consenti à un pareil changement de front. Le czar n'avait pu voir sans déplaisir le démembrement de la Prusse, et surtout l'essai de restauration de la Pologne. Il est même probable qu'il n'aurait jamais donné son adhésion au traité, si Napoléon n'avait détourné son ambition vers l'Orient et ouvert à son imagination des perspectives indéfinies de conquête et de grandeur. Pour mieux enchaîner son nouvel allié, il n'avait même pas hésité à lui abandonner trois des alliés naturels de la France, Suède, Turquie et Perse. « Il ne faut pas, lui dit-il, que les belles de Pétersbourg entendent de leurs fenêtres le canon suédois, » et il lui proposa la Finlande. Quant à la Turquie, à laquelle il prodiguait naguère encore les assurances de son dévouement, il la sacrifia au czar. « Si la Porte Ottomane, était-il dit dans le traité, n'acceptait pas la médiation de la France, ou si les négociations ne conduisaient pas à un résultat satisfaisant, la France fera cause commune avec la Russie contre la Porte, et les deux hautes puissances contractantes s'entendront pour soustraire toutes les provinces de l'Empire Ottoman en Europe, la ville de Constantinople et la Roumélie exceptées, au joug et aux vexations des Turcs. » Pour la Perse, à laquelle il venait d'envoyer un ambassadeur muni de pouvoirs extraordinaires, le général Gardane, il l'abandonna purement et simplement aux convoitises russes.

Au prix de tant de sacrifices qu'obtenait donc l'Empereur? La promesse d'une intervention en sa faveur vis-à-vis de l'Angleterre, et, paraît-il, la permission d'agir à sa guise dans la péninsule hispanique! C'étaient là des avantages aléatoires. Tout le solide était pour Alexandre, qui annihilait la Suède, qui obtenait la confirmation des partages de la Pologne, qui préparait le prochain démembrement de la Turquie et de la Perse. Dans son désir intense de s'assurer un allié dévoué, Napoléon avait, pour ainsi dire, lâché la proie pour l'ombre. Il avait donné, quand on ne lui demandait rien. Il était allé au devant des désirs du czar, alors qu'il aurait pu lui imposer des conditions. En un mot il avait offert le certain et n'avait gardé que l'incertain. Singulier résultat de tant de victoires et de triomphes militaires si éclatants! Ainsi que l'a écrit, non sans raison, un des plus récents historiens de Napoléon, Lanfrey, « ce profond scrutateur du cœur humain semble ne plus se douter qu'on voit quelquefois des débiteurs ne pas acquitter leurs dettes; il ne sait plus que les hommes sont inconsistants, qu'ils ne se piquent pas d'une reconnaissance éternelle, surtout en politique, et lorsqu'ils ont intérêt à être ingrats. Il ne lui vient pas à l'esprit qu'en présence des avantages énormes qu'on lui fait, Alexandre peut, de très bonne foi, contracter des engagements qui, lorsqu'il n'aura plus à en tirer aucun profit, pourront lui paraître très incommodes à remplir. »

Le traité de Tilsitt marque l'apogée de la puissance napoléonienne, mais il contient en germe toutes les causes de sa chute. Le représentant de la Révolution française a trahi en quelque sorte son mandat. Infatué de son omnipotence et grisé par ses victoires, il a sacrifié l'alliance des peuples à celle des rois. Il en sera bientôt durement puni, et, par malheur, entraînera la France avec lui dans sa ruine. A la période des victoires va en effet succéder celle des désastres retentissants et des catastrophes sans remède.

FIN DE LA PÉRIODE DES SUCCÈS.

TABLE DES MATIÈRES

FIN DE LA TABLE DES MATIÈRES.

Imprimeries réunies, B, rue Mignon, 2.

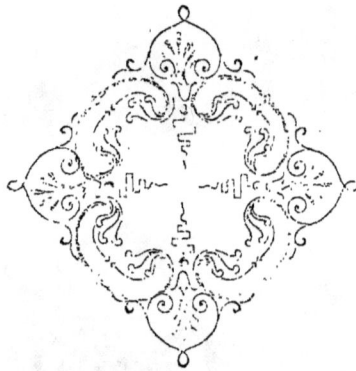

Imprimerie Racon, E. rue Mazet, 2.